CULTURE AS WEAPON

THE ART OF INFLUENCE IN EVERYDAY LIFE

# 文化戦争

## やわらかいプロパガンダがあなたを支配する

NATO THOMPSON

ネイトー・トンプソン

大沢章子 訳

春秋社

文化戦争　目次

# 文化戦争——やわらかいプロパガンダがあなたを支配する

＊本文中の〔　〕は訳註をさしています。
＊本文に付した番号は、巻末の原註と対応しています。
＊本文中の引用部分は、原則として既存の訳をあてましたが、文脈に応じて改変した箇所があります。

# 序章

芸術家なら誰でも知っているように、プラトンは詩人を国家から追放すべきだと言った。プラトンは、人は完璧なイデアの世界の似姿を見て暮らしていると考え、詩などの芸術は危険な似像であり、理想のイデアの世界から数えて三番目に遠いものだとした。芸術が大衆の感情をかき乱し、国家に必要な客観的理性を曇らせることをプラトンは恐れた。

このプラトンの考えは、間違いなく現代社会の論理と逆行している。今やアメリカは文化的産物があふれかえる消費社会だ。本書では、映画やオンラインTV番組、テレビゲーム、広告、スポーツ、小売業、音楽、美術館、そしてソーシャル・ネットワークのすべてを芸術《アート》だと考えている。そのどれもが私たちの感情や行動、そして市民としての自覚そのものに影響を与えるからだ。政治家は自分のことを決して芸術家《アーティスト》とは呼ばないが、彼らは皆、政治的策略には興行的手腕とPR活動が重要であることを知っている。本書を執筆中、忘れたいと思ってもプラトンの警告が頭から離れることはなかった。感情をかき乱し、一人ひとりの内面に訴える芸術的な手法は、今や権力と切っても切れないものとなっているからだ。

本書『文化戦争』の目的は、洗脳目的で文化を操る権力者の陰謀を明らかにすることではない。そうではなく、権力を握る人々は、その影響力を維持し、拡大するためにどのように文化を道具として使うべきか、またその過程に私たち全員がどう関わっているかを明らかにしたい。二〇世紀全般から現代にかけて、芸術と日常は融合すべきだという前衛芸術の長年の主張が現実になるのを、世界は目の当たりにしてきた。

一見、今述べたことなどわかりきったことのように見える。メディアが世の中の動きに重要な役割を果たしていることは誰もが知っている。広告が消費者の暮らしの様々な側面に入り込んでいることもわかっている。政治の世界では情報操作が重大な役割を果たすようになったことさえ理解している。はては、巧妙なメッセージを送って世界を自分の思い通りに動かすやり方が、あらゆる権力組織に深く浸透していることまで知っている。では、それらがどれ一つとして目新しいことでないなら、なぜ本を書くのか？

簡単に言うと、世論を誘導して儲けようとする産業がかつてないほど増えたからだ。今や文化は、あらゆるレベルで用いられる世界戦略として、至る所に存在する強力な武器となった。広報宣伝部は、すべてのビジネスの重要な部署となった。二〇一五年の世界の広告費はほぼ六〇〇〇億ドルに達した。(1) 地球上の七人に一人がフェイスブックを使っている。二〇一一年の時点で、世界の二歳から一七歳までの子どもの九一パーセントがテレビゲームを楽しむようになっていた。(2) アメリカのティーン・エイジャーは、一日に九時間近く何らかのディスプレイ画面を見ている。(3) そしてこれらは、文化の急激な成長を示す計測可能な側面に過ぎない。考えるべき哲学的な問いは数え切れないほどある。この一〇〇年間で、日常生活に占める音楽の役割はどのように変化したのか？　テレビショーのうち、製作者が特別な意図をもって作ったものは何本あるのか？　都市計画のより創造的な手法がいったいいくつあるだろう？

しかも私たちは、権力者が使う手段の劇的な変化にまだ気づいていない。なんと、この世は理性にしっかり根ざしたものだといまだに信じている。自分は理性的存在だと考えることは、人類共通のDNAなのだ。しかしおそらく、この啓蒙運動時代〔一八世紀ヨーロッパの合理主義的思想運動〕の思い込みも、自分たちがじつはどれほど感情的で影響を受けやすいかがわかれば、再考を余儀なくされることだろう。

実際、自らを合理的だと信じる啓蒙思想の否定には、アドルノからグラムシに至る偉大な哲学者たちが、また、スチュアート・ホール、ディック・ヘブディジ、レイモンド・ウィリアムズ等のバーミンガム派によるカルチュラル・スタディーズから、ジュディス・バトラーのより現代的でポスト構造主義的なアプローチに至るまでが、大きく寄与している。本書でもこれらの理論のいくつかを取り上げはするが、私の主な目的は、日頃よく目にするおなじみの組織――ほんの一例を挙げればアップルストアやフェイスブック、不動産王など――がいかに人々の感情に訴え、どれほど巧みに文化を利用しているかを明らかにすることだ。

本書では、文化がどのように使われてきたかをざっと振り返りたい。また文化の定義は簡単にする。そうすることによって、イラク戦争における対反乱計画やスウェーデン発祥のIKEA、アフリカへの援助を募るロックバンド、Macのデザイン、そして薬物戦争に至るあらゆるものが文化であることがわかってくる。文化とは、一見異なる事象の雑多な寄せ集めで——そこには意図が働いている。権力は、選挙で選ばれた当局者の手に明らかに握られているものであると同時に、意味のない事柄の集合の中に隠されたものでもある。この世界に存在するさまざまな形の権力が、私たちが自分と呼ぶ、愛情を渇望し恐れに満ちた、社会的な生き物の心を掴む、如才のない働きかけ方を知っている。

本書の主要な目的の一つはジャーナリストのウォルター・リップマンがはるか昔に語った言葉をもう一度伝えることだ。つまり、民主主義理論の危うさは、大衆を理性的存在だと定義している点にあり、じつは理性的な人間などどこにも存在しないということを。実際、人間の理性を信じる幻想は、権力者による巧みな働きかけの数々を巧妙に隠蔽してきた。

アメリカの選挙結果は、資本主義の視点で見るよりも、共同体の力と感情に訴える方策の威力を理解することによって、よりよく説明できる。イギリスのマルクス主義の哲学者たちが、マーガレット・サッチャー台頭時になぜ大衆が労働党に背を向けたのかを理解しようとし、ジャーナリストのトーマス・フランクが、カンザス州の労働者たちが共和党に投票した理由を探ろうとし、そしてずっと昔カール・マルクスが、一八五二年にフランスの人々が暴君ルイ・ボナパルトに付き従ったのはなぜなのかと問うたように、私も、人はなぜ理性的に行動しないのか？　という疑問を探る文化的研究に、さらなる貢献をしたい。

巧妙で大規模な広告キャンペーンによって、誰かにコカ・コーラを買わせることは間違いなくできるが、さまざまな広告法の集合体が、消費者の集合的な意見や行動にどのような影響を与えるかについては、はっきりわかっていない。また、国内外を問わず、戦時に政治家がこの文化的操作を行った場合の二次的な結果についても、よくわかっていない。絶え間なく続く情動に訴える作戦は、混乱した社会環境を生み出した。それは文化的産物の温室効果とでも呼ぶべきもので、この状況にいると、世界をとらえる感覚が変わってしまう。

権力による文化の利用について考えるとき、自ずから示唆されることがある。たとえば権力者は、メディアや世論を操作することによって、ときに社会運動の戦略に貢献し、ときに社会運動を弱体化させてきた。より大きな成果を上げるための広告技法から生まれたメディア運動や社会運動には長い歴史があるが、文化の利用が諸刃の剣となりうることは知っておいたほうがいい。明白な事実——人は希望よりも恐れによって動かされやすい、真実が感情に訴えるとは限らない、合理性は必ずしも熱狂を生まない——が文化を駆使した実力行使を危険なものにしている。

芸術に関しては、伝統的に芸術とされてきたもの（演劇、ダンス、映画その他視覚芸術）などは、商業芸術としてだけでなくPRや広告の一つとしても論じたい。そうすることによって、より広い意味での芸術も、非常に高圧的で絶対的な力となりうるということを明らかにできる。文化的操作が横行する二〇世紀を知りながら、芸術が権力によって日々どのように利用されているかについて議論せずに芸術を語るのは、あまりに愚かすぎる。不動産開発業者や人気のハイテク企業が芸術の威力を大胆に利用して世の中を変え、「クリエイティブ」という言葉を使って、新機軸の資本主義的構想をアーティスティックな企業イメージに作り変えている今、私たちは、芸術がどこまで来てしまったかを知るべきであり、おそらくそれについて考え直すべきだ。芸術は本質的に素晴らしいものだという神秘性を取り除くことにより、芸術を日常的なその他の現象と同じ土俵で論じることができる。

本書は世論についての本ではあるが、世論がすべてではないこともわかっている。実際、権力の大部分は世論を無視していると言っていい。Fortune 500〔『フォーチュン』誌が毎年発表する全米上位五〇〇社の総収入リスト〕の一位にランクしているのは、低価格の消費財を提供するウォルマートだ。一方、二位のエクソンモービルは、エネルギーに依存する世界中の産業のために原油を産出し続けている。どちらの企業にも権力が働いて、市場をコントロールしながら必要な品物を人々に供給している。たしかに、企業は宣伝によってある程度企業イメージを作り上げてはいるが、それが莫大な売上の秘訣なのではない。つまり、企業による文化の利用は無限に広がっているが、そこには別の力も関与している。

とは言え、世の中をどのように理解するかが、我々人類全体の旅の重要な部分であることに変わりはない。それは言うまでもないことだ。しかしまた、進化的な生物である私たちは、知力の及ばない現象に、恐れおののきながらも必死に取り組もうとする社会的存在である、ということも認める必要があるだろう。気候変動から世界戦争、そして資本主義からバイオテクノロジーに至るまで、私たちはあらゆることを理解しようと努力する。けれどもその際に頼れるのは、個人の内面のレンズだけだ。私たちは、自分の個人的な必要性や欲求を通してのみ世の中を理解していて、だからこそ、その欲求にどう語りかければいいかを熟知している巨大権力に弱いのだ。

# 第1章　本物の文化戦争

我が国ではアメリカの心を求める宗教戦争が起きている。これは文化戦争であり、冷戦がそうであったように、我が国がいずれどのような国家になるかに大きく関わっている。

――パット・ブキャナン

二〇一五年と二〇一六年のドナルド・トランプ人気の驚くべき急上昇は、アメリカの政治についての国民の思い込みを大きく揺るがすものだったかもしれないが、ほとんど忘れられかけていた真実を再認識する機会ともなった。それは、共和党を動かしているのはパット・ブキャナンだということだ。

一九九二年の大統領選の予備選で、共和党候補としてブキャナンが演説をしたとき、人の心に訴えかける彼の大げさな主張は、共和党員の心にくすぶる怒りを代弁するものだった。八年間のレーガン政権、その後四年にわたるブッシュ政権のあと、もはやアメリカ的価値を語るだけでは十分ではなかった。内面に目を向け――心の内の闘いを戦う時が来ていた。ブキャナンは共和党の大統領候補には選出されなかったが、彼の分析（「アメリカの心を求める宗教戦争」）は、その後のアメリカに非常に大きな影響を与え続けることになった。

しかし、その影響とはつまり？　文化戦争がまだ記憶に新しいアメリカのリベラルにとっては――その数は減る一方だが――とてもわかりやすい話だった。変化への恐れ――不適切な文化への恐れ――が白人のより高い年齢層を中心とする共和党の支持基盤固めに利用された。ポストモダン主義〔近代的なものがすべて科学で合理的に説明できるとする風潮に反対する活動〕がアメリカ国民の心を深くとらえ、キリストの教えに従う善良な人々は、我先に自分のなすべきことをしようとした。一九六〇年代のアメリカに生じた大きな変化に眉をひそめていた人々に、行動を起こすチャスが訪れた。そしてアーティストらがその被害を被った。

つまり一般のリベラルな人々には、文化戦争は、アメリカの右派が使うおなじみの安っぽい戦略と見えていた。しかし文化戦争は、単なる暗闇対光明、保守対リベラル、過去対未来の闘いではなかった。そこには何らかの別の要因が働いていた。

芸術に関わる仕事をしている人はみな、文化戦争の起源について次のように教えられてきた。文化戦争は、もとはと言えば、不安と縮小から始まったものだった。一九八〇年代の終わりから一九九〇年代のはじめにかけてのごく短期間に、アーティストに対する国からの直接的な助成金が廃止され、全米芸術基金（ＮＥＡ）〔芸術活動を財政的に支援する連邦政府機関〕は度々の予算削減に遭い、すでに資金繰りに困っていたＮＥＡの権威はさらに失墜することとなった。リベラリズムや民主主義、表現の自由に対する白人至上主義者らの怒りを掻き立てたいと考える政党にとって、芸術は格好の標的だった。ロバート・メイプルソープ〔写真家〕やカレン・フィンリー〔パフォーマンス・アーティスト、音楽家、詩人〕、エイズ啓蒙活動、ソーシャル・ラーニング〔新たな社会的行動は社会の中で他人を模倣することによって身につく、という考え方〕、同性愛への好意的な態度、ボヘミアンなライフスタイルは非難され、汚名を着せられた。

　しかし今振り返ってみると、その裏で別の力が働いていたことに気づかずにはいられない。意地の悪い共和党と虐げられた民主党というステレオタイプな物語がしめし合わせたもののように感じられるのは、実際その通りだからだ。文化戦争を、集団に固有の文化間の対立の物語だとみなしてしまうと、その戦いがどのように戦われていたかを見逃すことになる。文化戦争は、文化についての戦争というだけではなかった。文化を巧みに利用した戦争でもあった。

　文化の戦略的使用は、過去に行われていたことの改善であり、新たな戦略でもあった。この手法の多くは、ＰＲの分野ではすでに何十年も前から使われていた。そしてあれから三〇年後の今、政治的にも社会的にも幅広く用いられている。今や文化は民主党や共和党、報道メディア、大企業、建築家、そしてソーシャルメディアの開発者らにとっての武器となった。一九九〇年代の初頭には想像もつかなかっただろうほどに、文化を駆使した戦いは一般化し、もはや付随的なものではなくなった。アメリカの暮らしの中心に位置するものとなった。

　もちろん、政治が不合理さや感情、あるいは恐れと無縁だった華々しくも論理的な時代がかつてあった、と言うつもりはない。政治家やビジネスリーダー、広告担当役員、活動家、芸術家、コピーライター、ＰＲの専門家がいる場には、論理と情報だけでは政財界における戦いを勝ち抜けないという共通認識が必ず存在していた。変わったのは文化的戦略が用いられる頻度だ。今や広告は日常生活のあらゆる面に浸透していて、広報宣伝部――昔は珍しかったのだが

――はすべての企業や非営利団体に欠かせない部署となった。

本書は、何よりもまず、この大きな変化がもたらした結果を検証する本だ。我々が――おそらくちょっと大げさに――「権力者たち」と呼ぶ様々な人々や組織によって行われている、文化を操る方法の変化についての本だ。

しかしこれはアーティストに関する本でもある。感動、情動、操作――これから述べる文化の変容に欠かせないそれらの道具《ツール》は、突き詰めればアーティストたちが何百年も前から使ってきたものだから。これらの道具は、人々の心をとらえ、浸透してきた。一方でアーティストの行動に影響を与えてもきた（すべてのアーティストが――あるいはほとんどのアーティストが――権力に対抗してきたという意味ではない。実際歴史を振り返れば、権力者のために宣伝活動を行っていたと言えるアーティストが大勢いる――富裕な君主を崇める作品を作っていた宮廷画家や宮廷彫刻家がそのよい例だ）。

権力者による文化の利用について考える際、その議論にもっともふさわしいのはどんなアーティストだろう？　本書で示す懸念がぴったり当てはまるのは、どのアーティストの人生であり作品なのか？　アーティストを大まかに三つのカテゴリーに分けてみたい。

まずは預言者。未来のビジョンを芸術で表現するアーティストだ。たとえばアンディ・ウォーホルがそうで、彼は消費主義とビジュアルカルチャーの融合がすぐそこまで来ていることを明確に予見していた。

次は抵抗者。芸術の力で権力者に抵抗しようとするアーティストだ。このグループは、反戦ポスターを制作するアーティストからアビー・ホフマン等の芸術家アクティビスト（アメリカの金融資本主義の本質的な強欲さを明らかにするために、ニューヨーク証券取引所の床に一ドル紙幣をばらまいた）、そしてエイドリアン・パイパーのようなより概念的なアプローチを用いるアーティストまでを広く含む。一九七〇年代のニューヨークの都市生活への彼女の異議申し立ては、人種やジェンダーについての疑問を浮き彫りにするものだった。

三番目が世界の創造者。自分たちの芸術を通して新たな生き方の選択肢を示すアーティストがいる。たとえばロバート・メイプルソープがそうで、写真家である彼は、ホモセクシャルの文化を写真で果敢に表現することによって、同性愛の世界を世に知らしめた。

また本書では、二つの視点から文化を見ていく。全編にわたって、文化は道具であると認識している組織と個人に焦点を合わせる。本書の狙いは高潔なアーティストと冷笑的な広告会社のトップを比較することではない。私は文化を使った操作が過去数十年間でますます複雑化し、変化してきたことに興味があるだけで、その操作を糾弾しようとは思わない。しかしながら、まるで違うその両者を対等に論じたくはない。最もよく知られた、もっとも野心に満ちた芸術でさえ、文化産業がもちうるほどの影響力はもたない。また、芸術が伝えうる物語は、より偶発的でより過激であり、権力から受けている恩恵はずっと少ないのもまた事実だ。

本書では、文化を自分たちの何らかの目的を果たすために利用しているアーティストや集団を、歴史を行き来しながら取り上げる。そのためにはいくつかの産業や歴史を詳しく解明する必要がある。たとえその主役のいくつか――スターバックス、ＩＫＥＡ、豪華な分譲マンション販売のために雇われた広告担当の重役たち――が平凡で凡庸に見えたとしても。けれどもその凡庸さの中にこそ、今日の文化の真実がある。つまり文化は危険な手段であり、二一世紀の武器なのだ。

まずは文化戦争を見ていこう。我々の物語の二つの要素――権力者によって武器として投じられる文化と、アーティストらによって道具として用いられる文化――が政治的な戦いの場で対決することになった歴史的瞬間のことだ。

## アメリカの朝

一九八〇年の大統領選で、ドナルド・レーガンがジミー・カーターを破ったときには、文化という武器はほとんど必要なかった。高騰する原油価格、テヘランでおきたアメリカ大使館人質事件〔世俗化を進めるイランの皇帝を支援するアメリカに反発した、イスラム法学校の学生らによる立てこもり事件。カーター大統領は人質救出作戦に失敗した〕、そして産業の空洞化のきざしなどが有力な武器となった。特に手の込んだ策は必要なかった。

しかし一九八四年にレーガンが再選を目指したときには、より強力な宣伝が繰り広げられた。アメリカ最大手のいくつかの広告会社が選挙戦に協力し、候補者本人を売り込むだけでなく、彼の時代だという空気を創り上げた。一九八四年の選挙戦にもっとも大きな影響を与えた広告「アメリカの朝」を制作したハル・ライニーは、陸軍のPRオフィスでの短期間の仕事も含めて、すでに何十年ものキャリアをもつ広告マンだった。その彼が作る「アメリカの朝」は、懐古主義的なアメリカの未来像を生き生きと描きだし、レーガン再選を確実にした。

広告はアメリカの人々が働く様子を静かに映し出す映像から始まる。明け方に海へ出て行く漁船、タクシーを降りるビジネスマン、畑で作業する農夫、新聞を配達する少年、家族に手を振ってからステーションワゴンに乗り込む別のビジネスマン。安定した家庭、ゆるぎのない家族の絆。ナレーションはライニー本人だ。

再びアメリカに朝がやってきた。今やアメリカでは、かつてないほど多くの男女が仕事に出かけるようになった。金利は一九八〇年の記録的高騰時のおよそ半分となり、ほぼ二〇〇〇世帯が新たに住宅を購入しようとしている。過去四年間で最も多い。今日の午後にも、六五〇〇組の若い男女が結婚しようとしていて、物価上昇率が四年前の半分以下となった今、彼らは明るい未来を信じることができる。アメリカに再び朝がやってきて、レーガン大統領の強いリーダーシップのもと、我が国はより誇り高く、より強く、よりよい国となった。四年前に戻りたいと、一体誰が考えるだろう?

この広告の力は、全体から細部へと移行していく巧妙な技術にある。広告は不確実な過去から確実な今へと移動する。どのナレーションを聞いても、人々は仕事、家、結婚、物価上昇率、そしてこの広告のキモである郷愁へと、思いを馳せる。

選挙戦で使われた別の広告——これもまたライニーによるものだ——はおそらく、アメリカ人の楽天主義にも「困ったものだ」という、レーガンの隠された本音を最高にうまく表している。「クマ」と題されたこの広告は、冷戦を病的なまでに恐れるアメリカ人の心理の驚くべき記録だ。森の中をさまよい歩く茶色いクマの映像に次のようなナレーションが重なる。

これは森のクマです。ある人々にはこのクマはよく見えています。一方それに全く気づいていない人たちもいます。このクマは大人しいと言う人たちもいます。獰猛で――危険だと言う人もいます。どの意見が正しいのか誰にもわからないのなら、クマと同じくらい強くなっておくのが賢明な方法だと思いませんか？　もしもクマがそこにいるのなら。

物語というよりは禅問答に近いこの変わったたとえ話――こちらもまた、ハル・ライニーの朗々と響く深く優しい声が読み上げる――はソ連の脅威とそれに強硬姿勢を取れるレーガンの能力を暗示している。でもそれだけ――これはただの暗示だ。あるいは謎かけか、キャンプファイヤーを囲んでの雑談にすぎない。このＣＭを見た人がそれぞれに自分のクマを思い描くため、選挙遊説はあらゆる種類の個人的な恐怖心がうずまく場所となる。

レーガンの選挙戦へのライニーのこの二つの貢献は、一九八〇年代にアメリカが懐古主義へと移行していたことを明確に示している――当時、それとは正反対のメッセージを伝える多くの芸術的、文化的、政治的な運動やサブカルチャーが目に見えて活発化していた（たとえば、ヒップホップグループのRun-D.M.Cや反核運動、前述のメイプルソープがそうだ。メイプルソープについてはのちほど詳しく説明する）ことを思うと、非常に驚くべきことだが。しかしこの移行は自然のものではなかった。要するにそれは戦略的変化だった。そしてその後のほんの数年間に、広告業界で始まったことが政治の世界の中心へと広がっていった。

ブキャナンが共和党全国党大会の演説で語った文化戦争は、保守派政治家と左よりのアーティストたちとの敵対的関係を指すと同時に、より大きな意味での価値観の衝突をも指していた。この戦争は、古き良きアメリカを懐かしむ大多数が白人で大多数がクリスチャンのコミュニティと、文化の変化や芸術的な変容を受け入れる、性的に解放され、政治的には急進的な有権者の戦いだった。一九六九年にニクソンがはじめてその存在を認めた「サイレント・マジョリティ」〔発言はしないが現体制を支持している多数派を意味する〕は今や代弁者をもち、一方、一九六〇年代の終わり頃に公に活動し始めたアーティストや活動家、急進派は、さらに先へ進み、自分たちの存在を世間に知らしめる心構えができていた。

## 「彼はアーティストじゃない、大ばかものだ」

ハル・ライニーがいわば広義の文化戦争における政治的プロパガンダの名手なら、ノース・カロライナ州選出の上院議員ジェシー・ヘルムズは、より標的をしぼった文化戦争の地上戦――アーティストへの言葉の攻撃――に長けた有能な司令官だった。

一八九八年五月一八日、ヘルムズはアーティスト、アンドレス・セラーノについての持論を述べた。物議をかもしたセラーノの作品「ピス・クライスト」は、尿を満たした容器にキリストの十字架像を沈めた写真だ。

「アンドレス・セラーノ氏と面識はないが」とヘルムズは上院の議会で述べた。「願わくば会いたくはないね。なにしろ彼はアーティストではなく大ばかものだから……勝手にばかをやってればいい。しかし我々の神を侮辱するのは許せん」

この二ヶ月後、ヘルムズは修正案第四二〇条を議会に提案した。論争を呼んだこの修正案は「猥褻または下品な物品、あるいは特定の宗教を侮辱する物品の製造、販売促進、宣伝のために予算資金を使うことを禁止する」ことを目的とするものだった。標的は明らかだ。ホモセクシャルであることをオープンにするメイプルソープの写真（「猥褻な物品」）やセラーノの挑発的作品（「特定の宗教を侮辱する物品」）を支援してきたＮＥＡだった。

共和党にとって、彼らの敵であるアーティストらに利するＮＥＡへの攻撃は、絶対確実な政治戦略だった。ロナルド・レーガンが初めてＮＥＡを排除しようとしたのは一九八〇年のことで、一九八〇年代の終わりには、セラーノやメイプルソープなどの過激で野蛮なアーティストたちの登場によって、双方の対決はもはや避けられないものとなっていた。一九八九年の六月には、アメリカ家族協会（ＡＦＡ）のドナルド・ワイルドモン牧師が、セラーノと「ピス・クライスト」は冒涜的であるという声明を出し、ヘルムズやニューヨーク州上院議員のアルフォンス・ダマート、テキサス州下院議員のディック・アーミーらの政治家も当然のようにそれに続いた。

けれども、当時の現代美術ファンの多くにとっては、アーティストが宗教を攻撃したり、享楽的なゲイカルチャーにふけったりすることは特別衝撃的なことではなかった。現にセラーノは、彼の名が連邦議会に知られるようになる一〇年ほど前からその種の作品を作っていた。作品は最先端だが美術好きをぎょっとさせるようなものではなかった。むしろセラーノの写真にはプロにしか撮れないいかにも売れる作品という感じの輝きがあるのだが、しかしそれはヘルムズやその支持者らには到底理解できなかったのだろう。

セラーノは、ブルックリンのウィリアムズバーグで、ホンジュラス人の父親とアフリカ系カリブ人の母親の間に生まれた。高校を中退すると美術学校に入学し、そこで人間の体液や動物の死骸、宗教的シンボルを用いた作品を制作しはじめた。シュールレアリスティックな写真が多くの人々の注目を集めるようになると、隆盛しつつあったニューヨークのカウンターカルチャーのアートシーンでも注目されるようになった。「ピス・クライスト」がジェシー・ヘルムズの目に止まったときには、セラーノはいわば現代美術界の一員となっていて、彼の写真は一九八六年以降、ニューヨークで、またサウスイースタン・センター・フォー・コンテンポラリー・アート（そこへのNEAの助成金が、その後に起きた論争すべての原因だ[4]）主催の展覧会で度々展示されていた。

セラーノがニューヨーク出身で、そのボヘミアンなサブカルチャーから現れたことは偶然ではない。実際、ニューヨークは文化戦争に関わった多くのアーティストにとって、成功や芸術的な戦いの鍵を握る場所だった。そしてメイプルソープは、一九六〇年代から一九七〇年代にかけての、自由を勝ち取るための戦いにずっと関わり続けたアーティストの代表だと言えるだろう。セラーノ同様メイプルソープも、あらゆるものは消え去る運命にあるということを表現し、ニューヨークはそれができる場所だった。一九六〇年代からアーティストとして活動をしてきたメイプルソープは、彼が生まれたニューヨーク市の同性愛的サブカルチャーを形成する、情熱的で悪びれない人々の一員だった。写真家である彼にとって、カメラは、性的体験の一部に過ぎなかった。「僕にとって、『Ｓ＆Ｍ』はサドマゾヒズムではなく、セックスとマジックを意味してるんだ」と彼は言った。[5]

メイプルソープへの攻撃の矛先は、彼の旅の回顧展『ロバート・メイプルソープ：The Perfect Moment』に向けられた。フィラデルフィア現代美術研究所（ＩＣＡ）とキュレーターのジャネット・カルドンが企画した展示だ。ワシントンＤＣのコーコラン美術館での展覧会初日の二週間前に、ＡＦＡのワイルドモン牧師が、コーコラン美術館の経営陣に対して、「猥褻な」美術作品の展示に反対する運動を起こした。コーコラン美術館は展覧会を中止することにした。

メイプルソープの回想展をめぐる騒動は「ピス・クライスト」騒ぎよりさらにドラマティックなものとなった。尿に浸されたキリスト像より無礼なものなどそうそう作れるものではないが、それができる人がいるとすれば、革パンツをまとったやんちゃな夢想家その人だった。メイプルソープの代表作ともいえるそのモノクロ写真は、同性愛だけでなく、同性愛的セクシュアリティを探求する作品であったため、議論はさらに激化した。なにしろ政治家たちは、ケーブルテレビに出演してＮＥＡを攻撃することによってゲイ叩きをすることができたのだ。あるセルフポートレートでは、お尻の部分がない革のチャップス〔カウボーイが足を保護するためにズボンの上から履く革パンツ〕姿のメイプルソープが、自分のお尻の穴にムチを突きさし、それをつかんで振り返っている。ゲイの人々やゲイの人権問題に恐れを抱く有権者たちの集合的無意識に悪い印象を与えるには、申し分のないイメージだ。

もちろん論争は他にもあった。同じく一九八九年に、シカゴ美術館に展示されていた、二四歳の美大生でアーティストのドレッド・スコット・タイラーの「星条旗の適切な掲げ方は？」と題する作品が猛烈な批判を浴びた。作品は、燃やされている星条旗と、棺に掛けられた星条旗の写真を合成したものだった。作品の下には、作品タイトルの問いに対する答えを書き込むための白紙の冊子が置かれている。足元には本物の星条旗が敷かれていて、冊子に書き込むためには国旗を踏みつけなくてはならない仕組みになっていた。つまりこのアート作品に参加するためには、神聖な国旗を汚さなくてはならない。

世間の反応は予想通りだった。退役軍人らが激怒し、ジョージ・ブッシュ大統領（父）は「けしからん」作品だと非難した。美術学校のある教師は、怒りのあまり床にタイラーの死体と称し、ひとがたの白線を描き、壁に敬々しく掲げられた星条旗を見るためには人々がその上を踏みつけなくてはならない仕掛けを作った。一九八九年の『ニューヨーク・タイムズ』の記事が、当時の人々の反応を活き活きと伝えている。(6)

シカゴ流パフォーマンス・アートだかなんだか知らないが、けしからん。およそ三〇〇〇人が、その多くが退役軍人だったが、日曜のシカゴ美術館前に集まり、アメリカ国旗への冒涜だとして、展覧会の中止を訴えた。なかにはソ連の国旗を汚すことによってそれを訴える人々もいた。他の人々は愛国的な標識や星条旗を手に、歌い、シュプレヒコールを挙げた。美術館で繰り広げられている「茶番」の黒幕は「邪悪な共産主義者」だといって、激しく非難する人々もいた。

展覧会は一時的な中止に追い込まれ――一度ならず二度までも――シカゴ市議会は、星条旗を損傷したり汚したりしているところを発見したら、禁錮六ヶ月、罰金二五〇ドルを課すという旨の条例を全会一致で可決した。また、党派を超えた共闘が実現し、共和党の上院議員であるボブ・ドールと、民主党の上院議員のアラン・ディクソンが、星条旗を汚す行為を罰する法案を共同で提案、全会一致で可決された。一方で、スコット・タイラーの参加型作品に置かれた冊子は、当時のアメリカ国民の意識を測る一種のロールシャッハ・テストとなった。記入されたメッセージには次のようなものがあった。

とっとと消えろ、スコット・タイラー。この国で今生きていられることを幸運と思え。地獄で会おう
――シカゴの警察官

この国のすべてが一枚の星条旗に象徴されているのはおかしなことだと思います。あらゆる種類の自由を認めると言っておきながら、一枚の布切れを踏むことさえ許されないこの国について、そろそろ疑問をもつべきです。

親愛なるドレッド。アメリカをこんなふうに展示するのは恥ずべき行為です。一体何様のつもり？　注目を浴びたいだけの、取るに足りないマイノリティのくせに――このバカ野郎！　この国を愛する気がないなら出て行け。うせろ。

わざと扇情的なタイトルをつけてクリックを誘う釣り記事や誹謗中傷に満ちたインターネットのコメント、そしてネット上の絶え間ない怒りの攻撃に慣れっこになっている私たちは、セラーノやメイプルソープ、タイラーの騒動も今起きている現象とほとんど同じで、その初期段階にすぎないと理解できる。そして、それ以降この戦略がどれほど広範囲に広がっていったかを考えれば、この理解が正しいものであるとわかる。振り返ってみると、一九八〇年代後半の文化戦争の時に、今では珍しくなくなった手法が初めて出現した。そこには、驚きと憤りによって支配され、操作されたニュース・ストーリーがあった――そしてその物語は、基本的に、判断や結論を導き出すことに無関心なメディアによって再現され、繰り返し流されるものだった。様々な種類の文化戦争は、もちろん報道機関によって強化された集団的モラル・パニック〔社会秩序への脅威とみなされた特定のグループに対する多数派の激しい感情〕の初めての例ではなかったが、ニュースが怒りに変わりうることは、現代の文化的状況の特性だと考えずにはいられない。つまり、そこにあるのは単なる怒りに満ちたコメントではなく、文化と政治が完璧に融合したものなのだ。

セラーノやメイプルソープ、タイラーの騒動の一年後、アメリカ国民はジョン・フローンメイヤーの名を知ることになった。ただしフローンメイヤーは、物議をかもしたアーティストではない。一九八九年にジョージ・H・W・ブッシュに任命されたNEAの控えめな第五代理事長だった。控えめな――、そう、たしかに、一九九〇年まではそうだった。ところがその年の六月二九日、フローンメイヤーは、のちにNEA四人組として知られるようになるアーティスト、カレン・フィンリー、ジョン・フレック、ホーリー・ヒューズ、ティム・ミラーに対する助成金計画への拒否権を発動した。

助成金を拒否された四人の作品が、セクシャリティや抑圧されたコミュニティ（特にゲイ、レズビアン、そして女性のコミュニティ）への関心を探求するものだったことは、驚きに値しない。ヒューズの作品「The Well of Horniness（性欲の泉）」と「The Lady Dick（女性のペニス）」は、当然物議を醸した。フィンリーは「We Keep Our Victims Ready（いつでも餌食にしてあげる）」のなかで自身の裸体をチョコレートでコーティングし、「汚泥のように扱われる女性の象徴」だとした。[7] フレックの「Blessed Are All the Little Fishes（小さな魚に幸あれ）」は彼自身のホモセクシャリティとカトリック教徒としての成長過程というテーマを果敢に探求する作品で――トイレをモチーフとしていたため、当局に気に入られるはずがなかった。一方ミラーは、助成金そのものまで挑発的な言葉で罵り、「ジェシー・ヘルムズに、そのポーキー・ピッグみたいな顔をNEAにも、俺のケツの穴にも近づけるなと伝えた」。[8] フローンメイヤーはNEAの委員会で、「みなさん、今や状況は絶望的です」と事態を適切に説明した。[9]

当然、助成金支給の拒否は大きな反発を招き、アーティストたちは注目の的となった。『ワシントン・ポスト』の編集長宛の手紙にフィンリーはこう書いている。「芸術の世界で起きている魔女狩りは、アメリカ国民の真意ではなく、一部の狂信的な人々の願望に過ぎないとわかっています。国民は物議を醸すアーティストにも資金援助したいと考えていて、それは全国的な世論調査結果にも表れています。私は、さまざまなバックグラウンドをもつアメリカの人々が今後も検閲を恐れずに自由に自己表現できることを望んでいます[10]」

しかしそうはならなかった。

といっても議会にアーティストの擁護者が一人もいなかったわけではない。少数派は間違いなく存在していた。一九九〇年の歳出予算会議で、ニューヨーク州選出の下院議員エドルフス・タウンズはこう述べた。「本質的に、芸術は問題を克服し、超越し、昇華する力を人に与えます。芸術を目の敵にする人は、寛容さや新しいアイデアにも否定的です。芸術を否定することは、それぞれの人がもつ可能性を否定することです。芸術を否定することはあなた自身を否定することでもあるのです[11]」しかし大部分の下院議員の男女にとっては――とくにブルックリン出身者以外の者にとっては――NEAの騒動は、作品の毒々しさを糾弾すればそれ相応の恩恵を受けられる、またとないチャンスだった。

共和党は、アーティストの振る舞いやその芸術活動を扇情的に取り上げ、同時にそれを批判することによって国民の注目を集められることを知っていた。ポルノグラフィー、同性愛、女性解放、反米主義――それらはすべて正しくない行いで、こういった物事を恐れる大衆の不安を掻き立てた。しかし、それらの物事には抗しがたい魅力があるのも事実だった。つまり人々は距離を置き、非難しながらもそれに目を向け続けた。
政治とその支持者たちが、芸術に注目し、非難したがっていたとすれば、ニュースメディアは、その怒りをさらに焚き付けることに喜びを感じた。アメリカ中に同性愛が広まるのを食い止めたいという必死の思いから、共和党はテレビやラジオ、新聞、雑誌の力に期待を寄せた。ミシェル・フーコーが一九世紀に性について書いた文章は、まるで一九九〇年頃のアメリカンカルチャーの状況を述べているかのように思える。

性を押し隠そうとする一様の配慮ではなく、また言語の全般的な羞らいでもなく、我らが過去三世紀を特徴づけるものは、性について語るために、性について語らせるために、性が自分自身について語るようにするために、性について言われることを聴き取り、記録し、書き写し、再配分するために、人々が発明した仕組みの多様性であり、その広範囲にわたる分散である。性の周囲に、多様でかつ特殊で強制的な、言語化の大きな網の目が張りめぐらされる。古典主義の時代によって押しつけられた言語的抑制に始まる広大な検閲だろうか。むしろそれは、言説への、調整された多形的な煽動なのである。

——ミシェル・フーコー『性の歴史Ⅰ　知への意志』〔新潮社、渡辺守章訳〕

これは私たちもよく知っていることだ。

## 教会の説教のようにぎこちない詩

駄目と言われれば、人は割れたガラスの上に倒れてでもそれを手に入れようとするものだ。

――ブルース・ロゴウ、一九九〇年のツー・ライヴ・クルー裁判の弁護団長(12)

ビジュアルアーツは、文化戦争の一側面に過ぎなかった。国の助成金を受けたエリート主義の芸術作品がアメリカ社会を蝕むかもしれないと考えられたのと同じように、主流の、どう見ても資本主義的な音楽が、子どもたちを害するかもしれないと考えられた。そして幸運にも、ティッパー・ゴア〔第四五代米国副大統領アル・ゴアの元妻〕がそれに関わった。

一九八五年、ゴアは自分の娘がプリンスのはなはだ倒錯的で猥褻極まりない「ダーリン・ニッキー」を聞いているのを知った。当時プリンスは人気絶好調で、アルバム『パープル・レイン』と同名映画のおかげで彼の名を知らない者はいなかった。だからこそ、ゴアの娘カレナのような一一歳の子どもが、淫乱さを歌う次のような歌詞を含む曲を聞いていたのだ。「ニッキーって名の女の子を知ってた／それが、淫乱女でさ」

かくしてペアレンツ・リソース・ミュージック・センター（ＰＲＭＣ）が誕生した。ＰＲＭＣは内容がアダルト向けだと思われる作品に警告シールを貼ることを提案し、彼らが懸念するものをリストアップして「最も不愉快な一五曲」として世に知らしめた。メイプルソープのスキャンダルの際にはマスコミが騒いだが、ＰＲＭＣの提案には国中が大騒ぎした。上院の聴聞会が開かれ、さまざまな分野のミュージシャンたちが表現の自由に敬意を表するために議会を訪れた。トゥイステッド・シスターのディー・スナイダー、フォークミュージシャンのジョン・デンバー、そしてアート・ロックのスーパースター、フランク・ザッパが、セレブ人気に頼る初期のリアリティ番組で、民主主義についての声明を不慣れな口調で発表した。

ＰＲＭＣのスーザン・ベイカー（財務長官の妻）はこう述べた。「アメリカ社会にはびこるさまざまな害悪の原因はもちろんいろいろありますが、社会に広がる、子どもたちをターゲットとする、自殺やレイプ、ＳＭ行為等々を美化し勧めるメッセージも、その原因の一つに数えられる、と我々は考えます」これもまた、アメリカ的価値観の崩壊――アメリカの子どもたちが出会おうとしている馴染みのない世界――への懸念の表明だった。

しかし何よりも、こうした対立のすべてがテレビに人をひきつける格好の材料となった。スナイダーがゴアに向かって、「たしかに自分のバンドのファンクラブは『トゥイステッド・シスターの病的なマザーファッカー』という名称ですが、僕自身は敬虔なクリスチャンです」、と語るテレビの映像を見ずにいられる人が、どこにいるだろう？

ＰＲＭＣについて言えば、警告シールの新設には成功したが、読者の推察通り、それはレコードの売れ行きを伸ばしただけだった。そしてその二年後、ＡＦＡのドナルド・ワイルドモンはＰＲＭＣの問題のある曲リストの先例を踏襲しながらも、関心をレコードから歌詞の猥褻性そのものへと転じた。最高に過激なマイアミベースのツー・ライヴ・クルーに標的を定めたＡ

FAは、「Me So Horny」のような曲については警告シールだけでは不十分だと判断した。「Me So Horny」の歌詞は露骨で卑猥だった。（「君のあそこが痛めつけられるのを見たら、彼はぜったい嫌な気分になるよね／君のケツにやっちゃったらママはカンカンに怒るかな?」はまだましなほうだ）。彼らの歌は女性をモノ扱いし、他者に対する当たり前の敬意を欠いていた。でも、他の多くの音楽もそうだった。NEAの騒動同様、AFAとツー・ライヴ・クルーの戦いは、結局のところ特定の歌詞の問題というよりは、猥褻さとそれに対する糾弾を同時に視聴できるようにした、メディアによる壮大な見世物だった。一九八九年六月、米国連邦地方裁判所の裁判官ジョゼ・ゴンザレスは、ツー・ライヴ・クルーのアルバムは猥褻であるという判断を下した。ほどなくして、あるレコード店の店主の手錠をかけられた姿がテレビで放映された。罪状は、潜伏捜査官に非合法のアルバムを販売したということだった。そのあと、ツー・ライヴ・クルーとグループを率いるルーサー・キャンベルは、コンサートでアルバム収録曲を演奏したかどで逮捕された。しかし直接の関係者以外のすべての人にとって、これはウィン・ウインの出来事だった。下品な歌詞への叱責と、その叱責の対象とされた人や物を同時に見て楽しめたのだから。

パトリック・ブキャナンは、一九九二年の共和党大統領候補選に勝てなかった。その同じ年、ジョージ・H・W・ブッシュはNEAの理事長、フローンメイヤーに辞任を促した。ブキャナンがブッシュ政権について「猥褻かつ冒涜的な芸術に助成金を出している」と非難してから一週間後のことだった。その後、国の助成金を受けた芸術と検閲の戦いは、次第に収束していったが、一つの文化戦争が終焉に近づいたとしても、それで終わりではなく、もう一つのより大きな戦争が激しくなりつつあった。フリートウッド・マックの「明日のことを考えないと」という歌詞が出てくる「ドント・ストップ」は――ビル・クリントンのキャンペーンソングだった――あの「アメリカの朝」をイデオロギー的にも審美的にもより心地よくしたものに過ぎなかったのだろうか？　実際、ビル・クリントンの選挙戦は、それ以前のどの大統領選挙にも増して、文化を積極利用していた。何せ、民主党の大統領候補者が、若者の票を集める目的で、ミュージックＴＶのフォーラムに出席したり、トーク番組「アーセニオ・ホール・ショー」に出演してサックスを吹いたりしたのだから。

文化はもはや敵ではなくなっていた。文化は役に立つ使える武器となっていた。

## ダブルゲーム

ここまで見てきたように、文化戦争が大きな影響力を持ったのは、一つにはそれが与える教訓が予想以上に漠然としていたからだ。一九八〇年代の終わりから九〇年代の初めにかけて起きたことは、単なる二つの文化の戦いではなく、より広い意味での文化の再編成だった。多くの権力者が文化の力を自分たちの目標を推し進めるために利用することを学び、その成果はそれまでに比べてはるかに大きく、はるかに顕著なものだった。

文化戦争では、アーティストは確かに犠牲者で――彼らを支援した幾つかの機関もそうだった（ＮＥＡが被った被害は特に大きかった）。しかし、そうしたアーティストの中には、少なくとも一時的にせよ、当初は想像もしなかったほど有名になった人々もいた。そしてその名声——注目の嵐——それ自体が彼らのターニングポイントとなったとも言える。もちろん、過去にもメディアをうまく利用したビジュアルアーティストがいたが（たとえばサルバドール・ダリはテレビの深夜番組に出演した）、影響を及ぼす規模といい浸透の度合いといい、メディアの注目はこれまでにない意味を持っていた。

簡単に言えば、私たち消費者は文化に触れれば触れるほど、文化の存在に気づき、それに慣れるようになる。今やさまざまな世代の人々が、かつて無いほどの文化の猛攻撃を浴びて育っている。わずかながらそれを証明する数字もある。一九五〇年には、アメリカの家庭でテレビを所有していたのは九パーセントだった。それが一九五九年には八五・九パーセントとなり、一九七八年には九八パーセントに達した。[13]

私が特にメディアの注目の規模と浸透度に言及したのは、この文化変容が、特別なイデオロギーや明確に定義された「ヒーロー対悪党論」には向かわなかったことを示唆したいからだ。さらに言えば、意図と偶然というお決まりの理解にも向かわなかったことを。メディアの幹部や政治家、文化人が犯した文化的操作という過失——あるいはメディア幹部の激しい思い込み——は、その操作の影響に比べればごく小さなことだ。文化は、政治からメディア、広告、そして戦争に至るあらゆる事柄にのしかかっていく大きな力なのだ。

この力はどこからともなく生まれてきたものではない。文化を操作する技術は徐々に広まっていった。次章では、この文化の操作の物語の創始者たちに出会うことになる。ビル・アイビー、エドワード・バーネイズ、レオ・バーネット、デイヴィッド・オグルヴィだ。二〇世紀初頭の社会が世論調査や有権者を被験者とするフォーカス・グループ調査、そしてブランド戦略を駆使する政権争いやマーケティング戦略と無縁だったとは、とても思えない。

これらの文化的戦略は、人々の感情や暴力、怒り、そして恐れを理解し、巧みに利用する。文化を駆使して自らの目的を達成しようと目論む人々や組織は、理性は情動にかなわないと知っている。私たちは、社会の権力者たちが用いる策略にとても弱いのだ。

# 第2章　信じ込ませる人々　その1

デスクに広げられた新聞各紙にざっと目を通したジョン・D・ロックフェラーは、「これは誤解だ」と思った。どの見出しも、周到に準備された人格攻撃だと感じられた。どうやら彼は、一夜にして怪物と化したようだった。つい最近まではアメリカ経済の救済者だった。それが今や、アメリカン・ドリームの下劣な敵になり下がっていた。彼の父も、スタンダード・オイルの問題〔買収によって巨大トラストとなったが、一九一一年に独占を禁じるシャーマン法によって解体された〕で応分の責めを受けた。けれども二〇世紀のこの時期、新時代の企業には新たな敵がいた。その敵とはメディアで、新聞や雑誌はその急増に伴い、より悪意に満ちたものとなっていた。

一九一四年のこと、コロラド州ラドローでストライキをする炭鉱労働者たちが銃撃された事件があり数十名が亡くなった。メディアはこのニュースに食いついた――ラドローの大虐殺とまで呼んで――しかしロックフェラーは自分の責任ではないと理解した。経済成長にはマイナスの結果がつきものだということを、新聞はわかっていなかった。無益に命を落とす者が出ることは統計的事実で、彼には防ぎようのないことだった。

ロックフェラーは新たな物語《ストーリー》を――まったく別の英雄と悪役を仕立てた、より真実味のある物語を必要としていた。彼は、死者が出た責任は、頭に血が上って状況を悪化させた炭鉱労働者の組合にあり、労働組合は、実は明らかに事故だった出来事――彼ら自身が手を回して引き起こした事故――についてわざと嘘の噂を流して世間の同情を買おうとしているのだ、と考えた。

ロックフェラーは、ペンシルヴェニア鉄道の若手従業員だったアイビー・リーに電話をかけた。彼は、当時新進の分野だったPRを担当していた。リーが提案した戦略に億万長者はうなった。「君の案にはごまかしが一切ない。こんな意見を聞いたのは初めてだ」とロックフェラーはリーに言った。「嘘のない君のやり方は、たしかに大衆にアピールするだろう」(14)

リーが提案したのは、透明性を高める作戦だった。報道記者に金を掴ませたり、プロパガンダまがいの全面広告を出すのではなく、事実に勝利をつかませたい、とリーは考えた。炭鉱業者にも州兵にも自分の物語《ストーリー》を語らせればいい。世間に真実を伝えたいというあなたの熱い思いが、自分たちの物語を伝えたいという報道記者の思いにまさることを示せばいい。どうせ記者たちは、何らかの意図をもって記事を書いているのだから。あなたの会社コロラド・フュエル・アンド・アイアン・カンパニーへの世論の支持を取り戻しましょう、と訴えた。

こうして、アイビー・リーによる初めての大規模なPR作戦が始まった。リーは、世論を形成する人々にニュース速報を送った。送った先には、ラドリー事件の情報を撒き散らしたマスコミも含まれていた。彼らにもリーの考える事実を、情報として送ったのだ。ストライキの正当性を否定し、非難すべきはストライキを扇動したリーダーらの法と秩序に欠けたやり方だ、と率直に述べた。炭鉱事業へのロックフェラーの関与が限定的だったことを明らかにする一方で、炭鉱事業がアメリカ経済にどれほど貢献してきたかを指摘するのも忘れなかった。炭鉱夫らには適正賃金が支払われていて相互に利益があったと主張して、ストライキを行った労働者らの先手を打った。そして、ロックフェラーに隠し立てをする意図は一切ない、とマスコミに信じさせた。

後にアプトン・シンクレア〔小説家〕はリーを「ポイズン・アイビー」と揶揄し、歴史家のハワード・ジンは、「ラドローの虐殺」を「アメリカの歴史において、企業権力と労働者の間で起きたおそらくもっとも暴力的な闘争」と説明することになる。[15] けれども、これらの評価によってリーが成し遂げたことの意味が失われることはない。リーは他の誰よりも早く、透明性とは複雑なものだということを――つまり、客観性とは物事を別の角度から見た一つの見解にすぎないということを――理解していた。ロックフェラーに真実を語るべきだと助言したとき、真実は一つではないとリーは知っていた。

世論、広報、ＰＲは、一九世紀の終わり頃に一斉に広まり、以来その重要性は高まる一方だった。広告産業の隆盛は、権力者たちが販売や市場操作、話題喚起に文化という道具を活用することの重要性を次第に理解し、実践するようになったことを示唆している。

人々を丸め込み、誘い、懐柔し、憤慨させる技術の急増の根底にあるのは、人は誤りを犯しやすいものだという共通の認識だ。成功した広報担当重役や宣伝マンたちはみな、人は本質的に感情の動物であり、感情は操作できると知っていた。本章と次章では、ますます専門化し洗練されていくPRや広告を取り上げるが、この二つの章の本当のテーマは、人はそもそも理性的存在ではないという前提に立つ一連の技術の出現だ。

そして、そうした技術の出現について考えることによって、今日の文化がどのように戦略的配備されているかを、より理解しやすくなるはずだ。アイビー・リーの革新的なPR戦略についての知識は、カール・ローブ〔政治コンサルタント。ブッシュ政権において大統領政策・戦略担当上級顧問を務めた〕が実施した革命的な政治戦略への理解につながるだろう。ジョージ・ギャラップと彼の標本抽出の手法を知れば、アップル・ストアのインテリアデザインが、あれほど独特で、あれほど魅力的に見える理由がわかるだろう。そして、現代の文化的操作のルーツを知ることによって、この社会に権力がどのように行使されるかをずっと明確に理解できるようになればいいと考えている。

## 戦時体制への動員

戦争が文化を駆使した人心操作の大きな契機となることはよくあることで、第一次世界大戦も例外ではなかった。

ウッドロー・ウィルソン大統領は戦争への不介入を公約として再選を果たしておきながら、一九一七年の四月にドイツに宣戦布告した。アメリカ国内に歴史的な分断が生じている今こそ、兵士や一般市民を再結集し、戦時体制を支持させなくてはならないと大統領は考えた。その結果、考案されたのが広報委員会（CPI）だった。

委員長にはジョージ・クリールが指名された。貧しいミズーリ州出身の調査ジャーナリストだったクリールは、宣伝《プロパガンダ》が世論を動かすためにどのように用いられるかをよく知っていた。それを「人はパンのみで生くるにあらず。ほぼキャッチフレーズを頼りに生きている」と表現した。(16) クリールが戦時の総動員体制を作り上げるために、どれだけの熱意とエネルギーを傾けたかを見れば、彼が本気でそう考えていたことがわかる。

プロパガンダにしばしば見られるように、そこにはアメだけでなくムチも存在していた。一九一七年に制定されたスパイ活動法のことだ。「激情や不忠義、無政府主義などの奴隷は叩き潰さねばならない」と一九一五年にウィルソン大統領は宣言した。「そういう人間はそう多くはないが、しかし限りなく反政府的であり、権力の手で抑え込むべきだ。彼らは国の財産を破壊する策略を練り、政府の中立性を崩す陰謀に加わってきた(17)」

リーがかつて用いた、戦略的なプロパガンダによって新たな英雄と悪党を生み出す手法が、ここでは連邦政府レベルで使われているのがわかる。その後の数年間に、CPIとスパイ活動法は戦争を支持する国民的熱狂と——それを批判するすべての人への疑惑を生み出した。CPIはすでにない——解体され、より多くのより洗練された組織に生まれ変わった——が、スパイ活動法はその後一世紀にわたって恐るべき法であり続け、ローゼンバーグ夫妻〔原爆の機密情報をソ連に提供した疑いで、一九五三年に死刑に処せられた電気技術者夫妻〕に始まり、ダニエル・エルズバーグ〔戦略研究家。ベトナム政策決定過程に関する機密文書「ペンタゴン・ペーパーズ」を曝露し、スパイ活動法違反で起訴された〕やチェルシー・マニング〔陸軍兵士。機密文書漏洩で有罪となった〕らを標的としてきた。

おそらくクリールの最大の功績は、CPIが実施した個々の宣伝ではなく、プロパガンダという言葉の使用を完璧に避けたことだろう。「我々はこれをプロパガンダとは呼ばなかった」と彼は説明した。「なぜならプロパガンダという言葉は、ドイツ権力によって虚偽や堕落を連想させるものとなっていたから。自分の仕事は単なる情報の伝達だ」とクリールは主張した[18]。

とはいえ、成功例も数多い――J・M・フラッグ作の、こちらを指さして「米軍は君を必要としている」と言うアンクル・サムのポスターや、クリールの「四分間の男たち」〔ウッドロー・ウィルソンが募ったボランティアで、CPIが与えた課題について、公共の場で四分間の演説を行った〕の驚くべき例を思い出せばわかる。およそ七万五〇〇〇人のボランティアたちは、演説の才と戦時協力体制への個人的な熱い思いを、社交的な催しや公の集会、小さな集会や仲間内の集まりで披露した。なぜ「四分間」の男たちなのか？　当時、世論形成の専門家たちは、普通の人の注意力の持続時間は四分間だと信じていたからだ（もちろん、現代の広告マンたちは、何をすれば人の注意を四分間も引きつけ続けられるのか、まるでわからない）。

当然、クリールのやり方を批判する人々もいた。ピューリッツアー賞を受賞したジャーナリストで政治雑誌『ニュー・リパブリック』の創刊に携わったウォルター・リップマンは、クリールは尊大で、CPIの委員長にふさわしくないと考え、「寛容の精神をもたない人間、弾圧の愚行の長い歴史を知らない人物に検閲を任すべきではない」と非難した[19]。

クリールに対するこの見解は、民主主義に対するリップマンの大きな懸念を表すものだった。自身もプロパガンダの達人であるリップマンは、大衆は主として「頭の中のイメージ」と彼が呼ぶものによって動き、個々の問題の真実にはほとんど関心がない、と考えていた。そのため、リップマンは権力が一点に集中しすぎることに懸念を覚え、その種の権力には幅広い層の一般人を操作する力があると信じていた。つまり、大衆はあまりにも簡単に間違った方向に導かれ、権力はあまりにも簡単に腐敗するものだと考えていた。

リップマンに言わせると、この民主主義の矛盾を解決するのがジャーナリズムだった。ジャーナリズムは単に事実を伝えるだけでなく、判断力を失いやすい一般市民と腐敗しやすい政府の調停人として活動すべきだと感じていた。一九二二年の彼の著書『世論』〔岩波文庫〕は、成長期にあった広告、マーケティング、そしてPRについてのすぐれた洞察に満ちていた。『世論』はまた――おそらくそれとなくではあるが――一般市民は選挙に際して政治を客観的に判断できる、という民主主義の根本原理を真っ向から否定するものでもあった。スチュアート・ユーウェンも『PR！――世論操作の社会史』〔法政大学出版局〕の中で、その当時を次のように形容している。「啓蒙の洗練を受けた西洋文明の要塞のなかから、理性への素朴な信仰が霞み始めたのである。出版人たちは、民衆の感情をかき立てる無意識の、あるいは本能の引き金を探し始めた」[20]だとすれば、何が自分のためになるかはっきりわからないまま、人は一体どんなふうに票を投じることができるのだろう？

## ダダイズム

戦時中のプロパガンダを語るときに、それよりずっと大きな、ずっと恐ろしい戦争の現実そのものを無視することはできない。第一次世界大戦は先例のないほどの破壊をもたらし、このような人為的な悲劇は、参戦国すべてに広まった大量の戦争賛成のイメージとレトリックに助けられたこともあって、当然大きな文化的影響を及ぼした。

クリールとCPIの活動は、他国同様、ドイツのプロパガンダ組織によっても模倣された。北欧に伝わる神話が利用され、ドラゴンやワルキューレ、ワーグナーの歌劇の想像上の世界の描写が宣伝に用いられた。ドイツのプロパガンダ作成者が意図したのは、人々の心の中に潜在的に存在する神話を刺激し、現在形の戦争を支持させることだった。第一次世界大戦と、ヨーロッパが国家的プロパガンダの圧倒的な力に初めて直面した時期が重なっているのは、そのせいだ。

国家の支援を受けた、戦争を賛美する芸術への反発から生まれたのが、ダダイズムだ。ダダイズムは一九一六年に、キャバレー・ヴォルテールという名の前衛的なナイトクラブで生まれた。自己解放の一貫として、庭を耕すよう国民に呼びかけたフランスの哲学者の名にちなんだキャバレー・ヴォルテールは、創造的で集合的な文化の探求を試みる場だった。詩の朗読、合唱会、絵画、演劇のすべてが、酒に酔ったアーティストや政治亡命者だらけの、煙草の煙がもうもうと立ち込める空間に共存していた。フーゴ・バルとエミー・ヘニングスによって立ち上げられ――そのすぐあとに――マルセル・ヤンコ、リヒャルト・ヒュルゼンベック、トリスタン・ツァラ、ゾフィー・トイバー＝アルプ、ジャン・アルプが加わったナイトクラブは、芸術的な異種文化圏へと急速に変化し、人々の失望感を取り込んでいった。

絶望や敵意を共有し、創造の自由を求めて集まったアーティストたちは、戦争による破壊や残酷さ、そして異常なまでの人間の愚かさに憤った。軍事体制を嫌悪する一方で、自分たちが社会の理性的行動を全く期待していないことにも気づいていた。もしもこの戦争が近代化の当然の帰結なら、近代的なものになど一切関わりたくないと思っていた。そのことを、バルは「ダダ宣言1916」に次のように記している。「自分以外の人が作り出した言葉はいらない。今の言葉はすべて誰かが作ったものだ。僕は自分の言葉が欲しい。自分のリズム、自分の母音と子音、自分なりのリズムにぴったりのものが」

ウォルター・リップマンが市民のために事実を解説することをジャーナリストに求めた一方で、ダダイズムは上から伝えられることは一切受け入れない態度を市民に求めた。プロパガンダは闘うべき敵であり、さまざまなイメージは、徴兵し、入隊させ、支持を集めるために使われているのだから、拒絶すべきだと語った。この運動はダダイズムと名付けられた。この響きは舌足らずの幼児語——赤ん坊が最初に話す言葉を思わせる。しかし、腐敗した言葉をやり取りするぐらいなら、意味のない言葉を使うほうがましだった。ダダイストは自分たち独自の言葉を——血と暴力に関わりのない言葉を求めた。

彼らの運動はたちまちヨーロッパ中に広がり、大西洋を渡ってニューヨークに達した。当局から与えられるイメージはどんな犠牲を払ってでも拒否すべきだという主張に魅了される人が増えていった。ダダイズムは、嫌悪感を示すことこそ、共通の政治的な敵と対峙した際の魅力的な選択肢だと示した。たとえば第一次世界大戦の退役軍人だったジョージ・グロスという風刺画家は、戦争の不合理さを身に沁みて知っていて、マックス・ベックマンやオットー・ディクスと共に新即物主義運動（ノイエ・ザッハリッヒカイト）を起こした。この運動に参加した画家たちは、ワイマール共和国の特性である一連の物質主義と国粋主義に反発した。

ベルリンでもっともよく知られた商業施設が建ち並ぶフリードリヒ通りを描いた作品で、グロスは街の人々の頭上にのしかかるようにそびえる、企業のロゴマークと思われるものを描いた。この作品には新しさがあった。それは、プロパガンダは戦時体制と共に終わったのではなく、より広範囲に及ぶ、よりじわじわと迫りくる別の何かとなって花開いたという認識を表現したものだった。リップマン同様、グロスも、平時でさえ権力者が描くイメージが人々の心や感情を形作ると知っていた。この洞察は驚くべき先見の明であり、もっぱらその種の文化的攻撃にさらされてきた二〇世紀について考える際にも、心に留めておくべきことだ。

## ダイエットにはラッキーストライクを

それから数年後の一九二九年、ニューヨークで行われた復活祭のパレードでの驚くべき光景が人々の注目を集めた。肌も露わな、（当時としては）衝撃的なその光景は、グロスが描いた暗い都会の風景とは正反対の、いろいろな意味で色調豊かなものだった。パレードの中央に並ぶ女性たちは堂々とラッキーストライクに火をつけた。女性が人前で煙草を吸うことは社会的タブーだった。これはそれに対する真っ向からの挑戦だった。

この出来事は抗議行動として広く新聞に取り上げられた。「女性たちが煙草をふかして『自由』への意思表示」との見出しが『ニューヨーク・タイムズ』を飾り[21]、『ユナイテッド・プレス』は「彼女たちの一服が、女性の自由を求める一撃となった」と述べた[22]。この出来事が人々の心を捉えたのは、ジェンダーと喫煙についての社会通念を一気に覆したからだ。新聞各紙の反応がすべて根回しされたものだったとは、誰も考えもしなかった。

このパフォーマンスの重要な側面が報道されることはなかった。じつは、広報の父と呼ばれるエドワード・L・バーネイズが、すべてを演出していたのだ。バーネイズは、クライアントのアメリカンタバコに代わって女性たち一人ひとりに出演料を支払っていた。傑作といえるこのパフォーマンスは――バーネイズにとってはこれが初めてでも最後でもなかったが――その後長年にわたってPRの定義を考える際に引き合いに出される出来事になる。

一八九一年にウィーンで生まれたバーネイズは、自信家でひどく勝ち気な、そして驚くほど機知に富んだ（叔母のマーサ・バーネイズが、ジークムント・フロイトの妻だったことからも、彼がどのような家系の出身だったか窺い知れる）男だった。バーネイズは、PRとは単に気の利いたキャッチフレーズや広告ではなく――何よりもまず、真実を作りあげることだとわかっていた。しかしアイビー・リーとは違って、バーネイズはPRはジャーナリズムの一形態ではなく、一種のマジックだと考えていた。PRは人々の気分や熱情を作り上げることができ――事実は必ず感情より下位にあると知っていた。

バーネイズもCPIの活動に――補助的にだが――関わっていたが、アメリカンタバコの仕事によって、革新的なPRの第一人者と認められるようになった。彼は自分の仕事にはそのときの世間の風潮を知ることが何より重要だとわかっていた。そして、世論を変えようとする組織は、世論に大きな影響を及ぼすその時代の固定観念と戦い続けることになる、と考えていた。[23]だからこそ、彼はその固定観念に的を絞った。

バーネイズの考えでは、一九二〇年代の女性の一番の関心事は体型維持と自由の獲得の二つだった。のちに「自由の松明キャンペーン」〔ラッキーストライクに人前で火をつけることを女性解放の象徴としたため〕と呼ばれた彼の広告戦略はその後者を狙ったものだったが、バーネイズは前者を解決する新しい方法も思いついた。健康の専門家に金を渡して、タバコには食欲を抑える効果があると証言させたのだ。今考えると、これはちょっとやりすぎだ――バーネイズはダンススクールのオーナーのアーサー・マレイを説得して「今のダンサーたちはパンチボールやビュッフェを前に食欲を抑えられなくなったら、かわりにタバコに手をのばします」と証言させた――が、これが驚くほどの効果を上げた。[24]

リーダーに影響を与えることができれば、彼らの意識的な協力があろうがなかろうがその支配下にある集団に自動的に影響を与えることができる、とバーネイズは考えた。[25]第三者の証言は今でも大きな力をもっており、現代の暮らしの中にあって、その戦略の影響を少しも受けていないものを思いつくのが困難なほどだ。実際、体重を減らすためのタバコが、たっぷり助成金をもらった気候学者らによって突然気候変動の犯人と名指しされるようになったことは、少しも驚くべきことではない。

喫煙キャンペーンはバーネイズの数々の業績の一つに過ぎない。またクライアントがすべて企業だったわけでもない。たとえば第三〇代大統領カルビン・クーリッジをより温かみのある、人好きのする政治家にするために、バーネイズは大統領とセレブがパンケーキを囲む朝食会を企画し、メディアにその様子を放映させた。そこには人間味のある大統領の姿があり、同時に、史上初のすぐれた政治広告ショーがあった。その後アイオワ州の特産物展やニューハンプシャー州の簡易食堂を訪れた政治家で、バーネイズと無縁な人はいないだろう。

バーネイズの顧客リストは、プロクター・アンド・ギャンブル社（P&G）から全米黒人地位向上協会（NAACP）、そしてアルミナム・カンパニー・オブ・アメリカ（アルコア）まで幅広い。あらゆるコンサルタント業がそうであるように、バーネイズも自分の技術を顧客のニーズに合わせて改善し適応させてきた。二〇世紀が進むにつれて、彼のやり方はリングア・フランカ（共通の母語をもたない集団の共通言語）となった。イデオロギーとは無関係に、PRは不可欠なものとなった。バーネイズのPR戦略は、本書でこれから見ていくあらゆる戦略の基礎をなしている。

## 世論調査

バーネイズやリップマンが大衆の統一見解を形成した先駆者だとすれば、ジョージ・ギャラップは、大衆の高揚の度合を計測することに成功した最初の人物だ。一九〇一年に酪農家の息子とした生まれたギャラップは、アイオワ大学でジャーナリズムを学んだ。大学の日刊新聞

『デイリー・アイオワン』の編集長を務めた彼は、民主主義にゆるぎのない信頼を置くことを奨励した。「急進的になることを恐れるな」と彼は訴えた。「社会には無神論者も自由恋愛者も、無政府主義者も、自由貿易主義者も、共産主義者も単一税制度〔租税制度の一種で、税種を単一にするもの〕の唱導者も、国際協調主義者も、君主制支持者も、社会主義者も反キリスト教主義者も必要だ……すべてを疑え。すべてに疑問をもて」と[26]。ギャラップの民主主義への信頼は、彼が若い頃に抱いた世論調査への関心と共に深まっていったが、その関心はひょんなことから生まれていた。キャンパス一の美少女を投票で決めるコンテストを大学新聞が主催することになり、ギャラップは、そのときミス・キャンパスに選ばれたオフェーリア・ミラーと、一九二五年に結婚することになったのだ。

　大学三年生のときに、ギャラップはセントルイスのダーシー・アドバタイジングで夏休み中にアルバイトをした。のちにコカ・コーラのサンタクロースのCMや、「君にこのバドを」のキャッチフレーズで知られるバドワイザーのCMで有名になる会社だ。ダーシー社は一般市民がどのようなニュース記事を読んでいるかを調査していたが、ギャラップはその結果はあてにならないと考えた。「回答者の大半がいつも社説や社会欄、国際欄を読んでいると回答していることに気づいた。ゴシップコラム等の低級な記事を読んでいると認めた人はほとんどいなかった[27]」

　この洞察はやがて彼の学問的関心となり、ギャラップは博士論文で新しい世論調査法を提案した。「新聞読者の関心を測定する客観的方法」と題するこの調査法は、読者が実際は何に関心をもっているかをより高い精度で確定することを目的とするものだった。ギャラップは地元紙『アイオワ・レジスター』と共同で調査を進め、国際情勢を報じる同紙の煽り立てるような見出しが、読者の印象に残っていないことを突き止めた。使われている言葉があまりにも軽く、またニュースに迅速に対応できていなかったからだ。しかし、「新聞に掲載されているもっとも重要な記事が、通常の質問法の集計結果が示すほどは読まれていなかった一方で」、とギャラップは論文に書いている。「マンガや恋愛相談コラムなどは、より多くの読者に読まれていた」(28)

一九三二年、ギャラップは広告大手のヤング・アンド・ルビカムに、新設された調査部の長として迎え入れられた。ギャラップはそこで活字メディア広告の効果について研究し、ラジオの広告効果についての初めての調査を指揮した。しかしより重要なのは、その年、選挙結果を予測する仕事を始めたことだ。手始めに行ったのは義理の母のオーラ・バブコック・ミラーが立候補した選挙戦の調査だった。叔母が選挙に勝つと――アイオワ州初の女性州務長官となった――科学に裏付けられたギャラップの世論調査は、選挙結果の予測に初めて成功したとして広く賞賛された。

この成功に気をよくしたギャラップは、ついに一九三五年にアメリカ世論研究所を設立し、一九三六年の大統領選では、ルーズベルトが共和党候補のアルフ・ランドンを破って勝利することを見事に予測した。ギャラップは一気に脚光を浴びることになった。選挙結果が予測できるなら、他には何が予測できるのだろう？　自分たちのメッセージや製品を、拡大する一方の消費者市場のニーズに合わせて調整したいと考えている、やはり拡大する一方の産業は世論を調査するこの方法をどのように利用できるのだろう？　と期待が集まった。

その後ギャラップは、政治、広告、ジャーナリズム、エンターテインメントの間をよどみなく動き回るようになるが、その間にPRと世論調査は、アメリカ社会で権力がどのように行使され、顕在化されていくかに光を当てうるツールに成長した。一方、アメリカ国内の産業も――その共感度の差によって違うが――文化を用いた世論の操作や、特定の顧客のニーズに合わせた製品を作ることに興味を示すようになった。

## コピーライティングとクリエイティブたち

二〇世紀の初頭にPRと世論調査が生まれ、広告業界はそれらの技術のおかげで急成長した。消費社会が到来した。突如として既製服が出回り始め、自動車が都会の大通りを占領し、アメリカ国民は、生活必需品以外のものを楽しむことを覚えた。消費の優先度がどんどん高まるにつれて、すでにある製品と新しい製品の差別化と、それを認知させることが、製造そのものよりしばしば重視されるようになった。一九二〇年代になると、ジェイ・ウォルター・トンプソン（顧客はプロクター・アンド・ギャンブルやゼネラル・エレクトリック）やBBDO（顧客はダンロップ、ゼネラルモーターズ）などの広告代理店が企業活動の重要な要素を担うようになった。広告代理店の支援がなければ、市場での成功は見込めなかった。『アメリカ経営史』〔ミネルヴァ書房〕

の著者であるマンセル・ブラックフォードとオースティン・カーによると、一九一九年には、産業界の広告費は全流通経費の八パーセントだったのが、一九二九年には一四パーセントとなった。その年、広告費は三〇億ドルに達していた[29]。

ジェイ・ウォルター・トンプソン広告代理店のスタンリー・リーソーと新進気鋭のコピーライター――のちにスタンリーの妻となった――ヘレン・ランズドーンは、広告革命に最も大きな影響を与えた二人だ。広告代理店企業で女性初の幹部となったランズドーンは、広告扱い商品のほとんどが女性を対象としていたトンプソンの広告手法に多大な影響を与えることになる。ランズドーンは広告に女性の視点を加えた[30]。彼女は、広告に抑えた性的表現を取り入れたことでよく知られ、その一例が「触れてしまいたくなる肌」という石鹸の広告だ。一方リーソーは、それまで分析的正確さよりも直感的な面が重視されてきた広告の世界に、彼自身の統計学や心理学への関心を持ち込んだ。リーソーは広告とは科学的なものだと固く信じていた。その信念に基づいて経済学者や心理学者を雇い、またバーネイズと同じように、第三者による推奨広告〔専門家や文化人などが商品やサービスを推奨する広告〕を多用し、社会の第一線で活躍する女性や著名人を雇って、見た目も美しい製品の素晴らしさを保証させた。かくしてリーソーとランズドーンは、ジェイ・ウォルター・トンプソンを当時最大手の企業に成長させた。

広告の場もまた、その規模や範囲を拡大していった。一九二三年には二五歳のヘンリー・ロビンソン・ルースとルームメイトのブリトン・ハッデンが、アメリカ初の週刊誌『タイム』を刊行。『タイム』誌の急成長に伴い、広告主のメッセージを一気に全国に伝えることが可能となった。ステファン・フォックスによるすぐれた著書『ミラーメーカーズ――黄金時代 フォックスの広告世相100年史』〔講談社〕にもある通り、大衆も政府も広告に肯定的で、景気はよく、広告は絶頂期を迎えた。

広告のための新たな物理的空間も生まれた。シアーズ、ローバック、ウールワース、ウォルグリーン等の小売業者やそのチェーン店は、消費者文化の誕生の鍵を握る存在となり――かつては想像もできなかった消費財を供給するようになっただけでなく――立体的空間での広告も提供した。店のインテリアデザインやショーウィンドウは、道行く人すべてをうっとりさせる場所となり、店は客を店内に誘い込もうとさらなる努力とエネルギーをそそぎ込んだ。

消費文化の初期には美的価値観と産業の先例のない融合が生じたが、もちろん芸術が広告の影響を受けることはなく――広告が芸術の影響を受けることもなかった。当時広まっていた芸術運動はお金をかけた華美で幻惑的なものだった。アメリカ大陸に上陸する前にフランスで大流行したアール・デコは、あらゆる芸術スタイルからの借り物を、ある種の消費者中心的な高揚感と混ぜ合わせたものだった。幾何学的図形を多用したキュビズムや、スピード感と大胆さを重視する未来派、さらには、当時世界中で起きていた数え切れないほどの考古学的発見に喚起された神秘的な異国趣味さえも含まれた。

アール・デコとは違って、美術工芸運動の影響力は限られていた。イギリスのアーツ・アンド・クラフツ運動〔イギリスの詩人、デザイナーであるウィリアム・モリスが主導したデザイン運動〕は特にそうだった〔強硬な反資本主義者で小売店や同業組合を好んだウィリアム・モリスがアール・デコ文化による盗用を知ったなら、驚きと恐怖を感じたことだろう)。アール・デコとは違って、美術工芸運動は芸術的な運動というよりむしろ小売の哲学だった。気鋭の店舗デザイナーたちは、実用品の販売店に贅沢なデザインをあしらった。その意味で、美術工芸運動はもはや否定しようのない、時代の流れを表す究極のシンボルだった。つまり文化的な言葉を使って、マーケティングが求める結果を生み出す、文化とマーケティングの融合だった。

## 熱狂を生むサウンド

ラジオはまた別だった。ラジオは真の革新的な技術で——アメリカ人のあらゆる文化との出会い方をあっという間に変えてしまっただけでなく、その出現によって、広告メッセージを拡散するために文化が利用されることが格段に増えた。

ラジオは新聞に次ぐ第二の偉大なマスメディアで、実際本当は第一位だったかもしれない。ラジオ放送の視聴者数は、当時の最有力紙の発行部数をはるかに上回っていた。一九三三年には、アメリカ家庭の三分の二が少なくとも一台のラジオを所有していた(31)。

PR産業同様、ラジオも第一次世界大戦中に大きな力をもつようになり、その後の数年間に爆発的に広まった。ラジオは驚くほど多様な資本主義的文化を、つまりABCやCBSなどの大手ネットワークはもちろん、昼のメロドラマにまでスポンサーがつく仕組みを始めとする様々なものを生み出した。何百万人もの人々が貧困に苦しんだ大恐慌のさなかでさえ、アメリカ国民の大半が無理してでもラジオを手に入れたいと思っていた。なぜなら、その必要があったからだ。ラジオをもたないことは、世の流れから取り残されることを意味していた。今や国民は一斉に同じものを聞くようになっていた。

レコード音楽もまた、かつてないほどの勢いで広まった。一八九〇年代には、レコードは主に「蓄音機パーラー」で購入されるものだった。蓄音機パーラーは、贅沢なコンサートホールよりはずっと足を運びやすい公共の場で——そもそも——音楽通ではなく一般の人が集う場所だった。ポピュラー音楽が広く親しまれたのは一九二〇年代までで、ちょうどその頃、レコードが爆発的に売れ始めた。一九〇〇年に売れたレコードは四〇〇〇万枚だった。その九年後には売り上げ枚数は三〇〇〇万枚となった。そして一九二〇年になると、再び劇的に急上昇し、一年に一億枚を売り上げた。ラジオの驚くべき急成長がこれにさらに拍車をかけ、ラジオとレコード産業を合わせた規模の拡大は、芸術を好む観衆がもはや一部ではなく、今や全国的に存在していることを意味していた。ジャズは、ラジオの時代に興隆した芸術の典型的な例だ。

ジャズは、アフリカのリズムとアフリカ系キューバ文化の音楽が、クラシック音楽の基礎をもつ作曲家、スコット・ジョプリンが生んだラグタイムと融合して生まれた。ジャズは、アメリカの最も虐げられた貧しい階級の音楽で、抵抗と自由を歌うものであり、世代によって好みが分かれ（子どもは好きだが大人は嫌った）、また、深刻な格差の存在を示すものだった。音楽の専門家の大半は、ジャズは文化的産業の耐え難い腐敗の表れだと考えていたが、しかしラジオやレコード販売等の流通手段をもっていたジャズは、音楽の単なる一ジャンル以上のもの——

本物の大流行であり、先例のない熱狂を呼ぶものとなった。ジャズは新たなダンスやファッションを生み出し、家庭のあり方にも影響を及ぼした。家族で一緒に歌を歌ったり、昔ながらのフォーマルなダンスをする時代は事実上終わりを告げた。
ジャズは矛盾を明らかにした。マスコミュニケーションの時代には、文化の影響力はひどく破壊的なものにも、大きな成果を挙げるものにもなり得る。また——少なくともしばらくの間は——文化は、疑問を投げかけ、批判的な力ともなることができた。つまり自立を祝福する力となり得た。言い換えれば、文化には力があったが、その力は権力者自身の手には握られていないように見えた。少なくともその時はまだ。

## ナチスは、文化は武器だと間違いなく知っていた

宣伝の技術はまさしく、それが大衆の感情的観念界をつかんで、心理的に正しい形式で大衆の注意をひき、さらにその心の中に入り込むことにある……大衆は外交官から成り立っているのではなく、また国法学者のみから成り立っているのでもなく、まったく純粋に理性的判断からでもなく、動揺して疑惑や不安に傾きがちな人類の子供から成り立っている。

——アドルフ・ヒトラー『わが闘争』〔角川文庫、平野一郎、将積茂訳〕

この言葉がジョージ・クリールやウォルター・リップマンが示唆したことに非常に似通って

いると読者が感じたとすれば、それはこの考え方が当時の流行りだったからだ（そしておそらく当時の真実でもあった）。思慮のない大衆を操作することは、力のある政治家なら誰もが当然のようにやっていることであり、ヒトラーは必要なあらゆる手段を使って大衆を操作した。彼にとっては、また他のドイツ人にとっても、第一次世界大戦の敗戦の痛みが、その強い動機づけとなっていた。ヒトラーは失敗を正そうとした。プロパガンダ戦略を変えることもその一つだった。ナチ党が政治綱領を時間をかけて作り上げたことはよく知られているが、ヒトラーの政治思想は、そもそも最初から長い敵のリストがあって成り立つものだった。敵はどこにでもいた。ボリシェヴィキ、ゲイ、アーティスト、ユダヤ人はずっと内なる脅威であり続け、第一次世界大戦で戦った国々は外部の敵だった。そして彼らがドイツ帝国のプロパガンダのターゲットとなった。

ジェシー・ヘルムズ（前述の共和党タカ派の筆頭）の同性愛嫌いとは違って、アドルフ・ヒトラーの反ユダヤ主義は、彼の根深い信念に基づくものだった。第一次世界大戦が終わると、ヒトラーは敗戦のトラウマを抱えた多くのドイツ人たちと同じように、ドイツ人にとっての隠れた敵はユダヤ人だという強い思い込みをもつようになった。理不尽な思い入れだ、たしかに。しかしそれは今なお残っている。

ヒトラーが強迫的な反ユダヤ主義者だと呼ばれるのは、もちろんヒトラーの信念が歴史的な反ユダヤ主義と同義となっているからだ。これまでの話でわかるように、ヒトラーが選んだプロパガンダの方法の多くは、すでに世間に広まっていた（そして現在も広まり続けている）ものだった。ヒトラーが巨大権力を握るようになったのは、文化を巧みに操る勢力による特別な出来事ではなく、PRや広告技術の向上と文化を配信する新技術の融合が生んだ相乗効果に恵まれたからだった。それらすべてとヒトラーの過激な人種主義が組み合わさって、過去に類を見ない危険な状況が生まれた。アーリア人の国家が、まるで封建制の時代のロックコンサートのようにドイツ国内に広がっていった。

ヒトラーは、一九〇七年と一九〇八年の二年連続でウィーン美術アカデミーの入学試験に失敗しているが、デザインや美学、詩にはずっと深い思い入れをもっていた。彼には生まれつき芝居じみたところがあった。言葉を派手に弄するだけでなく、何事についても行き過ぎた行為が目立った。ヒトラーはその美的センスでやがてナチ党のシンボルのデザインも手がけることになる。第一次大戦後の一九一九年に、ヒトラーはドイツ労働党（のちに国家社会主義ドイツ労働党〈NSDAP〉、ナチ党となる）に加入した。反共主義的、反資本主義的、国家主義的なイデオロギーに強く惹かれたヒトラーは、ほどなくその党旗をデザインし直し、血のような赤地に白い円を染め抜き、その中に黒い鉤十字をあしらった。『わが闘争』にもこう書いている。「新しい旗の問題、すなわちその模様について、当時われわれは非常に頭を使った。あらゆる方面から提案された。……新しい旗はわれわれの独自の闘争のシンボルでなければならないのと同様に、他方それは大きなプラカードのような効果もなければならなかったからである。……効果の多い記章は、非常に多くの場合に、ある運動についての関心に対する最初の誘因を与えることができるのである」その当時、鉤十字はすでに世間に広く知られていて、ヒトラーは、競合する他の社会主義的な党よりもずっと赤くてずっと派手な、ずっとインパクトのある党旗を作ろうと強く思っていた。ヒトラーは、これは政治的闘争であるだけでなく、美学的闘争でもあると知っていた。そして必ず勝つつもりでいた。

強行な反ユダヤ主義の追従者、ヨーゼフ・ゲッペルスは、ヒトラーを巧みに煽り立ててプロパガンダ体制を敷いたことで知られている。ヒトラーの帝国の上層部にのぼりつめ、国民啓蒙・宣伝大臣となったゲッペルスは、自身を作家、哲学者、そして演説家だと信じていた。ハイデルベルク大学で哲学の学位を取得したゲッペルスは、アーリア人の偉大さを謳い上げ、ロシアから流入し国内でも勢いを増すボリシェヴィキを非難し、ユダヤ人の悪行の数々を羅列する演説原稿を熱心に執筆した。ヒトラー同様、ゲッペルスも雄弁家で、鏡の前で演説の練習をしていた。扇動的な演説は、彼のプロパガンダ戦略の中核をなすもので、彼のもっとも信頼できる同胞は、ジャズの同胞と同じ、つまりラジオだった。

ラジオはナチ党の言葉を家庭の居間に届けた。反知性主義である一方で、作戦上演説を非常に重視していたナチ党は、言葉が人々の耳に直に届くことを何よりも望んでいた。すべてが失われたように見えた大恐慌のときも、ヒトラーやゲッペルスの扇動的な言葉はラジオを介して伝わり、聞く者の心を捉えた。国の経済が悪化し始めると、ドイツのラジオは敵と救済者を見分ける役割を果たすようになっていった。「我々は大衆の時代を生きている。大衆は当然、その時代の素晴らしい出来事に自分たちも参加したいと望む。ラジオは精神的運動と国家を、また信念と国民をつなぐ最も影響力のある重要な媒介物なのだ」とゲッペルスは考えていた。(32)

ラジオはゲッペルスが好んだ技術の一つだったかもしれないが、彼は人々をナチ党支援へと駆り立てるための数え切れないほどの戦略をもっていた。ナチ党は、天才興行師P・T・バーナムのような興行的手腕を発揮し続けた。NSDAPは一九二三年の初回以来、軍機が翻りワーグナーの楽曲と演説に彩られた大掛かりな党大会を、スタジアムを利用して開催し続けた。最初の党大会はミュンヘンで開かれたが、一九二七年の第三回党大会以降は会場をニュルンベルクに移した。これは、開催地の特異性を考慮に入れた計算された移動だった。ニュルンベルクが党大会の本拠地となったのは、その街の中世的な風景が、国家主義的な極度の興奮を広範囲に盛り上げるのに適切な雰囲気を醸し出していたからだ。瓦礫に覆われた地面や、バイエルン地方の独特の建築物、木々の茂る丘から歴史が語りかけてきた。こうした大掛かりな党大会は人々の魂を揺さぶる呪文のような働きをしたが、それは芸術にはとうていできないことだった。なぜなら二〇世紀の初頭になっても、芸術は非ドイツ的で、率直に言えば超俗的な、懐疑主義の特性を帯びていたから。しかしナチ党の若者たち――その数は多かったのだが――にとっては、党大会は主としてカタルシスを起こさせるものだった。彼らの、批判精神を欠いた夢見る能力はおそらく史上最高のもので、戦争で敗北を喫し、同時に大衆文化や広告という新たなメカニズムが溢れかえる国ではとくにそうだった。若者たちは顔面を殴りつけられたような衝撃を覚えた。

党大会は、アーリア人の国家の樹立を目指す熱のこもった国家主義的演説と、オカルト的な儀式が詰まった、綿密に演出された行事だった。党大会はいつも「党旗奉献式」と呼ばれるセレモニーで締めくくられた。ヒトラーが一九二三年に企てて失敗に終わったクーデター「ビアホール一揆」の犠牲者の血染めの党旗に、新しい党旗を重ねる、というものだった。

国家的な野心の表明の場では、その規模とこけおどしが飛躍的に拡大するのは避けがたい。党大会は、アーリア人国家が演出する、ウッドストックやオリンピック、アイアン・メイデンのコンサートにも匹敵するロックオペラで、ナチ党のプロパガンダに必要不可欠な仕掛けとなっていった。党大会が継続してニュルンベルクの会場で行われるようになると、ナチ党の建築家、アルベルト・シュペーアが会場のデザインを任された。ナチ党人気の熱狂的な高まりの中、シュペーアは対空サーチライトを利用した演出を思いつき、それを自ら「光の大聖堂」と名づけた。サーチライト——全部で一三〇基——は夜空に向けてまっすぐ照射され、その見事な光景は数マイル離れた場所からでも見ることができた。シュペーアが創り出したのは劇場を超越した、人々を一体化させる走馬灯的幻影だった。これをアート作品と呼ぶのは、その真の価値を軽んじる行為だ。シュペーアは人々に魔法をかけて虜にした。

これらの党大会の記録映像でもっとも有名なのは、ナチ党のプロパガンダを担当した映画監督のレニ・リーフェンシュタールによるもので、特に超大作の『意志の勝利』(一九三五年)がよく知られている。史上まれに見る偉大なプロパガンダ映画と考えられるこの作品は、一九三四年のニュルンベルク党大会の記録で七〇万人の参列者にスポットをあてている。リーフェンシュタールは、航空写真やカメラを移動させながらの撮影など、数々の革新的な撮影技法を駆使した。それ以前は、ナチ党に関わるあらゆるものが邪悪だと見なされたが、リーフェンシュタールはこの映画でヴェネツィア・ヴィエンナーレにおいて最高賞を受賞した。

一九三三年には、ゲッペルスは宣伝担当大臣となり、ヒトラーはドイツ首相となって、一連の文化的装置が政府の中枢に集約された。特に映画産業は、動きのある映像という強力な宣伝ツールを整理統合し、それを活用したいというゲッペルスの熱意のもと国営化された。推定で四五〇〇万人のドイツ人がこの政府制作の長編映画を見たと考えられる(33)。

かつて芸術への道を閉ざされたヒトラーは、大ドイツ芸術展の開催で復讐を果たすことになる。ナチス政権がどのような美術作品を容認するかを明らかにする意図のもと、当初展示作品の選出担当者はゲッペルスが指名していた。しかし、美術に深い思い入れがあったヒトラーが、選ばれた作品を見て担当者全員をクビにし、彼の顧問弁護士であり写真家であるハインリヒ・ホフマンともう一度作品を選び直したことは驚きに値しない。

ゲッペルスを軽んじるヒトラーのこの振る舞いは、宣伝担当大臣である彼の創造性をより高める結果となっただけだった。のちのジェシー・ヘルムズばりのやり方で、ゲッペルスは「退廃芸術展」と称する芸術展を同時開催した。これは退廃的な精神を具現化し、ドイツを内側から腐敗させる元となると考えられるドイツの美術を展示するものだった。ヘルムズがこのような企画を実施することはまずありえないが、一方で、ヘルムズも過去にこうした美術展を夢想したことがあるのではないかと思わずにはいられない。退廃芸術展には六五〇の美術作品が展示され、その中にはドイツのダダイストであるジョージ・グロスの他、ワシリー・カンディンスキー、ピエト・モンドリアン、マルク・シャガールなどの作品も含まれた。展示会には、一日に二万人近い人々が詰めかけた。皮肉なユーモアを解さないナチ党は、これもまた成功だと考えた。

ナチ党は文化を愛した。彼らは文化を巧みに操り、文化を拡散した。映画、音楽、党旗、垂れ幕、焚書、党大会。そして祭日は、必ず血のような赤地に目がくらむような白、そして黒い鉤十字の旗が生み出す幻想のもとにあった。どれも確かによく知られていることだが（第二次世界大戦後は、反ユダヤ主義とプロパガンダ、ナチ党はしばしば同義とされている）、この二〇世紀中頃に文化産業が急速に発展していた事実に目を向けることに大きな意味がある。これらの現象は個々に生じたものではなかった。反ユダヤ主義、プロパガンダ、ナチ党という危険な取り合わせに、文化的技術の急成長が加わって、人間の尊厳と呼ばれるものが踏みにじられる、史上最大の惨事の一つが起きた。

確かに、ドイツが第二次世界大戦とホロコーストへと進んでいった要因の一つには、当時のドイツの社会的、政治経済的な状況もあった。けれども、巧妙な文化的操作だけでなく、より重要なのは、文化を拡散するための新進の技術に助けられて国民を戦争へと駆り立てたことが、国民の精神を一体化させる土壌の形成につながった。あらゆる場所に浸透した、ナチ党による容赦のない反ユダヤ主義は、映画やラジオ、新聞、デザイン、そして演説などの媒介装置の力を借りて、人々を戦時体制へと動員する強力な手段となった。またナチスは、敵を創造するという強力な仕掛けを使って国家を樹立した。敵はナチスの文化的操作の要であり、そしてその敵は、よく知られているように、強制収容所に収容され殺された。

ホロコーストは、不安と疑いの暗雲が垂れ込めていた二〇世紀半ばの世界に終止符を打った。ヒトラーは神話的人物となった。ナチスとヒトラーその人の名声は誇大化し、ひときわ優れたものとなって、世界の多くの国々は、ただその勝利を喜ばしく思うだけだった。ホロコーストが遺した教訓があるとすれば、それは専制政治の力だけでなく、群集心理がもつ力の恐ろしさだった。親衛隊将校でユダヤ人たちをゲットーや強制収容所に移送した責任者、アドルフ・アイヒマンの裁判についての著書〔『エルサレムのアイヒマン』みすず書房、大久保和郎訳〕で、ハンナ・アーレントは次のように書いている。「検事のあらゆる努力にもかかわらず、この男が〈怪物《モンスター》〉でないことは誰の目にも明らかだった。しかしまた彼は道化なのではあるまいかと疑わないで済ますのも、実際困難だったのだ。それにしてもこの疑いが当たっていたとすれば、すべては無意味になってしまうから、またアイヒマンやその同類が数百万の人々にもたらした苦しみを前にしては、この疑いを持ちつづけるのは少々むずかしくもあったから、彼がどんなにひどい道化を演じてみせてもほとんど相手にされず、報道もされなかった」アーレントの言葉は知的コミュニティの多くの人々の思いを代弁するものだった。ナチ党のもっとも厄介な点は、群集心理だけではなく、ほとんど無批判に信念を遂行するその途方もない能力だった。タビネズミ〔繁殖しすぎると海に向かって大移動して溺死する〕さながらに、ドイツ国民は一丸となって崖から飛び降り、彼らのリーダーの無気力な狂気の中に突っ込んだ。全員が愚か者だった。

# 第3章　信じ込ませる人々　その2

アメリカでは、戦時中は配給制と緊縮財政、そして質素倹約が守られた。一種の愛国的倹約で、すべては勝利のためだった。戦後はある種解放の時代だった。新たな種類の消費が生まれた――より大規模で、より大きな可能性を秘めた消費だった。文化や広告産業もかつて無いほどに成長した。そしてその後数十年間にわたって、アメリカの消費を形作り、決定し、促し続けた。

すでに見てきたように、二〇世紀前半には、国家がかつてないほど如才なく――ナチ党の場合はかつてないほど密やかに――PRや広告の影響力を無限に解き放つ方法を習得した。そして二〇世紀後半になると、その知識は民主化された。つまり第二次世界大戦後、文化を用いた操作は時の政権だけのものではなくなり、その規模や業種にかかわらず、あらゆるビジネスに必要不可欠なツールとなった。

軍は各部にマーケティング部門を設けていたが、食料品チェーンにも、たいていは地方銀行にもマーケティング部があった。PRと商取引は切ってもきれない関係となった。

同時に、アメリカの経済生活や文化生活において、無形の商品が新たな重要性をもつようになった。テレビや音楽、映画、ファッション、広告は国内経済において非常に重要な役割を担うようになっただけでなく――これが重要なのだが――アメリカ国民が周囲の世界を理解するために欠かせないものであることが明らかになった。文化はアメリカのあらゆる場所にあって、日々の暮らしの質を劇的に変えた。

しかし皮肉なことに、文化を使った世論の操作がより大規模に、より巧みになったにもかかわらず、文化は、個性や自己表現を求める国民的執着を促進することにも成功してきた。ビート族やアレン・ギンズバーグは自由や独立を謳い上げたが、広告の中心地であるニューヨークのマディソン・アベニューもやはり自由や独立を賛美した。つまり、自らのアイデンティティを追い求めるビート世代が、かつては典型的な敵だと見なしていた組織の支援や励ましを受けるようになった。個性を主張するために物を買うという現象ほど、文化とマーケティングの影響力の大きさを示す例はないだろう。二〇世紀後半から二一世紀のはじめになると、自分を個性的に見せてくれる消費財を所有せずに目立つことなどもはや不可能となっていた。

## 有名人に群がる人々

一九四一年のこと、ドイツのマルクス主義者テオドール・アドルノが、パシフィック・パリセーズに到着した。そこは、カリフォルニアでありながら、トーマス・マンの言葉を借りればある種ドイツを思わせるような場所で、急成長する映画産業（としばしば左寄りのその政治姿勢）

が、ドイツを脱出してきた左派の知識人たちを引き寄せていた。アドルノより以前に、ベルトルト・ブレヒトとアルノルト・シェーンベルク、そしてトーマス・マンその人も移り住んで来ていた。

ブレヒトもそうだったが、アドルノもまた、ハリウッドの何もかもが自身の批判的批評精神あふれる作品とは相容れないとすぐに気づいていた。アドルノは、彼と研究者仲間のマックス・ホルクハイマーが「文化産業《カルチャー・インダストリー》」と呼ぶものに注目していた。それについてのもっともわかりやすい説明は、彼らの共著『啓蒙の弁証法――哲学的断想』の「文化産業――大衆欺瞞としての啓蒙」と題する章に詳しい。

この論考はPRと広告、そしてそれを広める新進の技術の融合に焦点をあてたものだ。ジョージ・ギャラップが世論の測定に関心をもっていたとするなら、アドルノとホルクハイマーは、そうした努力はすべて消費者市場の拡大を目的とするものだと考えていた。

> 文化産業のモンタージュ的な性格、その製品の合成され隅々まで管理された製作様式は、大量生産をめざして、たんに映画スタジオの中だけでなく、大っぴらではないにしても、安っぽい伝記やルポルタージュ小説や流行歌を、糊と鋏ででっちあげる際にも使われており、前もって広告に順応するようになっている。つまり個々の要素は分解して取り替えのきくものとなり、意味連関から技術的にも疎外されることによって、作品の外部の目的に手を貸すことになる。特殊効果やトリック、個々の部分をバラして何度でも使うやり方などは、昔から広告目的のための商品の展示に奉仕してきた。そして今日では、

映画女優の大写し写真は、それぞれのモデルの名を売る広告になり、ヒットソングはそのメロディのコマーシャル《プラッグ》になってしまった。経済的にはもちろん技術的にも、広告と文化産業は融合している。こちらでもあちらでも、数え切れない場所で同じものが現れる。そして同じ文化製品の機械的な反復は、すでに同じプロパガンダ・スローガンの機械的反復なのだ。ここでもあそこでも、効率という掟の下で、技術は心理技術に、人間を処理する手段になる。ここでもあそこでも、通用しているのは、目立ちはするが親しみやすく、さりげないが心に残り、玄人っぽいがシンプルでもある、という規準である。つまり、ぼんやりしているとか、なじみにくいとか思われるお客を圧倒することが問題なのだ。[34]

――『啓蒙の弁証法』〔岩波文庫、徳永恂訳〕

アドルノとホルクハイマーは資本主義がどのように日常生活を形作るかに関心をもっていたため、文化だけでなくそれを生み出す仕組みにも注目していた。文化の創造には均質化がつきもので、すべての文化的表現を変わり映えしないものにしてしまう、と彼らは主張した。消費はしやすいが、審美的報酬は皆無である――つまるところ、目的は利益を上げることで質を高めることではないのだから、と。

アドルノにとって、文化の商業化の問題は、単なる観念論的な懸念ではなかった。実験的な現代音楽やシェーンベルクを愛したアドルノは、文化の大衆化を嫌悪した。特にジャズは大衆的で不愉快な音楽だと考えていたが、彼の大衆文化への軽蔑はジャンルを問わなかった（子役スターのシャーリー・テンプルがごく近所に住んでいたことも、彼の気持ちを和らげることはなかったようだ）。ほかの多くの前衛芸術家同様、アドルノも大衆のために作られた音楽や文化の価値を認めていなかった――彼の目には、それらはすべて従順な大衆受けを狙った通俗なものと映っていたからだ。

アドルノにも見落としていることがあった、と言うだけではまだ足りない。実際、ジャズがアメリカのもっとも偉大でもっとも複雑な芸術であることは、多くの人にとって自明のことだった。しかしより広い意味で言うなら、文化を資本主義的企てだと執拗に強調するだけでは、そう……その喜びを伝えることはできない。モータウンや初期のロックンロール――あるいはウィリー・ネルソンやフリートウッド・マックが、活気ある自己変革と表現の驚くべき魔術幻燈でないというなら、いったい何なのだ？ アドルノのように文化産業を嫌悪することは、たとえばＤＣハードコアを過小評価することであり（本当に素晴らしい）、デスメタルなど恐ろしくもないし爽快でもない、と嘘をつくことだ。それは、Run-D.M.C.〔彼らが着用していたアディダスのスニーカー「スーパースター」などがヒップホップ系ファッションとして定着している〕やケンドリック・ラマー〔犯罪多発地域で育ったラッパー。貧困と暴力の悲惨さを伝えることに使命感をもつ〕、そして少なからぬ人々の心を捉えたあらゆる芸術を創造したすべての人々の偉大さを認めないことだ。文化産業の出現に資本主義が何らかの役割を果たしただろうことは推測できるし、そう考えるべきだが、同時にそれだけでなく、大衆文化がもたらした宝を高く評価し、その価値を適切に認めるべきだ。

私たちはそれを忘れてはならない。たとえアドルノの批判が概ね正しかったとしても。アドルノとホルクハイマーが文化産業への批判を明らかにしたとき、映画はすでにアメリカの主要な輸出産業となっていた。二〇世紀前半には、六つの大手映画会社が映画産業を独占していた。コロンビア・ピクチャーズ、ユニバーサル・ピクチャーズ、パラマウントピクチャーズ、ウォルト・ディズニー・ピクチャーズ、ワーナー・ブラザース・ピクチャーズ、そして20世紀フォックスの六社は、映画製作だけにとどまらず、スターを育成し、独自の配給システムを持ち、映画館を支配した。そして、ハリウッドが当時、大衆の映画への情熱を測定するために採用したのが、他でもないあのジョージ・ギャラップだったという事実は、何にもまして映画産業の優勢を示す——そしてアドルノの説を認める——兆候だった。オーソン・ウェルズからジンジャー・ロジャースにいたるまで、ほとんどのスターがマーケットテストにかけられた。

しかし映画産業の黄金期が続いたのはごく短期間で、一九五〇年代になると、独占を禁止する反トラスト法によって課された制約とテレビの出現のダブルパンチを受けて、映画界は苦境に立たされた。一九五〇年代の一〇年間に映画館への来館者数は大幅に落ち込み、六〇〇〇万人だったその数は、一九六〇年には四〇〇〇万人にまで減少した[35]。それでも大手映画会社は、なすすべもなく文化的支配権を譲り渡したわけではなかった。テレビや音楽産業に多額の投資を行い、何とかして映画の優勢を保とうとした。

一九五二年一〇月二九日、無声映画の著名なスターだったチャーリー・チャップリンが、自ら脚本を書いて演出、主演した新作映画『ライムライト』の制作発表記者会見をパリで開いた。クレア・ブルーム演じる、失望し自殺を図ったダンサーが、落ちぶれた道化師に助けられ、健康と舞台に立つ自信を取り戻す物語だ。チャップリンは、映画の最後にバスター・キートン演じる、一度は過去の人となっていた仲間の道化師と舞台に立つものの、上演中の事故で負傷。その後、舞台に立つダンサーを袖から眺めながら、この世を去る。『ライムライト』はカムバックと悲劇的結末を描いた物語で、それが暗にたとえるものに気づかずにはいられない。これは、ハリウッドで現実に起きている主役の入れ替わりを意味していた。

記者会見はすんなり進まなかった。チャップリンは名声を得た成功者だったが、一貫して落ちぶれた人や労働者階級を描いてきたことにより、左派からも人気があった。ところが若い急進派の集団が、彼を格好のターゲットにしようと考えた——そして、チャップリンがマスメディアに登場する機会を利用して、マスメディアの権力を批判しようと決めた。レトリストと自称するこの集団のメンバーたちは「陳腐な恋物語はもうたくさん」と題するビラを手にパリの会場に乗り込んだ。ビラにはこんな言葉が書かれていた。「抑圧された弱い立場の人々に共感を示してきたあなたを攻撃することは、抑圧された弱い人々を攻撃することになってしまう——でもあなたの籐のステッキにしこまれた警棒を見抜いている人々がいるのだ[36]」彼らはチャップリンの偽善を曝露しようとしていた。貧しい人間のイメージを利用する富裕層だ、と。不意をつかれたチャップリンは、反論することができなかった。

この集団はさらに過激さを増し、一九五七年には若手幹部たちがシチュアシオニスト・インターナショナルと呼ばれる新たなグループを結成。ポップカルチャーを嫌い前衛芸術を（そしてマルキシズムを）賛美する過激な集団となった。なかでも中心的なスポークスマンであるギー・ドゥボールは、知的で攻撃的な、他人の愚かさが我慢ならない人物だった。シチュアシオニストが特に関心をもっていたのは、彼らが「先進資本主義」と呼んでいた、マーケティングや文化的操作によって人々の嗜好や欲求を作り出す手法で、ドゥボールはその後『スペクタクルの社会』〔ちくま学芸文庫〕と題する、悪意に満ちたメディアカルチャー批判を書くことになる。

けれども、チャップリンへのこの抗議行動は、単に前衛的な芸術家集団の内部分裂の結果として片付けられるものではなかった。これは、いろいろな意味で、主流の文化に懐疑的なこの時代の傾向を完璧に象徴する出来事だった。一九五二年当時は過激な意見だったが、一九六〇年代の終わりには主流の知的風潮となって、シチュアシオニストらの容赦のない分析と総力化する不信感は時代の風潮へと変わっていった。映像文化と、その資本主義との馴れ合いに対する彼らの批判は、一九六八年のパリの暴動〔五月革命。ド・ゴール政権の教育政策に反発した学生たちがカルチェ・ラタンを占拠して警官隊と衝突した〕を扇動した人々思わせる。学生たちは、「舗道の下には海！〔学生たちはこの言葉を叫びながら、舗道の敷石を剥がして警官隊に投げつけた。海は自由を指す〕」や「働くな」、「餓死しない保障が、退屈すぎて死ぬリスクをもたらす社会なんていらない」といった、正統派シチュアシオニスト風の謎めいた落書きやそれを記載したパンフレットで街中を覆い尽くした。

## 自由の調べ

しかし、大衆文化への懐疑が世間に広まったからといって、人々が文化と疎遠になったわけではなかった。一九六八年に起きたパリや世界各地での暴動の一年後、ニューヨーク州ウッドストックの酪農場で三日間にわたって開催された音楽フェスティバルは、若者と音楽を固く結びつけた。当時アメリカの多くの若者のあいだに反体制的な気分が広がっていたが、自由や解放、自己確立への高まる欲求から、同じように高まる音楽への欲求だけを切り離すのはそう簡単ではなかった。そもそも、一九六九年には音楽はビッグ・ビジネスとなっていた。さまざまな意味で、二〇世紀初頭の映画産業と同じくらい勢いがあった。フェスティバルの主催者であるマイケル・ラングは、ウッドストックを、興行主を無理なく一堂に会させる方法とまで形容した。創造産業の精神は当時すでに芽生えていた。そして売上げが確実にそれを証明していた。ウッドストックにはたしかに多くの美点があったが、その一方で、ほとんどがウッドストックに向けられた音楽や文化を求める若者の欲求を、音楽産業の売上げ拡大につなげる働きもしていた。

音楽は電子レンジでも洗濯機でもなかった。それは触れられないものであり――永遠に形を変え続けるものであり、年月が過ぎても、いつでも何度でも味わうことができるものだった。たとえ読者が文化と観念の――あるいは文化と個性の――明確な結びつきを信じていなくても、感受性の強い人々にこれほど影響を与えた力が、アメリカの生活のあらゆる側面にも影響を及ぼしただろうことは容易に理解できるだろう。一九六〇年代には、音楽は消費財であり、同時にそれを超えるものでもあった。音楽はかつてない影響力をもつ文化的な力だった。そしてそれから数年のうちに、経済はいっそう、無形商品や、人々の留まるところを知らない自己表現への関心を中心に回るようになった。

音楽はアメリカの若者の心を揺さぶっただけでなく、アメリカの自己概念を決定する重要な要素ともなった。人々は、ビルボード・チャートでその時代のヒット曲を確認し、一人になって目を閉じれば、それを聴くことができた。歌は一人に届くと同時に何百万人に届くものともなった。音楽は、耳を傾けるだけの存在から、聞く者を適応させるものへと変化した。外部に存在するものであると同時に、自分の頭で鳴り響くものとなった。音楽産業の経済的成長だけに注目しても全体像は見えてこない。収益は産業の指標であり産業を形成するものではあるが、あなたがシャワーを浴びながらどんな歌を歌っているかはわからない。当たって大金をつかむバンドの影には、当然当たらなかったバンドが五つはあるはずだ。売れた歌の一つひとつに、失恋して泣き明かした夜や、仕事をしながら口笛で吹いたエピソードがある。アルバムを買うのは一度きりでも、それは何百回、何千回と再生される。レコードのターンテーブルと同じで、音楽は再生し続けることができる。アメリカは、絶えず変わり続けるテーマソングを手に入れただけでなく、国民の時間や夢を占領する新しい方法をつかんだのだ。

一九六〇年代から七〇年代にかけては、ベビーブーマー世代が大挙して、自分らしさを証明してくれる映像や音楽、ファッションに夢中になり、魂を奪われ、そしてもちろんお金をつぎこんだ。一九六〇年には、娯楽のための支出はすでに八五〇億ドルに達していた。(37) のちに「サービスと情報の産業」と称されるものの幕開けだった。消費財はもはや有形のものに限らず、非物質的な文化的産物も含むことが明らかになった。自己表現は、本の余白に走り書きされたビートニクの詩だけでなく、アルバムや衣服を買うことによっても可能になった――そしてそれは大きな利益を生むことを意味していた。

## テレビ

そして、テレビが到来した。アメリカのテレビを所有する世帯は、一九四九年から一九六九年の間に一〇〇万世帯から四四〇〇万世帯へと急増した。かつて居間のラジオを囲んでいた家族は、何のためらいもなく大きな箱を取り囲んだ。テレビという、かつてないほど優勢で影響力のある、文化を配布する発明品が、一九六〇年代の一〇年間に、ものすごい勢いですべての家庭に浸透していった。テレビは王様となった。

テレビ技術は一九六〇年代に成熟期を迎えた。時代が生んだ中心的な媒体であるテレビを抜きにして、この時代の歴史を語ることはできない。テレビ映りのいいジョン・F・ケネディと時代遅れで汗っかきのリチャード・ニクソンのテレビ討論を思い出してみればわかる――あれは間違いなく、テレビの真の威力を示す政治的イベントだった。あるいはまた、その三年後に起きたケネディ大統領の暗殺を。テレビは、事件が引き起こした驚愕や恐怖の感情を、ラジオ放送や新聞報道よりもずっと効果的に伝播させられるということを証明した。通りの向こうで空を見つめている人も自分と同じ光景を目の当たりにしたのだということを、視聴者はテレビ画面を通して客観的に理解することができた。

一九六〇年代の社会に起きた大変動は、テレビによって伝えられたがために、国民の心に強く響いた。非常に恐ろしく、理屈抜きに感情に訴えるフィルム映像なしには、あの忘れがたい公民権運動の勝利はありえない。バーミングハム運動で、黒人の高校生たちが警察犬をけしかけられ、消火用高圧放水を受ける光景、マーティン・ルーサー・キング・ジュニアによる素晴らしい演説の数々——数え挙げればきりがない。

しかしまた、そうした高邁な話だけではない。音楽は、ただ人々を刺激し、結びつけ、急進的にしただけではないし、テレビもただ人々を鼓舞し、社会を変えただけではない。そうでないのは明らかだ。テレビがあらゆる家庭に普及したことによって、広告が突然かつてないほどの力をもち始めた。広範囲に及ぶビジュアル・コミュニケーション手段の爆発的な発達は、マディソン・アベニュー〔広告業界〕の将来を大いに有望にした。一九五〇年代の一〇年間に、広告は一つの現象となった。一九六〇年には、業界の売上げは一気に一二〇億ドルに跳ね上がった。

しかし、広告業界をもう一度探査する前に、何人かの偉大な先覚者たちに触れておかなくてはならない。

## 先覚者たち

同じビート世代の詩人、アレン・ギンズバーグやジャック・ケルアックに比べて、ウィリアム・バロウズはマスメディアの状況の変化をより敏感に感じ取っていた。批評家というより、類まれな鋭い洞察力の持ち主という形容がぴったりのバロウズは、その変化を肌で感じ取ることができた。大衆文化にいたずらに反発するだけのシチュアシオニストとは違って、バロウズは近代メディアが有する解放力に深い敬意を払っていた。メディアはすべての人に影響を及ぼしうるもので、支配階級によるメディア統制がしばしば話題にされるが、体制はそもそもメディアを完全に掌握したがるものだ、というのが彼の考えだった[38]。一九六〇年代に生じた社会のさまざまな混乱は、大衆の運動ではなく、むしろ新たなつながりや意味、そして同一性を創造するメディアの権力とその能力によるところが大きい、と主張した。

この四〇年間、世界中で先例のない変革が起きているが、それは即時的な世界規模のコミュニケーションで我々を呪い、祝福するマスメディアのおかげだ。今現在、世界のあらゆる場所で起きていることを、私たちはテレビ画面で同時的に見ることができる。私は、ゲイやヒスパニック、そして黒人に人権があるなんて馬鹿げた話だと考えられていた時代を知っている年代だ。かつて黒人はニガーで、ヒスパニックはスピックで、ゲイはクイアと呼ばれて蔑まれた。そしてそれだけのことだった。その後の大きな進歩が、ごく普通の人々に、今やホームドラマにも出てくるこうした問題を考える機会をもたらした。ゲイや麻薬中毒という言葉は家庭内で普通に使われている。しかし驚くかもしれないが、四〇年前は、家族のなかで交わされる言葉ではなかった[39]。

アドルノが、文化産業にはせいぜい型にはまった人間を作ることしかできないと考えていたとすれば、バロウズは文化産業を巨大な社会的生産の場だと見なしていた。バロウズは言葉と映像の結びつきに関心をもっていた。現代の広告マン同様、テレビの特徴である、欲望とイメージとテキストが創り出す連想的な世界を愛していた。バロウズは人間は理性的存在であるという考えに非常に懐疑的で、だからこそ、そうした連想が人の心を動かす絶対的な鍵になると考えていた。バロウズは、人の思考は彼が「連想ブロック」と呼ぶもので成り立つと信じ、『ノヴァ急報』〔ペトヨル工房〕や『裸のランチ』〔河出文庫〕などのシュールでばかばかしい本でも、連想的な言葉を延々と綴っている。バロウズが広報の父と呼ばれるアイビー・リーの甥でもあった、という事実もまた刺激的だ。

バロウズ風の表現は当然のように美術の世界にも現れて、急速に成長し商業化されていった。アンディ・ウォーホルは、最終的には高い評価や富、魅力、名声を築くことになったが、当時アメリカ社会に蔓延していたメディアによる集中攻撃の格好の標的でもあった。すぐれたアーティストはみなそうであるように、ウォーホルも自分がその目で見て知っていることをもとに作品を作った。広告デザインが最初の仕事だった彼は、身近で急成長するビジュアルカルチャーの中から選び取ったものを自らの表現に取り入れた。ウォーホルが結果的にポップカルチャーを芸術へと引き上げることができたのは、文化を取り巻く情勢の変化を鋭く察知していたからだ。アドルノが恐れた文化と資本主義の強い結束に、アンディ・ウォーホルは諸手を挙げて賛成した。

ウォーホルも、バロウズ同様メディア分野に――特に広告に――魅力を感じ、敬意を払っていたが、バロウズと違っていたのは、消費中心主義を全面的に認めていたことだった。議論好きだったバロウズには、思想警察や支配のメカニズムについての著書があったが、ウォーホルは周囲を面食らわせるほどの沈着ぶりでそれらすべてを躊躇なく受け入れた。ウォーホルは、金やコマーシャル、テレビ、名声、そしてアメリカの資本主義的な生活の中心に潜む権力の多くを愛した。二〇世紀の偉大な前衛芸術家たちが非常に有害だと考えたものを、ウォーホルは容認していた。

ウォーホルの美術作品は——バロウズの小説と同じく——予言的だった。比較的短期間のうちに明らかになった多くの矛盾や変化を世に示した。メディアが現代人の暮らしを支配するようになったこと、ハイカルチャーとローカルチャーの境目が曖昧になりつつあったこと、そして消費中心主義的論理が日常生活の幅広い分野に浸透し始めたことを。ほんの二〇年前にアドルノとホルクハイマーが示唆したことが現実になっていた。

## マディソン・アベニュー

ウォーホルとバロウズが察知していたように、文化を流布する方法が大きく変わりつつあったのだとすれば、広告の分野——その変化の主な受益者の一つ——もまた大きな変動の中にあった。高まる消費者中心主義と、言葉（とイメージ）の国内あるいは世界への拡散を助ける新たなメディアの台頭が、広告の「クリエイティブ革命」と呼ばれるものの中心にあった。二〇世紀初頭の世の中を支配していたのはPRだったと言えるかもしれないが、二〇世紀半ばになると、広告が支配的な影響力をもつようになった。

デイヴィッド・オグルヴィは、広告の歴史の主役には似つかわしくない人物だ。彼が広告の仕事を始めたのは三八歳と、比較的遅かった。ジョージ・ギャラップ博士の教え子だったオグルヴィは、ワシントンDCのイギリス大使館で情報局の仕事につき、戦時中の心理作戦にギャラップの世論調査法を利用することを提案した。戦後は、二つの忘れがたい広告で名を挙げた。一九五一年には、マイアミを本社とする男性用シャツを製造するハサウェイの全国広告キャンペーンを担当。オグルヴィは何がウケるかを見抜く生来のセンスの良さだけを頼りに、髭を生やした小粋なモデルを雇って当のシャツを着せ——片目にアイパッチをつけさせた。コミカルであると同時に洗練されたイメージ(『ニューヨーカー』に出す広告には洗練されたイメージが不可欠だというオグルヴィの強い意向があった)はたまらなく魅力的だった。ハサウェイのシャツはたちまち大評判となった。

ハサウェイのシャツの次はエドワード・ホワイトヘッド司令官だった。オグルヴィはシュエップスの社長のエドワード・ホワイトヘッド——イギリスの海軍将校で、南太平洋海戦での従軍経験をもっていた——に広告キャンペーンへの出演を依頼。それはシュエップスの社長とその愛飲者のすべてを品のいいジェントルマンとして描くものだった。どこか冒険的で、どこか洗練された映像。シュエップスの司令官はまたもや大ヒットし——ブランドの象徴となった。

オグルヴィを相当風変わりな巨匠と呼ぶなら、ヨレヨレの服を着てずんぐり太った、べっ甲眼鏡をかけたレオ・バーネットは、親しみやすい、優しい広告作りの名手だった。生粋の中西部人だったバーネットは、広告を通してシンプルな真実を伝えようとした疲れを知らない仕事人だった。一九五五年には、広告担当役員たちへの訓示のなかで「親しみやすいなじみ深さには、じわじわと浸透していく力がある。それを決して軽んじてはならない」[40]と述べている。バーネットが手がけたケロッグの広告キャンペーンは、彼の手法を見事に示す例だった。シリアル――おそらく市場に出ている商品のなかでもっとも面白みのない食品――が、キャラクターにトニー・ザ・タイガーを取り入れたこと、そして、シリアルの箱をキャンバスに見立てて目立つ色彩を用い、ブランド・アイデンティティを執拗に主張しようとするバーネットの決断によって、人々の想像力をかき立てるものへと大きく変化した。バーネットはまた、タバコの広告においてもバーネイズの正当な後継者であることを示した。バーネイズはラッキーストライクを女性運動家たちのものに変えたが、バーネットはマルボロを世界一のブランドにした立役者に他ならない。あのマルボロマンは、おそらく広告業界におけるもっとも象徴的な人物像だろう。

オグルヴィやバーネットの業績をウォーホルやバロウズ、そしてダダイストたちの芸術になぞらえることは可能だろうか？　もちろんすんなり結びつくものではないが、彼らの誰もが――つまり広告マンも芸術家も――視覚に訴えることや想像力をかきたてること、感情に訴えたり、連想を生じさせることの力を知っていた。彼らは皆、創作と出来上がった作品の普及の、より新しくより効果的でより急進的な方法に、本質的な関心を抱いていた。

とはいえ、芸術と広告の質的な違いのすべてを除外したとしても、両者には規模と使命の点で大きな違いがある。芸術家たちが生み出した作品は、新聞や雑誌、ラジオ、テレビに掲載されるものではなかった——どれほど同時代性をもっていても、彼らの作品はあくまでもニッチに留まり、人気の映画やテレビなどの大衆文化とは違って限られた鑑賞者にしか届かなかった。両者はいくつかの哲学的概念を共有していたが、その動機はまったく違っていた。バロウズやウォーホル、ダダイストらはみな、伝統的作風への人々の期待をぶち壊しにする新しい連想を生み出すことを目指していた——時代の最先端を進んでいた——が、オグルヴィやバーネットは人々のそうした期待を最大限に利用しようと考えていた。

しかし、当時の広告のすべてが安全——つまりただ現状維持を目的としていたというわけではない。一九五〇年代後半の、ドイル、デイン、バーンバック（広告代理店DDB）によるフォルクスワーゲンの過激な広告キャンペーンがその例だ。フォルクスワーゲン・ビートルのその広告は、金をかけない白黒印刷で——他の車（や消費財）の派手で格好よい広告とは大違いだった。しかし本当に人々を驚愕させたのはそこで使われていた言葉だった。「レモン（不良品を表すスラング。「品質不良」で出荷されなかったワーゲンの写真に添えて、品質管理を重視していることをアピールした）」、「UGLY（不格好だけれどちゃんと目的地に連れて行ってくれるというコピーをつけた）」、「シンク・スモール（小さいことはいいことだ、という意味で、大きいものを良しとする価値観に挑戦するものだった）」などが、そうだ。皮肉で不遜で自嘲的な広告だった。体制への反発や懐疑主義に価値を見出したアメリカの人々が、ついにその精神を体現する車を手に入れた。当時、人々は主流のものから距離を置くことに自分らしさを見つけ始めていたが、広告がそれを先導することはよくあることだった。

また、広告は消費財を売るだけのものとは限らなかった。フォルクスワーゲン・ビートルの広告で成功を収めたDDBは、大統領選で、バリー・ゴールドウォーターの対立候補だったリンドン・ジョンソンのために、例の悪評高いデイジーの広告を作った。広告に登場する少女は、デイジーの花びらを数えながら一枚ずつちぎっていく。花びらを数える少女の声はゆっくりで、最後の一枚をちぎったところで、カメラは少女の顔をアップでとらえ、音響は原子爆弾発射のカウントダウンの声に切り替わる。次に画面に現れるのは核爆弾が大爆発する様子で、そのあとに次のナレーションが続く。「我々は互いに愛し合うべきで、さもなければ死ぬことになります。一一月三日にはリンドン・ジョンソンに投票を。投票に行かなければ、その賭けは高くつくことになるでしょう」広告は、右派のゴールドウォーターが政権を握ることがいかに危険かをはっきりと訴えた（ちなみに、ゴールドウォーター側の広告を担当したのはレオ・バーネットだった）。あまりにも威圧的な広告だったが、その効果は非常に大きかった。

こうした改革の数々にもかかわらず、広告業界はアメリカ社会の重要な変化にはまだ追いついていなかった。それは、社会の主流ではなく、一人ひとりの個性を認める傾向の高まりだった。しかしマッドメン〔広告業界の代名詞であるマディソン・アベニューで働く広告マンのこと。〕はすぐに追いついた。さまざまな人種が集まった多様なアメリカ社会に対して広告業界が出した答えは、市場細分化〔消費者を年齢、職業、居住地などの基準に従って細分化し、各区分に共通の特性に応じた商品を提供する〕。トーマス・フランクはその洞察に満ちた著書『The Conquest of Cool（クールさの勝利）』でそのことについて次のように述べている。「戦後アメリカの資本主義は、カウンターカルチャーのリーダーたちが考えていたような頑ななしくみとはまるで違っていた。

資本主義は独自のやり方で、当時の革新的な若者の運動と同様の力強い勢力となり、その機能の仕方についても、自身に期待する役割の面でも劇的な変容を起こそうとしていた[41]」

## 革命とシリアルの箱

一九六〇年代の終わり頃には、パシフィック・パリセイズで暮らす怒れるドイツ人たちからメディア批判が噴出することも、予告なしに誰かが記者会見に割り込むこともなくなった――批判が社会の大勢となりつつあった。圧倒的な人気と文化的優勢さを誇るテレビも、それまでとは別の次元の新たな批判を浴びることになった。音楽や娯楽、そして華々しい広告の源泉だったテレビが、今や人々を洗脳する箱とみなされるようになった。この時代に勢いにのったサブカルチャーや解放運動は、マスコミを主要な敵だと考えていた。「白人のメディアが黒人男性について肯定的なイメージを描くことなど期待していない」とブラックパンサー党を立ち上げたヒューイ・P・ニュートンは言った。テレビは退屈で、退行的、人種差別的で家父長制的だった。一九六八年の九月、アトランティックシティで開催されたミス・アメリカコンテストが、活動家グループのニューヨークラディカルウィメン（NYRA）によって妨害された。NYRAはくだらない美人コンテストは女性をもの扱いする風潮を永続させるものだと批判し、抗議行動者はつけまつげからヘアカーラー、ブラジャーに至るあらゆるものをゴミ箱に投げ込んだ。一〇ヶ条のマニフェストの中で、NYRAはメディアの世界を、生きて活動する世界と関連づけた。「ミス・アメリカはコンテストのスポンサーにとっては歩く広告塔だ。彼女を熱狂させれば、販売促進ツアーやテレビであなたの商品を繰り返し宣伝してくれるだろう――そのすべてに『正直で』『客観的な推薦の言葉』を添えて」[42]と。

けれども、主流の文化産業への反発のすべてが対立を生んだわけではなかった。そこから新たな産物が生まれることもあり――多くの場合、批判のメカニズムそのものが、文化の形となって現れた。その一例が『Ms.』誌である。男性が経営・編集する雑誌への反発から、一九七二年にグロリア・スタイネムとドロシー・ピットマン・ヒューズによって創刊された。女性がオーナーの女性目線の『Ms.』誌は、自分たちのメディアを持ちたいと考える活動家の目標となった。

一九六〇年代後半と一九七〇年代の初頭には、この種の例が多発した――つまり文化的な反発が、逆に文化に重要な貢献を果たした。ギル・スコット・ヘロン〔米国のラップのゴッドファーザーの異名をとるアーティスト〕はアルバム『スモール・トーク・アット・125&レノックス』で「革命はテレビではやらないんだ」と宣言し、スライ&ザ・ファミリー・ストーンはアルバム『スタンド!』で白人の権力や戦争、貧困を批判した。エピック・レコードからリリースされた『スタンド!』は、発売から一年で五〇万枚を売り上げた。解放を求める声はすでに国民的なものとなっていた。

しかし主流派も簡単には打ち負かされなかった。一九六八年の大統領選に立候補したリチャード・ニクソンは、(一九六〇年の)ジョン・F・ケネディとのテレビ討論会での失敗から多くを学んでいた〔インフルエンザに罹り、しかもノーメイクだったニクソンは、テレビ映りのよかったケネディに負けることになった〕。ニクソンの首席補佐官のH・R・ハルデマンは大手広告代理店ジェイ・ウォルター・トンプソンで二〇年働いた経験の持ち主で、他にも何人かの同社出身者が大統領参謀を務めた。ニクソンの選挙戦が、アメリカ史上まれに見る広報重視の選挙運動だったのも、おそらく一つにはそのせいだった。かつてないほどに、新しい視点が追求された。

先例のない市場細分化と需要調査、そしてPRがニクソンをホワイトハウスへと導くと、マーケティングや商業のツールがアメリカ社会を支配するようになった。敵意や反抗は大金を生むビジネスとなったが、文化はあらゆる人に金をもたらすものへと徐々に変わっていった。アメリカ経済の変容や製造業の衰退の歴史は誰もがよく知っているが、その歴史の結果こそが、本書で注目している文化の隆盛と密接に関連している。サービス経済への移行は、文化があらゆる場所に必要とされるようになったことを意味していた。無形の商品は増加する一方で、それらの商品には個性が必要だった——メッセージが必要とされていた。

レオ・バーネットが自分のキャンバスはシリアルの箱だと理解していたのと同じように、今や世界全体がシリアルの箱となった。二〇世紀の最後の約三〇年、広告は日常生活のあらゆる側面に入り込むようになり、どこまでがパッケージでどこからが商品なのかが誰も見分けられなくなった。

アドルノはハイカルチャーとローカルチャーの、文化と商業の、芸術とガラクタの区別をつけることができたが、二〇世紀後半になるとそれができる人は誰もいなくなった。これまでとは一線を画すように見えたカウンターカルチャーさえも、マーケティングの手にかかると、商取引の一形態と化してしまった。敵意やノスタルジーを喜んで受け入れるマーケッターにとってはそれも一つの素材だった。

文化はどこにでもあり、だからこそ、人々の生活に多大な影響を与えた。世の中に溢れ出した広告やPRの奔流は、世の中を形作らずにはいられなかった。なにも、二〇世紀以前、あるいは第二次世界大戦前、あるいは一九六〇年代以前は、理論的で高尚な時代だったというつもりはない。もちろんそんなことはなかった。けれども、文化の拡散の規模の拡大がすべてを変えてしまった。

バロウズの考えは正しく、バーネイズの考えも正しかった。私たちは様々な感情や思いが溢れる世界で暮らしているのだから、すべての決断、すべての意思表示、すべての感情に、より悪い影響を与えうる文化の力を決して見くびるべきではない。このあとの数章では、現代の暮らしの別の側面を取り上げるが、まずは文化と情動はどこにでもある――想像もしないような場所にさえある――ということを理解することが必要だ。私の意図は、大衆の理性のなさを面白がることでも、人々の信じ込みやすさや社会のあらゆる組織の崩壊を証拠をあげて論じることでもない。むしろ、文化がどのように人々に影響を与えるのか、また情動が商品販売や市場性を高めるためにどのように利用されるのかを明らかにしたい。文化が我々の社会に浸透していく様を注意深く観察することによって、資本家と政治は文化と距離を置いているという一般的な理解に反論したいと考えている。

# 第4章　恐れのからくり

一九三三年にフランクリン・ルーズベルトが「我々が唯一恐れるべきは恐れる心そのものだ」と述べたとき、その言葉は運命論的であると同時に予言的にも聞こえた。大恐慌がもたらした社会的崩壊への過剰反応を抑制する目的で発せられた言葉だったが、その後ずっと政治演説の教訓と考えられ続けている。

偉大なるわが国は、これまでもそうだったように、危機に耐え、再生し、繁栄するだろう。であるからこそ、言っておきたいことがある。我々が唯一恐るべきものは、恐れる心そのもの――それは名状しがたい、理屈に合わない、根拠のない不安で、後退を前進へと変えるための努力に必要な力を奪ってしまうと、私は固く信じている。この国が試練に見舞われるたびに、率直で力強いリーダーシップが、国民の理解と支援に支えられてきたが、それこそが勝利に不可欠なものなのだ。国難に直面している今、諸君が再び強いリーダーシップを支援してくれるものと確信している。

昔から、政治は恐れと関わりをもちつづけてきた。そして政治演説にはよくあることだが、この非常に大きな影響力をもつ演説も特別な二つの意味を含んでいた。この演説は、人々をなだめると同時に、恐れの多大な影響力を実証するものでもあった。恐れを話題にするだけで、恐れをかき立てることができる。たとえばゲイリー・ラーソンの漫画『The Far Side』には、ドアの脇で郵便配達人を待つ犬が登場する。よく知られていることだが、犬には人の恐怖心を察知する力がある。犬をじっと凝視したままそろそろとドアに近づいてくる郵便配達人に、犬は「恐怖心測定器」と書かれたアンテナ付きの装置を指し示す。郵便配達人はばかばかしくも悲劇的なジレンマに陥ってその場から動けなくなる。怖がっていることがバレてはまずい。犬に飛びかかられるから。しかし恐怖心を見せてはいけないと考える時点で、すでに恐れているのだ。恐れることを恐れていたら、率直に言って心休まるひまはない。ちなみに、これが、私たちが今現在直面している悲劇的状況である。恐れは払いのけるのが難しい感情であると同時に、同じくらい抵抗するのが難しいという意味で政治戦略上、格好のターゲットでもあるのだ。

文化の興隆と情動とマーケティングについて論じようとすれば、恐れの問題を避けて通ることはできない。私たちは、製造や販売といった行為に対してたいてい批判などしない。それゆえ、脅すよりも買って下さいと勧めるほうが、もちろんずっと効果がある。けれども、前の章で紹介したデイジーの広告のことは憶えておいたほうがいい――恐怖をかき立てる手法は効果的で、これまでもずっと効果があった。

そして、文化が私たちの生活の重要な役割を占めるようになった今、恐れもまた重要な役割を果たすようになっている。この章では、人々の生《なま》の感情に着目したい。恐怖はさまざまな感情の頂点に位置するものであり、恐怖に注目することによって、一見共通点がないように見えるさまざまな現象についても論じることができる。そして、単にそれらの現象の経済的、社会的、あるいは歴史的背景に焦点を当てるのではなく、文化の戦略的活用という観点から恐れに目を向けることによって、情動、それも特に恐怖を効果的に利用することによって何ができるかを、正しく認識することができる。

人々の恐怖を煽る物語が生み出される最初のきっかけとなったのは、一九八八年の大統領選挙だ。

## ノーといえば新たなジム・クロウの時代が来る

一九八八年の選挙戦で、ジョージ・H・W・ブッシュは「より親切でより優しい政治」を公約に掲げた。しかしブッシュの選挙運動本部長はより親切でもより優しくもなかった。リー・アトウォーターはエドワード・バーネイズとレオ・バーネットとバート・レイノルズを無理に寄せ集めたような人物だった。人の弱みにつけこみ、攻撃することを生きがいにしていた。

アトウォーターはおそらくバーネイズの著者を読んだことはなかっただろうが、その必要もなかっただろう。選挙の勝ち方を本能的に知っていた。『Crystallizing Public Opinion』でバーネイズは次のように書いている。「PRコンサルタントはしばしば、時代の固定観念を取り上げてそれを覆し、新たな固定観念を生み出す。その際、ターゲットとする大衆に彼らがすでに知っている固定観念を示し、そこに新たなアイデアを付け加えることによって自分の意見に裏付けを与え、より伝わりやすくすることが非常に多い」[43] 一九八八年には（さらに言うなら現在も）、白人であることへの不安が世の中を広く覆っていて、だからこそ、黒人は恐ろしいという固定観念ほど利用しやすいものはなかった。こうしてウィリー・ホートンの事件が利用された。

ホートンの物語《ストーリー》――殺人罪で服役中のアフリカ系アメリカ人が、民主党大統領候補のマイケル・デュカキスが支持する仮釈放政策で仮釈放中に、女性をレイプし彼女のフィアンセを殺害した――はまさにアトウォーターの希望通りだった〔大統領選でブッシュ陣営は、この事件をとりあげて死刑制度を擁護するテレビコマーシャルを流した〕。デュカキスはこの仮釈放政策の制定に関わっていなかったが、構いはしなかった。恐怖をあおる戦略においては、候補者が服役者の社会復帰訓練にほんの少し関与していたというだけで、大きなダメージを与えることができた。「選挙運動が終わる頃には」とアトウォーターは言った。「人々はウィリー・ホートンって誰？ デュカキスの副大統領候補だったっけ、と思うようになるだろう」こうして、ホートンはブッシュの街頭演説の鍵として利用された。

一九八八年の秋に放映された、ホートンの事件に言及したあの悪評で知られるテレビＣＭは、これ以上ないほど見え透いたものだった。不安を煽る芝居じみた仕立てで、何よりもまず責任の所在を明らかにしていなかった。アトウォーターもブッシュも、広告は人種差別とは何の関係もないと否定することができた。広告が、引退したばかりのＦＯＸニュースチャンネルの社長ロジャー・エイルズによって制作されたこと――彼が台本の共作者だったことも非常に想像力を刺激する。報道人であり長年政治コンサルタントを務めてきたエイルズは、レーガンやニクソンと仕事をした経験があった。エイルズは何がニュースになるかを直感的に理解していた。「ステージに二人の男性がいて、一人の男性が『中東問題の解決策について考えがある』と言い、もう一人はオーケストラ・ピットに転落したとしたら、その日の夕方のニュースに取り上げられるのは果たしてどちらだろうね？」と彼は言う。当然ながら、エイルズの考えどおりにニュース番組の将来は形作られることになった。アメリカの政治の大部分にとって、オーケストラ・ピットこそが重要になった。過去三〇年間にアメリカで恐怖を煽る戦略を一般的なものにした一番の功績者は、エイルズだった。

アトウォーターやエイルズの卑怯なやり方は目新しいものではなかった――実際、それはニクソンの南部戦略〔リベラルな風潮に危機感を抱いた中産・下層階級の白人の間に生じた反黒人運動などを利用して、支持層の拡大を図った〕の流れを汲むものだった。すでに一九六〇年代に、婉曲語《コードワード》――「強制バス通学〔人種差別撤廃の目的で、公立学校の白人、黒人の生徒数の比率を平均化して振り分け、通学させた〕」や「州の権利」――が明白な人種差別よりもずっと効果的に白人であることへの不安をかき立てるものとして使われていた。そして、その特殊な戦略とその目的に疑いの目を向けられないように、アトウォーターは自らその意図を認めた。めったに物事を率直に語ることのない彼が、そうした不安を利用した戦略が効果的な理由について、あけすけに語った。

一九五四年なら「ニガー、ニガー、ニガー」と連呼しても問題なかった。しかし一〇年もするとそんな言葉は使えなくなった。かわりに「強制バス通学」や「州の権利」などの婉曲語が使われるようになった。さらには、経済や減税の話をしながら暗に黒人を傷つけるようになった。婉曲語や抽象的な表現を使えば人種差別を減らせるだろう、と私が言うと、人々は喜んでそうしたのだ。(44)

当時は、コードワードには人種差別そのものより重要な意味があった——誰もがコードワードを使って白人であることの不安を利用することができ、そしてここが重要なのだが、誰も責任を負わずに済んだ。

そして、恐怖心が大統領選挙だけにとどまらず、より大きな——そして間違いなくより重大な——事柄に利用されたときに起きたこととは？　多くのことが起きたが、そのうちの一つが薬物戦争〔一九七一年にニクソン大統領によって始められた薬物取締政策〕であり、ミシェル・アレクサンダー教授の言葉を借りれば、その結果「新たなジム・クロウの時代」〔ジム・クロウは、米国で行われた、人種隔離政策の法律の名前〕が生じた。アレクサンダー教授の著書『The New Jim Crow（新たなジム・クロウ法）』によると、ドラッグの常習者や売人に戦争を仕掛けることによって、レーガン大統領は特定の人種に属する「他者」——価値のない人々——を弾圧するという公約を果たした。(45)

犯罪と薬物使用、そして根底にあるアフリカ系アメリカ人への恐怖心が結合して、扇情主義が生まれ、報道の世界もその流れに抗することはできなかった。アレクサンダー教授によると、「一九八八年から一九八九年の一〇月までの期間に『ワシントン・ポスト』一紙だけで『薬物戦争』に関する記事が一五六五件掲載された(46)」そして、薬物使用は人種を問わず広がっているにもかかわらず、犯罪行為にかかわる存在として注目されるのは——驚くには当たらないがひどいことに――黒人と褐色の肌をもつ人々だけだった。白人のドラッグ常習者の数は黒人のドラッグ常習者の数と変わらないという統計的数字も、アフリカ系アメリカ人の若者に対する意図的な攻撃や嫌がらせ、勾留を止めることはできなかった。

もちろん、薬物戦争の激化はニュースメディアのせいだけではなかった――多くの文化産業もまた、黒人を犯罪者に仕立て上げることに精を出した。つまるところ、文化は単独で機能するものではない。ショーン・ペンとロバート・デュヴァル主演で一九八八年に制作された映画『カラーズ――天使の消えた街』は、ロサンジェルスの暴力団の血で血を洗う抗争を描いたものだった。同じ年に、N.W.A. の画期的なアルバム『Straight Outta Compton』〔全米屈指の治安の悪い地域で育ったメンバーの暴力的な日常をテーマとするギャングスタ・ラップ〕が発売された。一九九一年には、マリオ・ヴァン・ピーブルズ監督、ウエズリー・スナイプス、アイス-T、クリス・ロック主演のドラッグの密売を描いた『ニュー・ジャック・シティ』がそのイメージを定着させた。マスコミはそれらすべてを歓迎し――当然商業的にも成功した。冷戦時代の敵が左翼だったとすれば、一九九〇年代の文化的な敵は黒人ギャングだった。

ＮＥＡやツー・ライヴ・クルーについてのティッパーの戦いとは違って、またもやマスコミと政治家はそれぞれ、話題にしておいて非難する、という矛盾するやり方でギャングスタ・ラップを利用した。薬物戦争であれ、暴力的なブラックミュージックへの批判であれ、メディアの世界はこの新たな種類のセンセーショナリズムに騒然とした。政治家やニュースメディアは、辛辣に批判する一方で、そうすることによって自分の株があがるという利益も得ていた。消費者の注意力の持続時間についてのニールセンの市場調査によると、犯罪を厳しく批判して、黒人は犯罪者だという印象を与えることが、政治演説の必勝パターンとなった。二〇一六年の民主党予備選挙でヒラリー・クリントンを支援したミシェル・アレクサンダーは、夫であるクリントン大統領の三振即アウト法〔二度、重罪の前科がある者が三度目に有罪判決を受けた場合、罪の重さに関わらず終身刑などの重い罰が科せられる〕を推進した彼女の功績をニュースメディアに思い出させた。結局のところ、勾留人口を爆発的に増加させることになったが、手続きの迅速化に努めたクリントンは、一九九四年に次のように述べている。「犯罪法案が議会で可決されるまでに六年もかかる一方で、犯罪者の平均的な留置期間が四年に過ぎないのは何かが間違っているということだ。我が国のシステムにはどこか問題がある」[47]

政治が人種差別的なのは今に始まったことではないのではないか？　という人がいるかもしれない。これまでと違う点は、そのやり口が洗練されたことと、文化は強力な武器であるだけでなく、より重要なのは、恐れは他の多くの感情よりもずっと影響力があることを熟知している文化産業が増加したことだ。危険な他者への恐怖心が、あらゆる文化産業において大きな影響力をもつようになっている。音楽から政治、映画、テレビにいたる多様な文化産業が、注目を集めるために恐怖心を利用するようになった今、その恐怖心の対象となった人々は大きな災難を被ることになる。こうして黒人の若者が、一九九〇年代半ばのアメリカの人々の関心の的となり、ラジオやテレビ、映画、そして政治家が、黒人は恐ろしいというイメージの定着に大きく貢献した。

## 緊急事態発生

薬物戦争は決して終わっておらず、黒人犯罪者のイメージも嫌になるほど定着している。しかし、恐怖を戦略的に利用する手法のもっとも現代的な例は、対テロ世界戦争（GWOT）だ。いろいろな意味で、対テロ世界戦争は、文化的戦略が政治的、社会的な生活を決定づけるところまできた、この三〇年間の頂点に位置するものであるように見える。それはいわば、恐怖を生み出すために完璧に計画された一連の出来事への、人々の感情的反応に対して仕掛けられた戦争だった。九月一一日の攻撃を企てた人々は、注目を集めることによって権力を握れると知っていた。文化的生産物で飽和状態となっていた時代に、大勢の被害者を出した悲劇が驚くべきチャンスを生み出した。そして、恐ろしい暴力がまだ記憶に新しいうちに、新たな脅威の対象が国民の意識の中に現れた。アラブ人テロリストだった。

もちろん、恐怖はただ背後に潜んでいただけではなかった——それは直視され、これまでにないほどの勢いで煽られた。「今夜も多くの国民が恐怖を感じることでしょう」とジョージ・W・ブッシュ大統領はテロ攻撃の数日後に語った。「しかし国民の皆さんには、引き続く脅威の前にも、決然たる態度と落ち着きを保っていただきたい」と。(48) この明らかに人を落ち着かせる効果のない発言を、口が滑ったのだとか、不注意な過剰反応だと考えるのは間違っている。『Selling Fear : Counterterrorism, the Media and Public Opinion（恐怖を売る——対テロ対策、メディア、世論）』のなかで、著者のブリジット・L・ナコス、ヤエリ・ブロック－エルコン、ロバート・Y・シャピロは、「脅威や恐怖心を煽るのは、テロリストと対テロ政策者の常套手段だ――大衆を説得する一つの方法であり、テロ組織もテロ攻撃を受けた政府も、大衆のための行動だと主張する」と述べた[49]。つまり、恐怖には人を動かす効果があるということだ。そしてその効果はあらゆる方向に向かいうる。

ここで規模に話を戻そう。現代の文化は非常に迅速に、非常に効果的に、そして非常に広範囲に伝搬しうるため、今や人々は恐怖から逃れられなくなった。国民は何か見たら通報するように命じられ、人々は「ワールド・テラー・ウォッチ」の「要注意国リスト」〔世界の最新のテロ情報を提供する有料購読サービス〕がアップデートされるのを心待ちにしている。

9・11以降、永続的危機は世界を支配するようになり、新設された国土安全保障省によって導入された悪名高い国家テロ警報システムは、他の何にもましてその精神をうまく具現化している。テロ警報には先例がある。第二次世界大戦中にイギリス全土に響き渡った空襲警報。一九五〇年代の差し迫る原爆攻撃への警戒を訴えるコマーシャル。破壊的で不気味だったラジオの「緊急時用放送システム」のテスト放送。しかし、たとえ耳をつんざくような警報だったとしても、それらはたまに行われる一時的なものだった。一方のテロ警報システムは常に最高レベルで――緊急時がずっと継続していた。

もちろん、すべての人がそれを信じていたわけではない。実際、長いブッシュ政権期間中、恐怖を煽る対テロ世界戦争は数々のジョークのネタとなっていた。けれども、それらのジョークにはどこか悲しみが混じっていた。誰もが――政策を批判する人々も支持する人々も一様に――ある単純な事実を認めていたからだ。恐怖には説得力があり効果がある、ということを。

9・11以降の国民生活がいかに恐怖に支配されていたかをもっとも如実に示す一例が身近に起きた。二〇〇四年、私の友人でポリティカルアートの共同体「クリティカルアート・アンサンブル」の創設メンバーであるスティーヴ・カーツが、ある朝起きると、彼の妻で芸術作品の共同制作者でもあるホープが先天性の心不全で死んでいた。カーツは救急車を呼んだ。到着した救急医療隊は彼の自宅の片隅に実験室があるのに気づいた。当時（救急隊員などの）第一対応者はバイオテロリズムの兆候があればすべて当局に報告するよう指示されていた。そして、長髪の大学教授の自宅に実験室があったというわけだ。

設置されたばかりのバイオテロリズム・プロジェクトチームが取り調べる事件はそれほど多くなく、その結果カーツは自宅にあった数々の「疑わしい物」について取り調べられることになったが、その中には、アラビア文字が書かれた美術展開催を知らせるポストカードも含まれていた。カーツの自宅は、化学防護服で身を固めたＦＢＩの捜査官らによって調べられ、その忘れられない不気味な映像はローカルニュースのみならず全国ニュースとなって流れた。無政府主義や解放運動についての著書もある長髪の大学教授が、連邦捜査局の取り調べを受けている、と。カーツが遺伝子組み換え作物とその食料供給の可能性に関心をもっているという事実は、放送されたとしても視聴者を退屈させるだけだったろう。ニュースメディアや政治家が求めていたのはそんなことではなく、たまたまセオドア・カジンスキー〔ユナ・ボマー。米国の数学者でテロリスト。無政府原理主義に傾倒し、三人を殺害し、爆弾を送りつけて終身刑）に似ていた科学者が、ひょっとすると無政府主義的活動で逮捕されるかもしれない、というわかりやすい物語だった。ニュースになると地方裁判所はこの事件の立件を受理した。カーツの疑いがようやく晴れたのは二〇〇八年になってからだった。裁判長がこの事件について「文面上嫌疑不十分」と判断したのだ。

とはいえ、カーツの一件は比較的幸運な結末を迎えたと言っておくべきだろう。二〇〇八年になってようやく政治的ムードが変化し、それがこういった問題の改善をかなり助けた。そして重要なことに、戦前の警察の手入れ（恐怖の時代の悲劇的で実体感のある結末だ）によって一掃され、グアンタナモ湾の収容所に送られたテロリスト被疑者とは違って、カーツはアメリカ人で、支援者がいた。彼は芸術家だった。仲間の芸術家たちは世論を使って、また経済的にも彼を支援することができる立場にあり、実際そうした。

## 血が流れればトップニュースになる

過去数年間の例を見れば、メディアは危機感を永続させるために、9・11のように特別な――あるいは日立つ――ものさえも必要としていないことがわかる。必要なのは規模の大きさと同時性だけで、あらゆる大規模な光景が役に立つ。BP社のメキシコ湾原油流出事故、学校での乱射事件、エボラ出血熱の大流行。破壊や死、病気が過酷なものであればあるほど、注目が集まる。

つまり、過剰反応を引き起こすのは、肌の色の違いに根ざす恐怖についての報道に限らない、ということだ。私たちが目の当たりにしてきたのは、誇張がもつ永続的な力だ。ニュースは常に人の心をつかむ刺激的で物語的なものでなくてはならず、誰かにそっぽを向かれることなど断じてあってはならない。このやり方はもちろん国民の健康に悪いが、この文化を利用した戦略の恩恵を受けるのは、単に我々の地政学的な敵だけではない——国民もこの文化の創造に参加していて、こうした傾向を内在化することができ、実際にそうしている。

そしてときに驚くべき結果をもたらす。一九五二年に、レトリストらがハリウッド映画の記者会見のマスメディア映像を使ってマスメディアに対抗したように、二〇一一年のズコッティ公園では、急進派グループが、敵対する大手メディアの技術を逆に利用した。「ウォールストリートを占拠せよ」は、身体的抵抗運動——大きな反響を得て空間を占拠した——だったが、群衆の勝利は象徴的なものに留まらなかった。その光景は視覚に強く訴えるものだった。そこには、アメリカの資本主義的体制の崩壊に役立つ既成のイメージがあった。丸腰の若い抗議者をぶちのめす警官やブルックリン橋上空を警戒して旋回するヘリコプターのYouTubeの動画のことだ。

イメージを人の心に刻みつけるこうした技法は、活動家の間では「暴力ポルノ」という名で知られている——一〇年前のアルテルモンディアリズム運動〔新自由主義的なグローバリゼーションではなく、弱者を擁護する、社会正義に見合ったグローバリゼーションを目指す運動〕のさなかに生まれた手法だ。大型の拳銃と超現代的な盾とフェイスマスクで武装した圧政的な警察官というおなじみの構図は格好のニュースとなった。しかしもちろんわかり切った欠点もあった。こうしたイメージは瞬く間にどこにでも伝わったが、悪い警官と正しい抗議者の物語が説得力を失うと（すべてのニュースの宿命だ）、人々の興味の中心は乱雑で不潔なテント生活〔抗議者は現場でテントをはり寝泊まりしていた〕へと移った。

この抗議行動でも、もっとも注目を集めたのは、物語にふさわしい群衆や混沌などのイメージだった。メディアには難解な議論を取り上げる暇はなく、時の政権にとって不都合なものと見える運動を取り上げる時間はさらになかった。「ウォールストリートを占拠せよ」がまさにそうだったように。言い換えれば、暴力や闘争のイメージの伝播が大規模な共感を得ることはなかった。やはり喚起されたのは恐怖だった。

誰もが「血が流れればトップニュースになる」という言い習わしを知っている――いかにもありきたりな決まり文句だ。しかしこの言葉は学問的にも正しい。学者のバリー・グラスナーはその著書『アメリカは恐怖に踊る』〔草思社〕の中で、メディアの時代と言われる現代にあって、誇張表現の多さを指摘している。多発する危険な事故の代名詞とされている飛行機事故、犯罪のニュースの陰には、犯罪発生率の低下などの事実があるというのに。ローカルニュースは特に恐ろしい出来事の宝庫で、そのすべてが暗に、あるいは明確に、メッセージを世の中に投げかけている。外はおっかないよ、と。グラスナーは、恐怖を巧妙に利用する現代の文化が人々をどれほど惑わせているかを正しく理解するには、人は記憶に残っているものに頼ってものごとを判断しがちだと知っておく必要がある、と主張する。だから、ニュースメディアによってもっとも恐ろしく悲惨な映像ばかりが流されている今、人々はどうしてもそのような目で世界を見てしまうことになる。またグラスナーは、アメリカ人が多くの無益な恐怖に惑わされるようになった理由について「人々の弱い心を刺激してシンボリックな恐怖をばらまく者には、巨大な権力と金が待っているから」[50]だと述べている。恐怖を永続的なものにしているとメディアや政治家をただ批判するよりも、注目を集めたいときには恐怖が有効だと知っておくことのほうが、ずっと意味があるだろう。

## 恐れがレンガやモルタルと化す

恐怖を撒き散らすことには、たしかに人々の感情を揺さぶる効果がある。大災害や銃撃戦、病気の大流行をテレビで目の当たりにした視聴者は間違いなく動揺する。そして掻き立てられた人々の恐怖は、私たちの身近にある物理的なもの、たとえば建築物にも影響する。世の中に広まった恐怖は、やがて必ず、恐れをかたちにしたレンガとモルタルから成る巨大なインフラストラクチャーを生み出す。テロや犯罪の脅威は注目を集めるために利用されるかもしれないが、それらは同時に財政支援や政策、そして都市計画にもひそかに影響を与えている。

そのことを何よりも明確に示しているのが、アメリカ合衆国における刑務所産業の爆発的な発展であり、キューバにある司法権の及ばないグアンタナモ湾収容所だ。文化的操作の力は抽象的なものにとどまらず、政策となり、法となり、制度となり、インフラストラクチャーとなる。メディアがイメージを利用し、人々の感情や不安を弄《もてあそ》ぶ状況は、自分にとって何に経済的価値があるかについての人々の混乱を拡大させただけでなく、本物の文化戦争のためのグローバル経済とその構築環境をも生み出した。刑務所が造られるのは金になるからではない。実際、収容施設が、完全な赤字経営となることは特によく知られている（おそらく刑務所の看守の労働組合は異議を唱えるだろうが）。しかし、そう、刑務所は産業ではあるが、資本主義の基本的約束はそこでは通用しない。刑務所は明らかに人種差別主義者がもっている恐れを利用したものなのだ。

そしてもちろん、グアンタナモ湾収容所もそうだ。アメリカの実際の領土ではなく、合衆国憲法権利章典の効力も及ばないグアンタナモ湾収容所は、テロとの戦いにおいて最低最悪の罪人を収容する場所を意味した。ディック・チェイニーやドナルド・ラムズフェルドが、9・11の攻撃がイラク戦争推進への起爆剤となったと信じていたとするなら、グアンタナモに収容されたテロリスト被疑者らは、脅威の生きた証だった。恐れは誰かを罰することを求め、罰にはそれを科す人が必要だ。グアンタナモに収容された容疑者は七七〇名にのぼる。勾留開始後二年間、ブッシュ政権は、グアンタナモ湾基地内の被収容者にはジュネーブ条約は適用されないと主張していた。のちの二〇〇六年の判決で主張は覆されたが、この司法権の及ばない刑務所の目的は明らかだった。そこはどのような法も適用されない場所だった。

イタリアの哲学者、ジョルジョ・アガンベンは、「収容所とは、例外状態〔緊急事態の認識のもと、法的秩序が一時的に棚上げされた状況〕が規則になりはじめるときに開かれる空間のことである」と述べた。[51] アガンベンは、特定の場所に造られた、法の支配が一時的に適用されなくなった場所に関心をもっていた。たとえばアウシュビッツやアメリカに作られた日系人収容所、ネイティブアメリカン居留地、そしてグアンタナモ湾収容所がそうだ。例外状態が情動によって生まれるとしたら、こういった場所は、人々の間に広く浸透した恐怖の副産物だと考えられる。権力者が、特定の集団に対する恐怖を煽るのに成功したとき、その恐怖の対象に対処するために例外状態を創り出す必要に迫られる。

たとえば薬物戦争について考えてみると、ミシェル・アレクサンダーはスラム地区のブラックコミュニティが例外状態の要件をすべて満たしていたとはっきり述べている。黒人が住むスラム地区は、付加的な憲法上の権利が保障されない永久的な例外状態にある。刑務所内の状況と、住人たちが犯罪そのものと同義となってしまった居住区の状況がこれと似ていることを指摘するのは、少しもばかげたことではない。

刑務所の収容者数の爆発的増加と、グアンタナモ湾収容所設立の構想の問題点については、多くの議論がなされてきた。バラク・オバマ大統領は、グアンタナモ湾収容所の閉鎖を胸に意気揚々と大統領執務室に入室したかもしれないが、任期が終わるときにも収容所は存在していた。恐怖を煽り続けることによって造られたこれらのインフラストラクチャーがもつのは一方通行のシナリオだ。恐怖を利用して構造物を建てることはできても、恐怖によって解体することはできない。警察から軍隊にいたる安全確保のための巨大組織もまた同じだ。それらの重要性を訴えるため、財政的支援を増やすための言葉は簡単に生み出せるが、経費や人員削減、そして造ったことが妥当な判断だったかどうかの理性的な話し合いがトップニュースになることはない。公正をきすために言っておくと、ニュースだけが諸悪の根源ではない。拘束は更生につながらないという事実を述べる研究や記事、報告書の数々はずっと以前から存在している。ただ人々の印象に残らないだけのことだ。

刑務所制度とグアンタナモ湾収容所は、人々の注目と支持を集めるための文化的戦略の結果設置された無数のインフラストラクチャーのほんの一例だ。これらのインフラストラクチャーを収支の面だけで説明することはできない。財政面について批判されるのはわかりきったことで、ほとんどの政治家はそれを十分承知している。けれども、犯罪やテロリストへの対応が甘ければ、国民から猛烈な批判を浴びることになる時代だ、というのが、政府のあらゆるレベルの認識だ。たしかに、軍事費に五八九〇億ドル支出する一方で、教育には七二〇億ドル、そして住宅供給や都市開発に二六〇億ドルしかかけていない事情を見れば、アメリカの政策は明らかだ。刑務所やグアンタナモ湾収容所については、方針が変わってきたようだが、恐れの戦略的活用は、また別の敵を生み出しうる。恐れを基盤とする新たなインフラストラクチャーの出現はもう目の前で、古いインフラストラクチャーを取り壊すのはこの先もずっと困難だ。

## 恐れのからくりに抵抗する

恐怖心を煽る戦略にいったいどんなふうに抵抗すればよいのだろう？　歴史を振り返れば、支配的な文化に抵抗する数々の方法が見つかるが、あまりにも巨大で洗練された相手に立ち向かわざるを得ないとなると気が引けてしまいがちだ。ニューヨーク大学教授のスティーブン・ダンカムは、革新主義者が目標に到達するためには――ある程度は――右派によって使い古された強固な不合理性を採用し、右派と同じ土壌で戦う必要があると主張している。「ファシズムと商業主義には共通した独特の考え方がある。理屈や合理性、自明の真実を無視し、物語や神話、ファンタジー、想像力を利用してそれぞれの目標を推進しようとする」(52)ダンカムは、革新的政治運動は、希望を生み出し、理想主義的可能性を広げるために、この考え方を利用することができると示唆している。文化戦争を完全に受け入れることによって、革新的政治運動は物語やストーリテリングの力を使って、多くの国民の想像力を、右派による利己的な大衆操作から取り戻すことができるかもしれない。「革新的な夢が本物の政治的影響力をもつためには、それが大衆の夢となる必要がある。これが起こりうるのは、唯一、その革新的な夢が人々がすでにもっている夢と共鳴したときだけだ――現代のコマーシャルカルチャーがそうであるように。そして過去のファシズムさえもそうであるように(53)」

これまでの章で見てきたことを考えても、ダンカムの主張には大いにうなずける。文化が広告の分野だけのものではなく、政治やマスメディアの分野にも属するのなら、文化戦争に参加しないのは愚かなことに思える。しかしまた、私たちは恐れがいかに特別な力をもっているかも――そしてその現実の政治的帰結がいかに社会に深く根付いているかということも見てきた（マスメディアが常に学問的分析よりも個人の物語を好み、それが大衆運動を非常に困難にしていることは言うに及ばず）。その意味で、希望の力で恐れと闘おうとするのは、うどんで鍵を開けようとするようなものなのだ。

とはいえ、過去には恐怖を煽る戦略と見事に戦った素晴らしい例がある。一九八〇年代終わりから一九九〇年代の初めにかけて、エイズ啓蒙活動家たちは、モラルマジョリティ〔キリスト教保守主義の政治団体〕、政治的右派、そして彼らを支援する一部のメディアの悪意ある同盟によって当時嫌というほど拡散されていた恐怖心を刺激する言葉に疑問を呈し、妨害することに大成功した。その一例が、エイズ啓蒙活動グループACT UPから派生した芸術家団体、グラン・フュリーだ。グラン・フュリーは恐れをかき立てるイメージをもう一度世に循環させ、それによって恐れを和らげることを目指す広告キャンペーンを企画した。一九八九年、グループは、異人種カップルや同性カップルがキスしている写真に「キスでは死なない。強欲と無視が人を殺す」という言葉を添えたものを、最初はポストカードにして、最終的にはバスの車体に描いて人目に触れるようにした。これは視覚に訴える彼らの数々の戦略の一つであり、どれも目指す目標は一つ。人間性に訴えて、恐れを克服し、愛と思いやりのイメージを示してパラノイアや同性愛嫌悪と闘うことだった。

グラン・フュリーのように成功を成し遂げることはまれかもしれないが、すでに述べたように、たとえ「ウォールストリートを占拠せよ」のような十分にお膳立てされた運動が、彼らの望むような理由ではテレビ映えしないことがしばしばあったとしても、反主流派団体は、法の執行者たちの熱心すぎる仕事ぶりを、自らのために転用することはできる。たとえば、アルテルモンディアリズム運動は、一九九九年一一月に起きた、ＷＴＯの閣僚会議への反対運動

〔シアトルの戦い。シアトルで開催されたWTOの閣僚会議で始まった貿易自由化交渉への反対運動。インターネットでの呼びかけで拡大した〕に対するシアトル警察の激しい弾圧がきっかけで始まった。催涙ガスや戦車は、四万人の抗議者の存在を世間に広く知らしめることに大きく貢献したが、そんなことがなければ、貿易交渉に懐疑的な意見があれほど大きく取り上げられることはなかっただろう。

　街頭でのセンセーショナルな抗争は世界的なニュースとなった。そして、『ニューヨーク・タイムズ』紙でさえ不正確な報道をしてしまうなか（同紙は誤って、無政府主義者らが火炎瓶を投げたと書いた）、テレビカメラは通り中に催涙ガスがまき散らされる様子を三日間にわたって流し続けた。抗議者らは口々に「世界中が見てるぞ」と叫んでいたが、たしかにその通りだった。

　その後二年間、抗議運動に関わる人々は、世界のエリート支配層たちが企画するあらゆる会議に出向いて抗議運動を展開するようになった。抗議は次第によりマスコミ通の様相を帯びるようになっていった。たとえば、〔ドイツで第二五回G8サミットに合わせて行われた〕カーニバルアゲインストキャピタルは、抗議運動をストリートパーティへと変容させた。活動家アーティストたちの行動はふざけた方向へと向い、たとえばアンドリュー・ボイドが立ち上げたブッシュを茶化す演劇グループ「億万長者はブッシュを支持」が大きな注目を集めた。皮肉が勝利したというわけだ。スペインでは、芸術家集団Las Agenciasが、プレタリヴォルテ〔プレタポルテとレボリューションを合わせたネーミング〕という、いざというときには抗議活動用衣装に早変わりする斬新なファッションラインをプロデュースした。どの企画も知恵と創意に富み前途有望だったが、すべては二〇〇一年九月一一日に終わりを告げた。メディアが全く異なる種類の抗争へとその注意を向けたからだ。

「ウォールストリートを占拠せよ」運動の成功した点と課題のいくつかについてはすでに述べたが、この運動を別の角度から見ることに意味がある。この運動が束の間ながらも文化を強力に支配した事実は、新グローバル化時代から今日までに生じた変化がいかに大きかったかをはっきりと示している。今日のメディア環境は私たちにとって必ずしも（ほぼ間違いなく）より有利なものとはなっていないが、明らかに以前より民主主義的なものではある。近年では、ソーシャルメディアが文化戦争への参加条件を以前より公平にした。チュニスの大通り（チュニジアのジャスミン革命）からズコッティ公園にいたるすべてがそうだ。結局言えるのはこういうことだ。「ウォールストリートを占拠せよ」が国民的物語《ストーリー》となることはなかったが、抗議者たちは、かつてはなかったことだが、自分たちの手で自分たちの物語を創り上げられるようになった。今や人々はスマートフォンから抗議コメントを投稿することができ、テレビキャスターの意向を気にする必要などない。

ここで、現代のもっとも希望のもてるありかたとして、ある抗議行動について触れておきたい。抗議メッセージを広めるのに役立った技術的進歩なしにその成功はありえなかった。もちろん、「Black Lives Matter（黒人の命も重要）」運動のことだ。それはトレイヴォン・マーティン少年殺害の嫌疑で逮捕された自警ボランティアのジョージ・ジマーマンが無罪放免された後、ハッシュタグをつけて情報共有するという適切なやり方で始まり、その後も数々のアフリカ系アメリカ人が暴力によって殺されている現実を世間に知らしめることで、勢いを増していった。アリシア・ガーザ、パトレーゼ・カラーズ、オパール・トメティの三人によって設立された団体、「黒人の命も重要」はここ数年間で大きな活動組織となったが、その躍進をソーシャルメディアの拡大と切り離して考えることはできない。黒人を犯罪者扱いする風潮は、もはや知らん振りを決め込める問題ではなくなった。黒人の若者の殺害が新聞で大きく取り上げられるようになった理由は、主として「黒人の命も重要」が効果的に運動を展開し、ほとんどがスマートフォンで撮影された映像を広く拡散させたおかげだ。警察官による暴力事件は、知られていない事実ではなかったが、戦略的行動主義と新たなテクノロジーの融合が、それを国民的な物語《ストーリー》にした。結果がどうなるかはまだわからないが、エリック・ガーナーやマイケル・ブラウン、タミル・ライス、フレディ・グレイ、サンドラ・ブランド、ラクアン・マクドナルド、その他のあまりにも大勢の人々の死――そのすべてが最初はスマートフォンやドライブレコーダーの映像で投稿され、明るみになった――が可視化された効果は、おそらく非常に大きなものとなるだろう。もしもセルマのテレビ映像〔一九六五年、投票券請求集会で若い黒人男性が警官に射殺されたのをきっかけにしたデモ行進。警官隊がこれを徹底的に鎮圧する様子がテレビで流れた〕が公民権運動を避けられないものにしたのだとすれば、それらの映像もまた同様に歴史的価値のあるものになるかもしれない。

そしてもちろん、それはただのイメージではなかった。その影響の大きさを考えるだけでわかる。ボルチモアやニューヨーク、そして世界中で行われた抗議行動から、ビヨンセ・ノウルズがスーパーボールのハーフタイムショーで行った象徴的なパフォーマンス〔二〇一六年のスーパーボールハーフタイムショーで、警察の残忍さを非難する曲「フォーメーション」を披露した〕にいたるまでのすべてを。ビヨンセのパフォーマンスは、それ以外の抗議行動に比べると、巧みに構成され、様式化されたものだが、だからといって価値が下がるわけではない。私たちが今リアルタイムで目の当たりにしているのは急進主義が広がりゆく有様で――文化が驚くほど急速に伝わる様子であり、恐れが意図的に利用される有様なのだ。そしてすべてがあまりに急速に、あまりに大規模に、あまりに効果的に進むため、時代の風潮を無視し、「黒人の命も重要」運動が打倒をめざす破壊的な政策を永続させている当のメディア組織も、文化の力を無視できなくなっている。

「黒人の命も重要」やそれに関連する抗議活動は、恐れを別の目的に転用しただけで、取り除きはしなかった。むしろ、それ以前のアルテルモンディアリズムや「ウォールストリートを占拠せよ」の抗議活動等もそうだったように、黒人への暴力に対する抗議は、大きな不安と恐れを喚起した――その多くは人種差別的なもので、一九九九年や二〇一一年に私たちが目にしたものよりずっと強烈だった。この活動は、それが防ごうとしていた恐れそのものを解き放ってしまった。

しかしこうした矛盾点があるからといって、抗議活動の効果や、文化を再流用し、別の目的に利用する試みを疑問視するべきではない。むしろこの矛盾があるからこそ、文化を利用した抗議活動がより緊急に必要とされるのだ。

第5章　リアルエステート・ショー

それは必然だった。その本も、著者も、何もかもがみな。リチャード・フロリダの著書『クリエイティブ資本論――新たな経済階級の台頭』〔ダイヤモンド社〕が出版されたのは二〇〇二年。アメリカ中の都市が深い倦怠に包まれていた時期だった。ＩＴバブルがはじけ、コンピューターの高い専門技術をもつアメリカの若者に約束されていた、生涯にわたる高収入も消えた。しかしフロリダは別の選択肢を提示した――政府の官僚や都市開発に関わる人々、そして都市での成功をめざすあらゆる人々を誘い込む甘い言葉だった。

フロリダは、新たな種類の働き手を引き寄せる新たな種類の都市を提案した。製造工場は潰れて元には戻らないが、製鋼所や自動車工場、繊維工場の跡地に、グローバル化が進む新たな都市の時代にふさわしい豆乳ラテや手作りチーズ店、ウェブベースの広告代理店、そしてスピンクラス〔フィットネスクラブで行われる斬新なバイクエクササイズ〕が生まれるだろう。ケルトアームバンド・タトゥーの熟練の職人が、刺激的でくつろぎを感じられ、美味しいものが食べられる場所に商売のために移動してくる。すると優秀な一流の人々のために仮の宿を提供しようと、不動産仲介業者らがついてくる。

一九五七年に、大恐慌時代の工場労働者で、努力して出世の道を開いた苦労人の息子として生まれたリチャード・フロリダは、まさに同時代の文化人そのものだった。アーティストという自覚はなかったかもしれないが、彼は――間違いなく――文化的な影響力をもっていた。彼の唱えた都市再生モデルはあらゆる方面からの厳しい非難に耐え、これといって何を成し遂げたわけでもないにもかかわらず、著書やその人となりさえもが、文化が都市で果たすべき役割についての人々の意見の形成と――その意見から生まれた決断に中心的な役割を果たした。もしも自然科学に観察者効果――物理的な現象を観察することによってそれを変えることができる――があるとすれば、フロリダは都市の観察者効果とでも呼ぶべきものを示した。おそらく最初は観察していただけだったのかもしれないが、さまざまな学会や研修会、書物、そして翳る気配のないカリスマ性を通して、積極的にアメリカの都市を変容させた。

フロリダは楽天的で――それゆえ人を魅了した。彼は世界をよりよい場所にしたかった。保守的で創造性に乏しい官僚たちを打倒したいと考え、個人主義や創造性、改革、発展、そして最終的な繁栄を好んだ曖昧な言葉は使わず、多様性と寛容、技術に富む都市を思い描いた。まさにTEDの講師にうってつけの人物だった。物事を広い視野で眺め、否定的な話題や、階級、人種、ジェンダーなどの込み入った話題は避けた。すべては意図と――世界観――の問題なのだから、いったいどうしてそんなことにかかずらう必要があるというのか？　都市は権力の不均衡や不公平さをただす必要はなかった。必要なのは情報経済の波に乗ることだけだった。

二〇〇二年にフロリダが理解していたことは――それが彼を本書で取り上げた理由なのだが

――二一世紀の都市の再開発に文化が果たすだろう役割だった。文化は、美術館や博物館、パフォーミングアーツセンター、あるいは映画館に閉じ込めておくべきものではない、と彼は主張した。文化はむしろ新たな都市に不可欠な要素だった。文化はツールに、つまり道路や街灯、オフィスパーク〔事務所を含む商業施設〕や学区とは異なる、一つのインフラストラクチャーとなりうるものだった。

フロリダの洞察は、それ自体は特別に革新的なものではなかった。マニュエル・カステル〔都市社会学者〕やデヴィッド・ハーヴェイ〔地理学者。人文地理学や社会理論が専門〕、サスキア・サッセン〔都市社会学者〕らは、ポストフォード時代〔フォード社的生産に代表される、作業がマニュアル化され労働者が取替可能となった時代〕と「情報経済」の台頭が都市の大規模な再構築につながると指摘し、都市はより巨大でより影響力をもつようになり、これまで以上に世界経済の中心となるだろう、と長年にわたって主張してきた。大規模な都市化は、文化地理学や都市計画の専門家、地球温暖化の専門家、経済学者たちにとって重要な研究課題となっていた。この議論へのフロリダの一風変わった関わり方は、ボートビル芸人風とでも呼ぶべきものだった。自らの主張の根拠を詳細に準備してくる都市開発者や歴史家たちとは違った。彼はショーマンで――ハーベイやサッセンではなく、むしろ興行師のP・T・バーナムやロナルド・レーガンに近かった。フロリダの著者は読みやすく、刺激的で楽観的で、理論的な書物をしばしば……そう、難解なものにする事細かい反論は一切なかった。彼は日に焼けて健康だった。その権威ある落ち着いた話しぶりは、話を聞こうと詰めかけたすべての人をよい気分にさせた。フロリダは、未来や多様性、そして世界をよりよい場所にすることについて語り、それらすべてを専門に偏らずに行うところも人々を魅了した。フロリダにとってはすべてがウィン・ウィンだった。

フロリダは間違っていなかったし今も間違っていない――少なくとも決定的には。彼が思い描いたグローバル化した現代の都市の姿のおかげで、人々は自分の街に――そして世界中の多くの街に――起きた変化の意味を理解しやすくなった。彼の予言は非常に的確だった。工業社会崩壊後にアメリカに生まれた新たなグローバル化された都市の経済的構成は、まさにその著書『クリエイティブ資本論』に書かれていた通りだ。フロリダはジェーン・ジェイコブズ〔ノンフィクション作家。『アメリカ大都市の死と生』鹿島出版会〕やウィリアム・ホワイト〔経済学者〕の理論を継承してはいるが、観察や分析にはあまり興味がなく、結果に関心があった。重視していたのは、「クリエイティブ」を引き寄せる地域的条件だった。クリエイティブとは、フロリダが命名した新しい経済階級で――収入とは関係がなく、したがって知的労働者からアーティストやデザイナー、コンピュータープログラマー、エンジニア、科学者に至る、あらゆる人を含む。そしてクリエイティブたちは住む場所を必要とした。

都市開発業者たちはフロリダの用語を取り入れ――おかげでクリエイティブの興味をひくことができた――さらに自分たちの言葉を付け足した。ポストフォード時代に初めて都市にやってきた人々は、ただよりよい収入を求めてやってきたのではなかった。今から一世紀半前に西部を目指した出発したアメリカの開拓者たち同様、この新たに生まれた上流階級の人々は、都市という名の新天地を発見した「現代の開拓者」だった。

フロリダは、シリコンバレー周辺地区にはじまり、ボールダー、オースティン、ポートランド、オレゴン、ニューヨーク市に至る都市の前代未聞の経済成長に、クリエイティブ階級がいかに貢献してきたかを明らかにするために、次から次へと統計的数字を示した。数字は嘘をつかない。グラフに載らなかった都市はフロリダの見解に注目し始めた。フロリダは、クリエイティブ階級は、過去に新たに都会に移動してきた人々とは違うのだ、と繰り返し主張した。クリエイティブ階級の要求に応えるには、都市には多様性とコーヒーショップと芸術と寛容さがなくてはならない。フロリダはこれを、新しがり屋《ヒップスター》を惹きつければ、Googleがついて来る、と、とてもわかりやすく表現した。(54)

この新たな経済階級と経済的な勢力としてのクリエイティビティの台頭こそが、新たな産業やビジネスの出現から、生き方や働き方の変化、さらには日常生活を構成しているリズムやパターン、欲求や期待の変化にいたるまでの、私たちがこれまで目の当たりにしてきた一見何の関係もなく偶発的に見える時代の風潮の数々を推進する、根本的要因だった。

国中の行政トップたちが、この声に呼応した。自分の街がもつ限られた資源を、クリエイティブ階級を魅了するためにどんどんつぎ込み始めた。イメージチェンジの時の到来だった。都市は単に仕事やスペース、資源を提供する場所ではなくなった——提供すべきはイメージであり、ブランド、ライフスタイルだった。製造工場の閉鎖による打撃を受けなかった都市さえも、もはや安穏としていられなかった。フロリダの言う成功を収めるためには、自分たちの文化を変える必要があった。

## 都市をブランドにする

「都市をブランドにする」と題するパンフレットの中で、CEOs for Citiesと名乗る団体が、大規模な世界的競争の時代となった今、都市は自らを売り込まねばならないと説明している。

簡単に言えば、ブランド化とは、世界的に情報過多となっている今の時代に、都市が自らを明確に特徴づけ、肯定的な注目を集めるために使えるツールです。残念なことに、ブランドは単なるコミュニケーション戦略であり、キャッチフレーズやビジュアル・アイデンティティ〔組織以外の、たとえば商品などのブランドや、ショップのマークやロゴのこと〕、あるいはロゴであると誤解されがちです。実際はそれより数倍重要なものです。ブランド化とは、都市を、主要なターゲットを魅了する意味のある場所へと変える長期的ビジョンに基づく戦略的手法です。つまり、ブランド化とは、人々に都市についての肯定的イメージを与えることなのです。(55)

『クリエイティブ資本論』は、二一世紀を迎え、自分たちの都市をいかにして意味あるものにするか、という新たな悩みを抱えた都市計画の専門家や国の官僚たちの心をとらえた。都市はクリエイティブと呼ばれる人々を魅了するために生まれ変わるべきだというフロリダの考えが正しいのなら、都市は自らを売り込まねばならなかった。しかしそれはまだ序の口だった。CEOs for Citiesも述べていたように、都市をクリエイティブな場にするためにはロゴだけでは不十分だった。あらゆる新たな改革が――新しい都市の暮らしのあらゆる形態が――セールストークの一部となり、あるいはセールストークそのものとなる。たとえば自転車専用道路はただの自転車専用道路ではなく、変化を起こそうとする企業に向けて、暮らしやすくおしゃれな都市を売り込むチャンスとなった。都市それ自体が、生きて呼吸するブランドとなった。

この三〇年間に――特にリチャード・フロリダの時代に――広告の力がアメリカの都市を大きく変えた。都市は、投資や居住者、観光事業を求めてかつてないほど激しく競争をするようになり、都市の活性化が当たり前のように行われるようになった。その方法にはある程度の多様性と、非常に強い関連性があった。ゲーリー、コールハース、ディラー&スコフィディオ、カラトラバ、ハディドなど、いわゆるカリスマ建築家たちによる主要なプロジェクトを考えてみればわかる。大きくそびえ立つ超現代的な建築物のうちの、もっとも完成されたものでさえ、時とともに、現代の都市の問題への機能的な解決策というよりも、むしろ都市の標識塔のように見えてくる。波うち、ねじれたその奇妙な形が、結局のところ、その都市に注目を集める力となっている。

現代的な「場の創造」の先例であるビルバオ・グッゲンハイム美術館は、今なおカリスマ建築家による都市開発を象徴する完璧な例であり続けている。一九九一年、グッゲンハイム美術館の館長であるトーマス・クレンズに、寂れた港町だったビルバオを何とか再生したいと考えていたバスク州の職員が接触してきた。ビルバオを観光地に生まれ変わらせるために、美術館の建築費と運営費用を負担するという申し出だった。クレンズは、国際展開を目指す自らの夢考えていた。

を実現する好機と捉えた。有名なグッゲンハイム美術館の文化施設の分館を作りたいと、彼は考えていた。

フランク・ゲーリーのこの建築は、いまだかつてない、まさにたった一つの作品だった。美しく取り分けられたラザニアか、はたまた上品なセイラーズノット〔船で用いる結索法〕を思わせる、チタン製のねじれた形態をなす美術館は、活気のない海辺の町に降り立った宇宙船のように光り輝いていた。そして、期待通り観光客がやってきた。開館後たった三年で、観光収入、集客数ともに、もっとも楽観的な期待をさらに上回る実績を上げて、採算ラインを大きく超えた。ゲーリーとクレンズ、そしてビルバオの町に世界中の注目が集まった。ここにこそ、世界をあっと言わせる秘訣があった。どうやら文化には、文字通り都市を生き返らせる力があるようだった。都市は成功したブランドになることができた。

美術館の次は牛だった。一九九八年、シカゴのミシガンアベニューでは牛の鳴き声を聞くことができた。その年、グレーターノースミシガンアベニュー協会会長のピーター・ハニグは、シカゴ文化庁長官のロイス・ウェイスバーグと協力して、前年にチューリッヒで行われた手軽なパブリック・アート企画を、シカゴでも開催することにした。カウパレードだ。

カウパレードは、都市の暮らしに文化を融合させることを目指す、数え切れない種類の活動を世界各地で始動させた。都市のブランド化に貢献する一方で、まだ不十分な点も多かったカウパレードは、大量生産されたグラスファイバー製の牛に地元のアーティストたちがペインティングや装飾を施し、ビジネスや市民生活のさまざまな場に展示する催しだった。観光客に好評だった展示期間が終わると牛はオークションにかけられ、収益は慈善事業に寄付された。一九九九年に、雑誌『ピープル』はカウパレードを次のように形容した。

ミセス・オレアリーの牛（一八七一年のシカゴ大火のきっかけを作ったと噂されている）によく似たものも含めて、牛は死ぬほど愛されています、とシカゴ・パブリック・アート・プログラムの責任者であるマイク・ラッシュは語る。牛はたっぷり金も生み出した。観光収入は一億ドルに達した。一〇月三一日にパレードが終了すると、牛は放牧場に放たれるのではなく、チャリティ・オークションにかけられる予定だ。ハニグはこう続ける。「我々は牛たちを最大限に利用するつもりです(56)」

そしてたしかに彼らは牛から搾り取れるだけ搾り取った。牛は世界の都市計画関係者の間で大評判となった。経済界と行政双方の構想と努力を通して、ミシガンアベニューは、奇妙で芸術的な牛であふれる、家族に優しい愉快な遊び場となった。シマウマ風にペイントされた牛もいた。アメリカの国旗を描かれた牛、ゴッホ風の絵が描かれた牛、さらにはカウプチーノ牛もいて、スポンサーはスターバックスだった。地元のアーティストたちは、ようやく街の中心のショッピング街でビジュアルカルチャーを表現する機会を手に入れ、収入に恵まれた。一〇〇万人以上の観光客を動員したカウパレードは、都市のアーティスティックなコラボレーションのモデルとなり、世界の大都市へと広がっていった。チューリッヒで地味に始まったときも、シカゴで画期的な成功を収めたときも、牛は、経済的に不安定で、社会から疎外された世界の数多くのアーティストたちのための、その都市特有のキャンバスに形を変えた。今やアーティストは新たに生まれたクリエイティブな町おこしに貢献できるようになったが、それがいずれ彼らを都市から追い出す結果につながるのは避けられないだろう〔高収入のクリエイティブ階級を引きつけて住宅価格が高騰し、収入の少ないアーティストには住めない場所となる〕。ライプツィヒやエルサレムのライオン、キャッツキル山地のネコ、セイラムのサケ、オースティンのギター、サウスウェールズのドラゴン、牛に代わるものは他にもまだまだあった――そのどれもが、新たなアイコンとしてネット空間に急速に広まった。

カウパレードを、大規模なパブリック・アートの試みと呼んでもいいかもしれない。しかし何よりもまず、限られた地域における都市のブランド化の一形態であり、それがシカゴに導入されたことが、街のイメージを変える重要な戦略の一つだった。シカゴはもはやギャングの街でも工業の街でも、ビッグ・ショルダーズ・コーヒーの街でもなくなると思われた。二一世紀のシカゴは芸術に優しい都市となった。その意味で、牛は街に新しく建設されたミレニアム・パークや、その中にある彫刻家アニッシュ・カプーアによるゼリービーンズのような形の「クラウドゲート」、そしてゲーリーがデザインした野外音楽堂と手に手を取って進んでいった。シカゴの街――レオ・バーネットやソウル・アリンスキー〔コミュニティ・オーガナイザー〕、ジェーン・アダムズ〔平和運動家、女性運動家〕、ヘイマーケット記念碑〔一八八六年にシカゴで発生し、のちにメーデー創設のきっかけとなった暴動の記念碑〕の街だったシカゴが、今や街独自のゲーリー、独自のクーパー、そして独自の牛をもつ、立派な現代的ブランドとなった。

## コーポレートボヘミア

都市がそのブランドに磨きをかけようと努力に努力を重ねていたとき、本物のブランドははるかに洗練されたものとなっていた。一九九〇年代の広告は反逆児をテーマとした。この世の象徴ともいえる人物——マハトマ・ガンディーやマーティン・ルーサー・キング・ジュニアは、彼らが率いた運動や作り上げた歴史とは無関係の存在となり、今やアップルなどの企業の代理人を務めるようになった〔テレビCMに登場〕。チェ・ゲバラはタコベルのチワワ〔メキシカンフード店のマスコット〕に生まれ変わり、ジャック・ケルアックはもはや一流の、あるいは宣伝過多の〔どう見るかは、その人の観点次第〕作家ではなくなった。死後、サンフランシスコを拠点とする、GAPの広告塔となった。

けれども、一九九〇年代の広告界を反逆児の時代と呼ぶなら、二一世紀の最初の一〇年間はさらなる革命の時代だった。一九九〇年代に広告が行っていたのは、自由奔放な暮らしのイメージを、奔放さとは程遠くなっていく一方の消費者に売り込むことだった。けれども、洋服やタコスやコンピューターを売るために奔放なイメージを持ち出すよりも、ずっといい方法があった——自由奔放な暮らしを創り上げるのだ。

二〇〇〇年代になると、スターバックス・コーヒーは、都市の活性化の試みとほぼ同義となった。ひときわ目立つスターバックス以上に、新しい形の都市再開発の隆盛——リチャード・

フロリダが考える意味での——の象徴にふさわしいものがあるだろうか？　都市生活者にとって、フラペチーノを売るこの会社による、略奪的価格設定と不動産戦略の情け容赦のない追求は、企業が主導する自由な暮らしがいかに大きな威力を持ちうるかを示す重要な教訓だった。つまり、緑のサイレーンのロゴは賢いブランド戦略以上のものだった。それは警告射撃で——その地域一帯がこれから企業化され、地価が上がって、住人の手の届かないものとなることを強く示唆していた。

もちろん、スターバックスは時代の流れを利用していただけだった。クリエイティブ階級に着目している現代的な都市においては、アート（そしてそれが意味するものすべて）は、絶好の投資対象だった。何も過去の自由な芸術家たちが完全に都市の外だけで活動していたというわけではないが、パリの街をよろめき歩いていたシャルル・ボードレールと、サンフランシスコの洒落たノースビーチ界隈に飾られたボードレールの壁画には大きな隔たりがある。

過去二〇年間に起きたことを奔放な生活様式の商品化と呼ぶこともできるだろうが、この時代の風潮を言い表すにはその言葉だけでは足りない。なぜなら、ベルリンのクロイツベルクやサンフランシスコのミッション地区、ポートランドやオレゴンのミシシッピ川界隈、そしてブルックリン地区のウィリアムズバーグで起きたことはみな一定の基本原則に従っているからだ（もちろん他にも同様の地区は本当にたくさんある）。これらの地区や都市は、執拗な圧力によって「ヒップな」街となった。郊外で暮らしていた人々が再び都市に戻り始めると、大企業や地方自治体が、あらゆる手段でその一団を惹きつけようとした。つまりそこにあるのは、偶然できた無政府主義の自由奔放な暮らしではなく、より簡単に買える、いわばプレハブ式の自由な暮らしなのだ。

## ブローバック

一九五〇年代にCIAで生まれた、秘密工作が引き起こした思いがけない結果を意味する「ブローバック」という造語がある。コントラ〔中米ニカラグアの親米反政府民兵、ミリシア〕やアルカイダ、ISISもブローバックだ。そして、アメリカの芸術への資金援助が生んだブローバックは次のようなものだった。全米芸術基金（NEA）、および同様の志をもつ慈善家たちは、芸術作品の宣伝のために都市の再生というフロリダの言葉を使おうとしたが、いつからか、都市の再生の宣伝のために芸術の言葉を利用するようになった。その結果は予想外で理想とは程遠いものだった。

一九九〇年代、NEAは一九八〇年代後半の文化戦争の傷跡をいまだに抱えていて、委員たちは過去の失敗を繰り返さないために出来る限りのことをした。芸術活動がニューヨーク市に集中しすぎていると考えた彼らが米国中の芸術的組織の支援を開始した結果、南部や中西部にも助成金が行き渡り始めるようになった。アーティスト個人への資金援助を中止し、かわりに組織を緩衝材として利用することにした。万一助成金を受けたパフォーマンス・アーティストが裸になって非難が集まっても、基金に直接的な悪影響が及ばないようにするためだ。NEAは、慎重で警戒心の強い組織で、二一世紀になんとか芸術の居場所を見つけようとしていた。

リチャード・フロリダその人ほど、彼らの手助けとなった人はいなかった。フロリダが好んで使った言葉——都市の再生と多様性——はNEAの委員であるロッコ・ランズマンの新たなスローガンとなった。ところが在職二ヶ月で、ランズマンはNEAを一九八〇年代の文化戦争に引き戻す、新たな問題に直面することになった。共和党が、保守的な価値観をもつ層から成る支持基盤強化の目的で、オバマ政権におなじみの戦いをしかけたのだ。今回のターゲットは、国立肖像画美術館に所蔵されているデイヴィッド・ウォジャローウィッチュのビデオ映像で、十字架上のキリストの上をアリが這う様子を数秒間撮影したものだった。そこでランズマンは方針を変えることにした。「私たちはNEAは、それが誰からのものであっても、批判への弁明に何時間も費やすつもりはありません」とランズマンは『ロサンゼルス・タイムズ』の記者に答えた。「私たちは出かけていって、アート教育やアートそのものについて語りたい。芸術は経済と結びついているからです——これからは攻めの姿勢でいくつもりです(57)」

二〇年間に時代は大きく変わった。NEAはついに、よく知られている——そして悪影響を及ぼす——外国人嫌いや同性愛嫌悪、そして性差別的攻撃を広め燃え立たせるかもしれない議論に手をつけることになった。表現の自由を理由に、あるいはそれ自体が商品であるという理由で芸術作品を守るのではなく、国は、芸術の経済的効果へと議論を切り替えた。

フロリダがその主張の根拠とした数字データまでが、いつの間にかNEAに利用されていたようだった。芸術を、その商業的なカウンターパートである広告、ラジオ、テレビ、ソフトウエアと切り離して考えることはもはや困難で——芸術もまたクリエイティブ経済の重要な一部となりうることは明白だった。二〇一二年の、オーティス・カレッジ・オブ・アート・アートによるクリエイティブ経済についての報告書は、新たな風潮を如実に表していた。その中には、ビジュアルアーツやパフォーミングアーツに携わる人々の年収の平均が二〇万四七七二ドルであるという、隠された事実も含まれていた。この数字は、学芸員助手やダンサー、画家、パフォーマンス・アーティスト、そしてアートハンドラー〔美術館で作品展示を行う人〕たちを赤面させるのに十分だった。理由は小さく記載された注釈を読めばわかる。調査の対象にはハリウッドの俳優や脚本家たちも含まれる、と書かれていたのだ。その事実は多くを物語っている。芸術に経済効果があることをなんとしても証明したいのなら、エンターテインメント界で大活躍するような人々を含めなければ、話にならない、ということなのだ。

芸術とその商業的なカウンターパートを再統合するこの考えを耳にしても、アドルノやホルクハイマーは驚きはしなかっただろう。すでに見てきたように、この二人の理論家にとって、文化は常にビジネスであり産業であったからだ。そして今回はNEAもそれに賛同した。健全なクリエイティブ経済が存在するという幻想を抱き、文化を使って金儲け以外の何かをしようとする人々が実際に健全であるかどうかは考えもしなかったのだ。ビジュアルアーティストの平均年収は、彼らの寂しい懐事情を如実に示しているが、そこにウェブ開発者やプログラマー、広告デザイナーの収入を加えれば、芸術の地元経済への貢献はより魅力のあるものに映るだろう。こうした統計的微調整は、切羽詰まった思いが生んだもので、芸術事業促進のためにロビー活動をしている人々にとっては、抗しがたい誘惑だった。

自らの生き残りに躍起となっていたＮＥＡは、活動のモットーを「偉大な国には偉大な芸術が必要だから」から「芸術は役に立つ」に変更した。もはや好みに基づく作品の素晴らしさではなく、何かを引き起こす文化の力に着目する方式だった。今や芸術は動力源――新たな都市を動かす機械《マシーン》となった。芸術は、政治家にとって理解しやすい指標――資本主義――と結びついた。学識者や都市計画の専門家、都市の再生の助成機関は、洗練された測定基準を用いて、あらゆる場所、あらゆる物の文化的な活力を測定できるようになった。芸術が役に立ったかどうかは、確かめられることだった。

芸術は役に立ち、それも経済的発展のために役立つだろうと思われた。シカゴの牛やオースティンのギターは素晴らしいものである必要はなかった――ただ発展を刺激し、「活力」に貢献すればよかった。時代の風潮にピッタリの組織、「クリエイティブ・シティズ・インターナショナル（ＣＣＩ）」は、「ほどよい乱雑さが一番」と彼らが言うものを測定する活力指標を考案した。ＣＣＩは次のように述べる。

創造的な都市の活力は、その都市をあらゆるただの都会的環境とかけ離れたものにしている。典型的な創造的都市は、エネルギーやチャンス、そして少しばかりの斬新さを備えた興味深い人々であふれている。都市をより目立たせようとか、都市をアイデアやエネルギーのよりよいはけ口にしたいと望む、留まるところを知らない才能と、起業家的精神の結合から生まれた創造的な緊張感こそ、我々が「ほどよい乱雑さ」と呼んでいるものなのだ。(58)

前述のいくつかの都市――ポートランド、ブルックリン、クロイツベルク――を見てもわかるように、「ほどよい乱雑さ」が実際に役立つことはほとんどない。これらの都市でも、また製造業の衰退に苦しむその他の多くの都市でも、情報経済で高給を得ている人々と取り残された人々の賃金には、あらゆる層においてそれ相応の格差があった。また、人種別の分析からは、創造的な都市の構想に、拡大する一方の格差の問題や、やがて多くの中心市街地を呑み込むことになる立ち退きの影響が含まれていなかったことがわかる。フロリダ自身はそのことを知っていたし、ＣＣＩのディレクターであるリサ・リーズもそうだった。「ＶＩ（活力指標）を都市のブランド化やマーケティングに活用することはできるでしょうか？」と二〇一一年のインタビューでリサは語っている。「もちろん。大いに活用できます。問題は、旅行者や新ビジネス、そして若い人々を引きつける一番の魅力となりそうなのは、そこに住んでいる人々――内なる旅行者――のために都市がすでに行っていることだということです(59)」

けれども、長期居住者に利益をもたらすのは、口で言うよりずっと難しい。過去二〇年間に行われてきた、特に経済的発展を目的とする文化の活用から何か学べることがあるとすれば、リーが言う「内なる旅行者」が集団として恩恵を受けたことはめったになかったということだ。多くの都市生活者は、自分たちが暮らす場所が再生し最新流行の街になることを喜んできたが、しかし彼らはしばしば、どんな形であれ街が発展すれば恩恵を得てきたように見える。結局のところ、創造的経済とは誰のためのものなのか？　そして、活力指標のような測定基準によって利益を得るのは誰なのか。長くなるが、この問題に対するフロリダの言葉は重要なので引用しておく。

ジェントリフィケーション〔都市の高級化〕は白黒つけがたい問題だ。二〇〇二年に、この問題について郊外都市開発を論じ、都市の荒廃を告発したジェーン・ジェイコブズに尋ねたところ、ジェントリフィケーションはむしろグレイゾーンだと答えた。彼女はソーホーやその他の都市近郊の「一般化」にぞっとする一方で、自らが暮らし、大学の側でもあるトロントのアネックス地区は、「良いジェントリフィケーション」の例だと言った。そこにはもちろん、新進のコーヒーショップやおしゃれな店舗、高給レストランが入ってきていたが、一方で地元の金物店やパブ、エスニック料理店、家族経営の小さな店も残っていた。高い収入を得ている移住者たちが、古い建物を復旧し、地域を強化した。しかしそれにも限界があった、とジェイコブズは言った。強制立ち退きにかかる社会的費用のことを私が問いただすと、彼女は私の目を見て、都市やその近郊はダイナミックな発展の途上にあるのだと説明した。「そこが退屈な場所になれば、裕福な人たちまでもがいなくなってしまうのです」(60)

つまり、経済的平等よりもそこが退屈な場かどうかのほうが人々の重要な関心事なのだ。ジェイコブズによると、多様な環境をつくり、大企業の支配下に置かれないことで、退屈な企業文化からかろうじて逃れることができる。けれども、結果主導の芸術財団や売り込み狙いの行政組織、そして創造経済の主導者たちが都市のための戦いを主導する際に生まれる不平等を、実際どう是正すればよいのだろう？　そのとき都市の「内なる旅行者たち」の多くは、発展の恩恵に浴さないというのに？　その問いへの答えはあいまいなままで、問題解決への実際の取り組みも、渋々でも行われていればいいほうだ。事実、問題の分析と解決策がいつの間にか混同されている。リチャード・フロリダはたっぷりの講演料をもらい、世界的な経済の傾向を、人々が見て感じられる現実的な経済的言語に変えることに成功した。都市は変化しつつあった。誰もがそれを自分の目で見ることができた。誰もがそれについて話していた。しかしそれでどうなったのか？

都市は広告であり、文化は私たちの経済的生活の重要な構成物だ。この二つの事実が、現代の都市がなぜ今のように見え、感じられるのか、そして多くの芸術の支援者や都市経済学者、都市計画の専門家、そして国の役人がこれまで何をしてきたかを理解する鍵となる。カリスマ建築家の作品、カウパレード、都市の活力指標。それらはこの新たな文化産業の武器だ。文化産業は、ダウンタウンと周辺地区、古い工場群や新たにできたアート地区〔アーティストが住み着いた工場地区〕に莫大な影響を与えてきた。そしてそれが、不動産投機家や不動産開発業者たちをリッチにした。

## 抵抗運動

この活動の意図は、芸術家は自分自身と作品を通して、抑圧された人々との連帯、商業や組織構造が芸術家の暮らしと仕事を抑圧し歪めているという認識、そして、貧しい地区で暮らし仕事をするアーティストは不動産の再評価と近隣地区の「白人化」の仲介人であるという認識を明確に示すことができ、それを望んでいる、と明らかにすることである。

——リアルエステート・ショー宣言文

それはこんなふうに進んでいく。アーティストたちが手頃な家賃で住める都会の一角に移り住んでくる。大抵の場合、その一角とは、他の都市の低所得者層が暮らす地域同様、家族経営の小さな店が点在する、多様な人種が暮らす場所だ。その後、より経済力のある人々が移動してくる——たいていは中流階級だが必ずしもそうではない。家賃の安さに惹かれたのは確かだが、おそらく多様性に富んだ環境が好みだったせいでもある。彼らは自由になるお金をより多く持っていて、画廊やレコード店、コーヒーショップ、バーなどを作り始める。その地域はより裕福になり、より収入の高い人々をどんどん引き寄せて、家賃や不動産価格が上昇する。この経済的変容は、最終的には地域のそもそもの魅力だった人種的多様性や家賃の手頃さを、そこで暮らしていた低所得の間借り人や借家の大家（そして芸術家も）と共に消し去ってしまう。これがもちろん、よく知られているジェントリフィケーションだ。

ジェントリフィケーションは、もっとも魅力的なネオボヘミア（一九六〇年代のカウンターカルチャーの名残を遺す都市の一角）や、もっとも無味乾燥なヒップな暮らしにさえも暗い影を落とした。シカゴのウィッカーパーク近隣のジェントリフィケーションを検証した著書『Neo-Bohemia（ネオボヘミア）』でリチャード・ロイドは次のように述べている。「私は、アーティストを反体制的なサブカルチャーと見なすのではなく、有益な労働力だと考え、彼らの作品が、彼らがしばしば心から嫌悪すると公言している利益とどう結びつくのかを尋ねずにはいられなかった」[61] ロイドにとっては、また率直に言って当時の多くの都市の居住者にとっても、画廊と新たな都市の新たな発展は、ほとんど同義となっていた。

　これまで見てきたように、リチャード・フロリダのような識者にとって、曖昧な点があるとはいえ、新たな近代的都市の創造に文化が果たしうる役割は、常に純益を上げることだった。一方、活動家やアーティスト、見識ある政治家、自治会、そして一般住民の何十年にもわたるジェントリフィケーションとの戦いは、基本的に利益重視の都市の発展に疑問を投げかけようとすることだった。人々は、自分たちが暮らす地域や都市が目の前で変わっていくのを驚きと恐れを感じながら眺め、たいていは口をはさむこともできなかった。それは決して簡単な戦いではなかったが、彼らの抵抗は、アメリカや世界の国々に起きた、文化による都市の占領の物語の、重要な要素となっている。

　ジェントリフィケーションとの戦いの結果生まれたものの一つが、文化そのものへの不信感の増大だ。これほど多くの大変動が起きたというのに、文化が世界共通のソーシャルグッド〔社会貢献に類する活動を支援、促進するソーシャルサービス〕——しかも中立的な——であるはずがないじゃないか？　と。多くの場合、文化は忌むべきキーワードとなった。結局のところ、資本家階級は長年にわたり、自分の目的に合うように空間を配置換えしてきたのだ。そして、ジェントリフィケーションが引き起こした結果は、そう、たとえばロバート・モーゼスのハイウェイ建築による都市の再生よりはずっと穏やかなもので〔ニューヨークの公共事業を取り仕切っていたモーゼスがワシントン・スクエア・パークを分断して四車線道路を通そうとして、ジェーン・ジェイコブズと対立した〕、歴史的な当然の結果であり、誰の責任でもない。フロリダは都市の歴史——人種的な抑圧と、こうした物語につきものの地価の暴落を——決して知らないわけではなく、それにしてはあまりにも度々その最悪のパターンが繰り返されるのを手助けしすぎた。フロリダや都市愛好者らは、より寛容な社会を促進することは資本主義の利益になると信じているのかもしれない。しかし、この結論に疑問を挟む理由はたくさんある。

歴史家やジャーナリスト（最近ではタナハシ・コーツの『アトランティック』誌上での思いきった介入を含む〔同誌特集で一九三〇年代から六〇年代にかけて実施された人種差別的住宅政策をとりあげた〕）の努力にもかかわらず、差別的な住宅供給やレッドライニング〔銀行などが荒廃地区への融資を拒否すること〕の実践の歴史を、アメリカの人々が忘れ去ることは決してない。一九三〇代の国民住宅法と、連邦住宅貸付銀行委員会が作成した、地域の人種構成を示す地図は、何代にもわたって人種差別を正当化してきた。有色人種は自宅の購入ができなくなり、その後も、アメリカのもっとも充実した社会保障であるはずの住宅政策において、彼らが被る不平等はひどくなる一方だった。

ジェントリフィケーションの影響はもちろんそれほど極端なものではなく、予め意図されたものでもなかったが、結果は悲惨なほど似通っていた。一九九八年の著書『Eviction（立ち退き）』の中で著者のロザリン・ドイッチュは次のように書いている。「画廊やアーティストが、いわゆるジェントリフィケーションの突撃隊の役割を担って安い店舗やアパートメントに移動してくると、彼らは家賃を引き上げ、もとの居住者を追い出すことによって、ジェントリフィケーションのメカニズムを助けることになった」[62]こうしたことは、これまで見てきたように昔からあることで、しかし文化の影響力の大きさが、それを新しいものにした。一九九八年当時は、ドイッチュの分析は自明の真実だった。それがおよそ二〇年後には避けられない現実となり、アーティストに会ったこともない都会生活者もその影響を被った。

赤線引きの歴史同様、ジェントリフィケーションも十分理解されていない出来事だ。ジェントリフィケーションはより明確に人々に意識されてはいたが、政策的な――地方であれ、州であれ、国であれ――解決策は僅かに講じられるか、さもなければ皆無だった。こうして、アメリカの都市の変容は一種の密かな戦争となった――長々と議論はされても、行動が起こされることはほとんどなかった。

ほとんどなかったが、全くなかったわけではない。一九七〇年代が終わろうとする二日前のこと、ニューヨーク市のローワー・イーストサイドにある放棄された工場のショールームに、ボルトカッターを使い、数人のアーティストが押し入った。窓には目張りをした。これは不法侵入で、彼らもよくわかっていた。その二日後に開催されたリアルエステート・ショーと題する不法占拠による美術展は、近隣地区の劇的な変化に対する強い欲求不満から生まれたものだった。当時、アーティストのアラン・ムーアは次のように書いた。「多くの人々が、必ず利益を手にする何らかの勢力のせいで、不動産の世界で貧乏くじを引くことにうんざりしている」[63]

このリアルエステート・ショーは、もっとも初期の反ジェントリフィケーション行動の一つで、考え方やその教訓、そして問題意識は、現代にもそっくりそのまま通じると思われる。美術展は新年にオープンし、その後デランシー通りでお祭り騒ぎが行われた。翌日、アーティストらが行ってみると、会場は立ち入り禁止となっていた。一九八〇年にレーマン・バイクセルバウムが書いたように、「『リアルエステート・ショー』はたった一日開催されただけだった。彼らはその基本的なイデオロギー的前提——アーティストや労働者、そして貧しい者は組織的な力で好ましい場所から追い出される——を、これ以上ないほどの痛烈な皮肉をもって思い知らされることになった(64)」

その後警察との交渉が行われ、ニューヨークに多数ある廃墟となった無人の建物の使用をめぐる市側とアーティストたちの激しい対立が、連日地方紙に取り上げられた。より幅広い層の関心を引くために、アーティストらは、アメリカを訪れていたドイツ人現代美術家のヨーゼフ・ボイスを現場に連れ出した。ボイスを担ぎ出した彼らは、立入禁止となったドアの前できまり悪そうに立つ警官たちを尻目に、記者会見を開いた。警察の奇襲によって作品は持ち出されたが、リビングトン通り一五六番地の別のスペースが与えられることになった。彼らは不承不承ながらそれに従った。以来、リビングトン通り一五六番地は、パンクロックショーや無政府主義的組織の拠点となり、ときおり美術展も開かれる名所となった。

これはそれほど珍しい話ではない。警察が取引きの仲介をした点を除けば。一九八〇年当時、ニューヨーク市は、数多くの居住者のいない不動産を所有していた。その市場価値はゼロに近く、売買の折衝も譲渡もできなかった。今では考えられないことだ。中心市街地の不動産物件は大人気となっている。しかし当時アーティストらが表明していた懸念は、今なお耳にするものだ。ドキュメンタリー映画『マイ・ブルックリン』の中でマサチューセッツ工科大学のクレイグ・ワイルダー教授はこう語っている。「ブルックリンで起きたジェントリフィケーションは、必ずしもブルックリンを住みやすい街にしていない。ニューヨークのジェントリフィケーションは、誰かが移動してきて、他の誰かが出ていった、という話じゃない。ジェントリフィケーションとは、企業がその街の大きな区画を手に入れて、長期的な視野で開発計画を練り上げることとなんだ(65)」

ジェントリフィケーションへの現代的な抵抗の典型例といえば、ビル・タレンしかいない。「ビリー牧師」という名でよく知られている。ビリー牧師は反スターバックスのワンマンショーを行った人物で——ウォーホルばりの積極性で、臆することなく世間の注目を集めた。マスコミ好きで、真実を愛した。企業文化と画一性を重視する風潮に反発し、全身全霊をかけてそれと闘った。ビリー牧師の改革運動はタイムズスクエアから始まった。そこは九〇年代のはじめに企業化の猛攻撃に晒された場所だった。彼は、性にはうるさくないが消費主義を嫌悪する伝道師だった。ミッキーマウスのぬいぐるみを頭上でふりかざしながら、買い物をやめるよう強く訴えた。「スターバックスやディズニーを排除しよう！　奴らに店を閉めさせよう！　個人商店で買い物するのだ！　我々は負けない。決して！」ビリー牧師は、ディズニーストアを手始めに、次々とターゲットの企業へと移動した。ロウアー・イースト・サイドの住民を「買い物やめろ聖歌隊」に仕立てたりもした。企業が経営するチェーン店に侵入して、即席でパブリック・アートを展開する場に変えてしまったこともある。とてつもない雄弁さと熱気で、感情あふれる演説を行った。汗をかき、熱心に語った。両替人の台を倒したキリストさながらに〔マタイによる福音書二一章一二節〕、企業文化に抵抗する人々の聖戦を率いて、企業の近視眼的な強欲さと開発を嘲った。その演説は人の心を動かした。演説は、多くのニューヨーカーが共有していた、街が魂を売ろうとしていることに対する憤りを汲み取るものだった。

この良き牧師は、画一性に反対であるだけでなく、現代の都市生活を支配している異常なまでの消費主義、そしてそれ以上に、社会生活や公共の場への企業の度を越した介入ぶりに異を唱えていた。企業のロビーから堂々と入っていくことで、（僅かに残る公共の場を使うことを妨害されたため）、ビリー牧師は、物理的空間はすべて、意見の不一致、つまり民主主義が生まれうる場だと主張した。そこは意見を戦わせる場所だった。

そして、意見の不一致ならたっぷりあった。活動家や地域のまとめ役、あるいはテナント協会がどんな計画をたてようとも、街を「きれいにする」という開発業者の思いが勝利するように思われた。そして、「きれいにする」が何を意味するのか誰もが知っていた。企業を誘致して文化的発展を促し、貧しい者に素早く蹴りを入れることだ。

幸いなことに反対運動はその後も繰り返された。一九九八年には、無政府主義に感化された活動家グループ、バイオテック・ベイキング・ブリゲイドが、当時のサンフランシスコ市長ウィリー・ブラウンの顔面にクリームたっぷりのパイをぶちまけた。ちょうどハンターズポイント・ベイビュー地区の浄化キャンペーンの記者会見中のことだった。この異端のパイ投げグループにとっては、開発業者と結託した市長の行為は、パイ攻撃に値するものだった。その後二〇一〇年には、イスタンブールのベイオール地区近郊のトプハーネ――で開催されたファーストフライデー・イベント――多くの画廊が店を出していた――が、ジェントリフィケーションに反対する、怒れる群衆に攻撃された。そうした例は数え切れないほどある。

テキサス州オースティンでは、住民たちがクリエイティブ階級の「成功」がもたらした困難と闘ってきた。二〇〇〇年には、オースティンのDJ、レッド・ワゼニックが「オースティンはおかしな街であり続けよう」というスローガンを創り出した。多くの居住者たちが共有していた、急激な開発によって街の魅力が失われつつある、という秘かな思いの婉曲的な表現だった。おそらくクリエイティブ階級についてのフロリダの予測のもっともうまくいった例の一つであるオースティンは、ミュージシャンやアーティスト、そしてハイテク企業の天国として注目を浴びるようになった。大規模なミュージック・フェスティバル「サウス・バイ・サウスウエスト」〔音楽だけでなく、映画祭、双方向性をテーマとする技術、芸術を取り入れた大規模な見本市〕は、莫大な収入と大勢のパフォーマーたちを生み出し、今では世界最大の音楽フェスティバルとなっている。文化的選択肢の増加は、不動産開発についても同じくらいの資産価値の増加を生み出した。オースティン地区の住宅価格は二倍以上に高騰し、街中がとんでもない発展を遂げた。

そしてもちろんそれは、街を「クリエイティブな」場にしたアーティストやミュージシャンたちにとって、どんどん手の届かない場所になっていくことを意味していた。皮肉にも、居住者の誇りの表れであった「オースティンはおかしな街であり続けよう」という合言葉は、地元のブランド化を進めるための効果的なビジネススローガンへと変わっていった。合言葉の元の考案者は法廷闘争に負けてしまい、アウトハウスデザインズと称する企業が著作権を所有することになった。今やこの言葉は観光客用のTシャツやバンパーステッカー、そしてキーホルダーなどを飾っていて——その言葉にふさわしい価値のあるものなら何でも集めたいと望む何千人もの音楽ファンや好奇心旺盛な人々にとっての、完璧なアクセサリーとなっている。

## 都市の文化戦争

都市が再開発され、再区分され、再建されるにつれて、文化はますます都市開発業者のための打ち壊しの道具として使われるようになり、世界中のアーティストが、自分たちが創造したものと——そして自分たちの生き方と——自分自身の関わり方を見直す必要に迫られている。これまでとは別種の文化戦争が起きている。この戦争は、過去数十年間に大規模な文化的紆余曲折を生んできた都市の居住権をめぐる戦いだ。人々を追い立て、家に住めなくするかつての方法が手荒く無遠慮なものだったとすれば、現代では、文化を用いたよりさりげなく、楽しげな方法が用いられている。大規模な取り壊し計画は減少し、牛や美しく輝くビル、そして点在するコーヒーショップによって町を変える方策が増えた。それに関わる人々は、相変わらず大きな権力と強い影響力をもっている——大きな政治的権力を握る助成金支給機関、望みどおりの結果が得られるなら喜んで都市のイメージを変えてしまう不動産開発業者、最高額入札者に奉仕したがるカリスマ建築家、そして都市での出来事すべてを、人々を鼓舞し活気づけるものに変えてしまう識者たちのことだ。

なにもリチャード・フロリダや世界的に有名な都市社会学者エマニュエル・カステル、都市の再ブランド化に熱心な助成金支給機関、あるいはビリー牧師やイスタンブールのジェントリフィフィケーションに反対する活動家でなくても、文化が現代的な暮らしの創造に欠かせないものであることはわかる。これまで見てきたように、文化は役に立つ。文化には素晴らしい力があって、多くの重要な意味において、ブルドーザーやセメントミキサーとそれほど変わらない。けれども、文化や芸術を売ることが、利害関係者にとってそれなりに大きな成果を上げてきたのだとすれば、実際にその恩恵を受けたのは誰で、受けていないのは誰か――という問いへの答えが曖昧なのが気がかりだ。

さいわい、アーティストたちは都市再生の過程における自分たちの役割を、かつてないほどに自覚しているし、活動家や居住者もまたそうだ。しかし、敵役――政治家、不動産開発業者、基金等々――もそれを同様に自覚していて、文化的な発展について語るためのより洗練された言葉を発見し続けている。この戦いに勝つのは誰なのか？　おそらくそれを問うのは時期尚早だ。けれども、もしも都市が建設した人々のものになる可能性があるのなら、緊急に、声を上げて問うべきことが多数ある。

# 第6章　対反乱計画——住民組織化活動の軍事利用

アメリカの文化戦争に軍隊、それも特に私たちが「文化」と呼ぶ領域を侵す軍隊が含まれるのは避けられないことだ。軍隊の世界とコミュニティに根ざす非暴力の芸術活動に、何らかの思いがけない関わりがあるとは言わないが、その二つを比較することによって文化を武器として使用することがどういうことなのかがよくわかってくる。

軍隊と芸術の明らかな違いは、そのスケールの大きさだ。アメリカ合衆国の軍事費予算は六八三〇億ドルだが、芸術は七億六〇〇〇万ドルでなんとかしのいでいる（しかもこれは、国の芸術振興予算の全額で、地域の芸術活動のための予算はそのほんの一部だ）。活動面では、軍隊は人を殺害し、ときには拷問もするが、芸術の世界では最悪の場合でも、審美的なあるいは人を蹴落とす目的で不公平なことが行われる程度だ。軍隊は巨大な階級的命令系統に支配される組織で、いわゆる組織の歯車となることがよしとされている。一方、芸術は個人の自由を尊重し、たとえチームを組んで作業する場合でも四、五人を超えることはめったにない。

しかし、軍の対反乱計画でも、コミュニティに根ざした芸術組織でも、人々がそれに熱中したのは、マーケティング・チームや宗教団体などに夢中になるのと同じ理由からだった。人を知ることは、社会的情勢を変え、ひいては権力構造を変化させる唯一の方法である。占領軍が現地の住民と交流するためであれ、仲間同士親しくなるためであれ、社交的作戦の基本は同じなのだ。

これまで本書では、不動産業界のグルとも言えるリチャード・フロリダや、市場戦略の大御所、スターバックスなどを取り上げてきたが、ここからは軍による文化の利用という少し暗い話になる。本章では、軍のプロパガンダや、軍による自らの再ブランド化の試みは取り上げない。二〇世紀中盤に行われた、抽象主義の絵画を利用して、自由を重視するアメリカの価値観を世界に示そうとした試みにさえ触れないつもりだ。むしろ、文化を用いた対反乱作戦に陸軍が積極的関心を示した事実から、学ぶべきことがたっぷりある。

## 民衆の心

イラク戦争は、二〇〇五年の秋には政治的にも軍事的にも泥沼化していた。けれども、「問題があり、解決できないなら、問題をもっと大きくするしかない」が口癖だったされるドナルド・ラムズフェルド国防長官は、イラク戦争が抱える問題をさらに悪化させ続けた。米軍の負傷者は比較的少ないまま――死者二一七〇名、負傷者一万五九五五名――だったが、イラク軍の死者は悲惨なことにおよそ三万人と推定され、ブッシュ大統領と彼のメディアチームが何を指して進展があったと主張しているのか、理解しがたかった。(66)

この二年前に、ブッシュ大統領は、任務完了と書かれたはためく横断幕を背にして、米軍の航空母艦エイブラハム・リンカーンから降りてきた。しかし、今や戦いは、多くのアメリカ人にベトナムでの警察長官の恥ずべき振る舞いを思い出させるような状況となっていた〔南ベトナムの警察長官がベトコンを路上で射殺する映像が世界に衝撃を与えた〕。イラク戦争はそもそもがでっち上げだったが〔アメリカ政府が9・11以降人々の心に巣くう恐怖心につけ込み、人心を操作した。それ自体が文化戦争だ〕、国務省は国外の戦争で迅速に勝利を収めることが、国民の心の傷を癒やすことにつながると考えた。ドナルド・ラムズフェルド、ポール・ブレマー大使、そしてトミー・フランクス大将が、「衝撃と畏怖」と呼ばれる軍事戦略を展開した。敵をしたたかに打ちのめして抵抗する意思を奪う作戦だ。ところが二年たっても、誰も敵を特定することができず、戦争をやめる方法もわからなかった。二年が過ぎて、軍はこれまでとは少し異なる新たな計画を必要とするようになった。

その作戦はカンザス州のレブンワース砦〔陸軍駐屯地〕で生まれた。当時の陸軍中将デイヴィッド・ペトレイアスがウェストポイント〔ニューヨーク州南東部の陸軍士官学校の代名詞〕の秀才たちを集めて、忘れ去られたも同然だった軍事文書を改訂した。それが「対反乱フィールドマニュアル3-24」だった。軍事史研究家のフレッド・カプランは、その著書『The Insurgents〔反乱者〕』の中で、フィールドマニュアルを書き直すことそれ自体が、本質的な反乱行為だったという、説得力のある主張をしている〔軍の反乱についての考え方を革命的に変えたという意味で〕。このフィールドマニュアルは、ベトナム戦争以降、陸軍の中心的な軍事ドクトリンであった銃を持ち歩く威嚇的な作戦を禁止し、占領地の民衆をよりよく保護し、敵よりも早く現地の社会的状況を掌握することの重要性を強調した。ペトレイアスは「民衆と顔見知りになる」ことの価値を理解していた。戦地の住民たちがどちらの味方につくかが、戦争の勝敗に大きく影響するからだ。毛沢東の警句がしばしば引き合いに出されるように、「人民は革命が泳ぐ海なのだ」。

「フィールドマニュアル3‐24」の序文にはこう書かれている。「対反乱作戦は、政府が反乱軍を打倒するために行う、軍や治安部隊、そして市民による、政治的、経済的、心理的活動である」[67] この冊子はおそらく軍事戦略についてのもっともためになるガイドブックで、安易な殺人を増長させる従来の考え方を変えるよう力説している。好戦的な行為を繰り返すたびに、より多くの反乱が起きる。そのサイクルを避けるためには、ドアを蹴破るのではなく、ノックする必要がある。

ペトレイアスによるフィールドマニュアルの改訂は、アメリカ陸軍の文化を変えた。

「フィールドマニュアル3‐24」は素晴らしいマニュアルだ。戦争について書かれた偉大な書物、たとえばカール・フォン・クラウゼヴィッツの『戦争論』や『孫子の兵法』、毛沢東の『持久戦論』、デイヴィッド・ガルーラの『Counterinsurgency Warfare：Theory and Practice（対反乱戦争――理論と実践）』などに並ぶものであるだけでなく、アントニオ・グラムシ〔イタリアのマルクス主義哲学者〕、ソウル・アリンスキー、パウロ・フレイレ〔ブラジルの教育学者〕などによる、文化の利用に関するすぐれた著書と同様に学際的でもある。人がもし暴力的な書物への倫理的アレルギーを捨て去ることができたなら、このマニュアルに説明されている文化的技術に、またマーケティングや小売業戦略、戦争、芸術に等しく適用できる圧倒的な総合能力に驚くことだろう。なによりもまず、この冊子は大衆の意見を形成する方法について書かれたものだ。「内戦でもっとも苦労する点は、戦場で暮らす人々が自ら政治的支配の確立を求めるよう動員することだ」(68)要するに、占領軍として戦地を支配できるかどうかは、その国の大衆の考え方を変えられるかどうかにかかっている。そして、そのためのさまざまな方法を精査するなかから、文化の役割を重視する技術が見えてくる。

フィールドマニュアルの「イデオロギーとナラティブ」と題するセクションにはこう書かれている。「政治的イデオロギーが示され、受け入れられるのは主にナラティブを通してである。ナラティブとは、物語の形で示される組織的体系である。ナラティブは、アイデンティティ、特に宗派や民族、部族などの集団が共有するアイデンティティ表現の中心的役割を担っている」ここでいうナラティブとは双方通交の道路のようなものだ。ナラティブは人が自分の考えを組み立てるための手段であり、その考えを世の中に示すための手段でもある。そしてこれは、どちらの側からも操作可能だ。つまりこの例で言うならアメリカ陸軍の存在を肯定するという個人的な考えを深めるためにも、その考えを世間に広めるためにも使える。二一世紀に入り、ナラティブが自己表現の手段として、またマーケティングの専門家やPRコンサルタント、そして軍によって操作された世界観の表現手段として使われることが、ますます増えている。

ポストモダンの文化の教訓が、ついに軍の思考にも取り入れられた。そして、「アメリカが『普通』だとか『合理的』だとか考える概念は、決して普遍的なものではない」ことが明らかになった。アメリカ陸軍に生じたこの文化変容は非常に複雑なものだった。軍隊は巨大な組織だ。最新版に改訂され、現代人類学の基礎知識やフィリピンからアルジェリア、ベトナムで得た教訓を反映した対反乱マニュアルがあるからといって、現場にいる一八歳の兵士が突然異文化交流の名手になれるわけがない。むしろまるで逆だ。ペトレイアスや対反乱の専門家チームは、戦争では文化を駆使する戦略が不可欠だと理解してはいたが、世界最大の官僚的組織内で、そうした文化変容を効果的に引き起こす方法を知らなかった。

そのことをまさに象徴しているのが、二〇〇三年に製作されたイラク・カルチャー・スマートカードだ。ラミネート加工された全一六ページのカンニングペーパーと言えるこのガイドブックは、戦火に焼かれたイラクの通りを進軍する兵士たちの、イラク文化に関する知識を手軽に増やす目的で作られた。見かけはまるでポーカーのルールブックのようだが、これは戦争の手引書だ。イラクの歴史やイスラム教の用語、女性の服装、身振り手振りなどのミニレッスンが並んでいる。このスマートカードについてロッチェル・デイビス〔文化人類学者〕が書いているように、「もちろん、このイラク文化についてカードは（よくあることだが、実際、不正確だった）、イラク人やアラブ人のことより、むしろアメリカ陸軍、そして彼らが文化をどう捉えているかについて、多くを物語っている」[69] たしかに、この冊子が二〇〇三年の初版で一八〇万部刷られ、今もまだ配布され続けているという事実からも、アメリカ陸軍がどういうものかがよくわかる。「フィールドマニュアル3-24」の改訂とイラク・カルチャー・スマートカードの作成は、戦争についての新たな理解や、民衆の心を捉える新たな作戦を求めるプレッシャーがいかに強かったかを示している。少なくともベトナム戦争以降、陸軍ではその集団的体質と文化を変えることが長年の課題とされていた。アメリカ陸軍の文化変容は、他文化への理解の深まりだけではなく、陸軍の内からの変化も意味していた。フィールドマニュアルは陸軍の心のチキンスープだった〔心のチキンスープは、米国でシリーズ化されている、心あたたまるさりげない日常の物語を集めた書籍〕。

## アメリカから来たモスルの市長

デヴィッド・ペトレイアスは、一九七四年にウェストポイントの陸軍士官学校を上位五パーセントの成績で卒業し、イラクやアフガニスタンの軍事作戦を統括後、CIA長官となった。鬚のうすいペトレイアスは、友人たちからは「桃《ピーチ》」と呼ばれていた。大のジョギング好きで、胸に銃弾を受けながら生還し、さらにはパラシュート落下事故を生き延び、野心家であると同時に努力家と称される彼は、骨の髄まで軍人だ。

二〇〇三年、当時少将だった五〇歳のデヴィッド・ペトレイアスは、第一〇一空挺師団を率いてイラクのモスルの占領に当たった。ブッシュ大統領の勝利宣言のあと、非常にまずい事態が起きていることがすぐにわかった。戦後のイラクを管理する連合国暫定当局代表のポール・ブレマーがイラクを支配していたバアス党の党員を公職から追放すると、一夜にして暴動が起こり、状況はより醜悪なものとなった。

しかしモスルは例外だと言われていた。他の地域とは違って、この北西部の都市では占領政策が進んでいると噂されており、議会による訪問が実施され、記者会見が開かれた。「金銭は弾薬である」[70]などという言葉を用いて、ペトレイアスは基本的な対反乱作戦を導入し、地元経済を発展させ、地元のイラク人による治安部隊も組織した。彼が率いる七〇〇〇名の兵士には、車両ではなく徒歩で町を回るよう命じた。徒歩移動は住民との交流につながったようだった。「我々は歩く。徒歩には徒歩にしかない価値がある」とペトレイアスは言う。「我々はパトロール中の警官のようなものだ」と。[71]

じつに奥深い言葉だ。おそらくボードレールとペトレイアスは歩くことの素晴らしさについて語り合うことができるだろう。ＣＯＩＮ〔counterinsugency の短縮形〕の訓練を受けたモスルの兵士は必ずしも放浪を愛する者たちではないが、彼らはある意味まさに流浪者だ。一時しのぎの差し掛け小屋や軽量コンクリートブロック製の建物、果物売りの屋台や木製パレットに本を並べて売る本屋が並ぶ、瓦礫だらけの町を歩き回る。兵士は民家のドアをノックし、人々と知り合い、いわば顔と名前が一致する存在となる。同時に、モスルの住民たちも兵士にとって一人の人間となる。ヴァルター・ベンヤミンは、放浪の芸術家についてこのような見解を示している。「彼は……自分が自分であり、また自分が適切と思うほかの誰かでもあるという比類のない特権を楽しんでいる。身体を探して流浪する魂さながらに、彼はいつでも望むときに別の誰かの身体に入り込む」親切な占領者にピッタリの素敵なイメージだ。

ペトレイアスは地方選挙を実施し、道路を再整備し、工場を再開した。ジャーナリストのジョー・クラインが『タイム』誌に書いた通り、「彼はまさにモスルの市長だった」[72]ペトレイアスは反乱分子を摘発するのと同じだけの時間を経済の再生のために使った。地元の部族の長老とイラクの税関官吏に働きかけて、シリアとの貿易に関する合意をとりつけた。『ニューヨーク・タイムズ』によると、「三カ月後には国境をまたいで絶え間なく車が行き来するようになり、イラクに入るための穏当な設定料金――車一台につき一〇ドル、トラック一台につき二〇ドル――によって得た収益は、増員された税関職員や地域のその他の事業に充てられた」[73]モスルでの素晴らしい成果はペトレイアスのためにもなった。

モスルでのペトレイアスの活動は、この戦争をどうするか思案に暮れていた上層部の注目を見事に集めた。プリンストン大学で博士号を取得した際に『アメリカ陸軍とベトナム戦争の教訓――ベトナム戦争後のアメリカの影響力と、武力行使についての研究』と題する論文を書いたペトレイアスは、ベトナム戦争の軍事作戦の教訓と、戦争が軍の命令系統に残した心の傷に、非常に興味を抱いていた。「衝撃と畏怖」は単に陸軍の占領戦略であっただけでなく、占領に付きものの長く苦しい復興の取り組みを厭う、軍の文化の帰結でもあった。「ネバー・アゲイン（ベトナムの悲劇を繰り返すな）」の論理が働いていた。ペトレイアスは占領地の勢力に対する対反乱作戦を学んでいたが、自分の課題を（ひいては自分のキャリアも）推し進めるためには、陸軍内部の戦争文化をどう操作すればいいのかということも本能的に理解していた。

ペトレイアスはイラクを統括する部隊の司令官に抜擢され、それが「陸軍の文化変容」を確固たるものにした。ＣＯＩＮが他の軍事作戦と大きく異なる点は、人と文化を重視していることだ。第二次世界大戦後、ベトナムやエル・サルバドル、ニカラグア、パナマ等の紛争では、戦いは「単一民族国家の戦い」モデルではなく、植民地主義的活動計画を反映したものだった。

そして、植民地主義的作戦においては、COINの有効性は高まる一方だった。無力感を覚えている大衆の支援を得るために、政治的、経済的状況を再構築することに重点を置いていたからだ。皮肉にも、COINは多くの場合、陸軍が昔から敵対してきた、極左の活動家たちの価値観を反映していた。それでも役に立つことに変わりはない。

## 左寄りになって左派と闘う

ペトレイアスのモスルでの戦略は、研究と体験の産物だった。彼にとってイラク戦争は初めての戦闘体験だったが、一九八五年にジャック・ガルヴィン大将とエル・サルバドルを訪れ、対反乱作戦がどのようなものかを間近で見ていた。カーターおよびレーガン政権下のアメリカは、世界に左派政権が広がることを阻止しようとしていた。エル・サルバドルやニカラグアへのキューバやソビエトの干渉を恐れていたからだ。アメリカ軍はエル・サルバドルにミリタリー・トレーナー（ベトナム戦争時、初めての犠牲者がミリタリー・アドバイザーだった嫌な思い出があるため、「アドバイザー」という言葉は避けられた）と武器（支援総額五〇億ドル）を送り込み、〔共産化を目指したゲリラ組織〕ファラブンド・マルティ民族解放戦線（FMLN）の革命運動を弱体化させている右派政権の支援を試みた。米軍のトレーナーたちは、世界中から悪夢の人権侵害とみなされるような戦いを繰り広げた。一〇〇万人が強制移住させられ、国連によると、およそ五五〇万人が暮らす国で七万五〇〇〇人が殺害された。しかし国務省周辺では、エル・サルバドルの戦闘はちょっとした成功だと考えられていた。左翼のFMLNが勢力を盛り返すことがなかったからだ。エル・サルバドルの反乱鎮圧に当たった司令官らやトレーナーたちは、言葉を濁すほかなかった。彼らが支援する右派政権は、エル・サルバドルの住民に限らず、アメリカ陸軍の目から見ても不適切だったからだ。フレッド・カプランによると、エル・サルバドルの軍事戦略を統率していたフレッド・ウェルナー准将は、「彼が反乱の根本原因だと考えるものに対処する全国規模の軍事行動を立案した（National Campaign Plan）。計画には地方の農地改革や都市部での職業支援や人道支援、そして幅広い層の人々への基本的サービスの提供が含まれていた[74]」皮肉にも、それらの政策は反乱分子が勝ち取ろうと闘っているものであり、右派政権なら決して整えないだろうものだった。

エル・サルバドルに駐屯していた米軍のトレーナーとその他の軍人たちは、敵である左派勢力と本質的には同じことを目指していた。一九九一年のランド研究所〔国防関連の分野を研究する米国政府系シンクタンク〕の報告書はそれを的確に要約している。

ベトナムの時と同様、エル・サルバドルにおける我々の支援は歓迎されたが、助言は一蹴された。しかしそれも無理からぬことだった。我が国の助言――急進的な改革の勧め――は、現存の支配勢力が享受する地位や特権を根本的に変えてしまう可能性をもつ。反乱を鎮圧する「革命的」な戦略を有するアメリカは、アメリカが支援する国が戦闘によってまさに守ろうとしているものへの脅威なのだ。我が国が絶対的に重要だと考える改革の数々――人権尊重、エル・サルバドルで暮らすすべての人に適用される司法制度、大規模な農地改革——は、エル・サルバドル史上どんな政府もこれまで成し遂げられなかった措置だった。なぜなら固有の独裁的な文化や経済構造、そして政策を根本的に変える必要が生じるからである。[75]

二〇〇七年、ペトレイアスはエル・サルバドルで学んだ教訓を胸に、在イラク多国籍軍の司令官に就任した。議会による指名承認公聴会で、ペトレイアスは「サージ（米軍増派）」の必要性を明言した。サージによって、「対反乱フィールドマニュアル3-24」[76]に盛り込んだすべてのことを実現できると考えていた。アメリカ陸軍はイラク新政権を安定化させ、住民の安全を確保し、過激派と穏健派を引き離し、地元警察を強化する。またペトレイアスは、アメリカ陸軍の文化を大きく変えたCOINを広める活動を長年支援してきた人々をアドバイザーに迎えたが、オーストラリア軍中佐のデイヴィッド・キルカレンもその一人だった。キルカレンは、「二八箇条」と題する広く読まれた文書も作成していて、それは、対反乱作戦の要点をまとめたハウツーガイドだった。ペトレイアスはサージで増派される兵士たちのためにCOINをわかりやすく説明する簡単なリストを作るよう、再びキルカレンに依頼した。占領地の人民を理解し、彼らに安全を提供することが重要だった。[77]

結果的に実行されたのは、軍隊版の「住民と知り合いになろう」作戦だった。サージの成果はすぐには現れず、最初の数カ月間は、米軍の犠牲者数が跳ね上がった（理由の大半は、兵士が地上に姿を現す時間が増えたことだった）。しかし二〇〇七年の後半に入ると、民間人および兵士の犠牲者数は、驚くほど減少した。

イラクでの成功を認められたペトレイアスは、奇跡を起こす男として知られるようになった。政府高官からすると、彼は不可能を可能にする男だった。二〇〇八年四月二三日、ブッシュ大統領はペトレイアスを、フロリダ州タンパベイのアメリカ中央軍司令官に指名した。その二年後の二〇一〇年六月二三日には、オバマ大統領がペトレイアスを、アフガニスタンの国際治安支援部隊の司令官に任命——COINがイラクに通用したのなら、アフガニスタンでも効果があるかもしれない、という考えからだった。ペトレイアス流の親切で優しい戦いはまた、オバマ大統領のパブリックイメージにもぴったりだと思われた。二〇〇八年の大統領選挙戦でオバマ大統領がターゲットとしていたのは、好戦的なジョージ・W・ブッシュの失敗にうんざりしている有権者だったから。

ペトレイアスの対反乱作戦にもっとも大きな影響を与えたのは、歴史に残る対反乱のエキスパートと目されるフランスの軍事戦略家、デイヴィッド・ガルーラだ。しかし彼の一九六四年の著書『Counterinsurgency Warfare：Theory and Practice』は、アメリカ陸軍が二〇〇〇年代の初めにCOINを改訂するまでは、世に知られることなく埋もれていた。ガルーラは、常に歴史的な出来事の中心に居続ける数奇な人生を送った。一九一九年にチュニジアでフランス国民として生まれカサブランカで育った彼は、一九三九年に名門サン・シール士官学校を卒業。しかし一九四一年のヴィシー政権のユダヤ人に対する禁止令によって、将校団から除名される。その後ガルーラは北アフリカに移住した。そこで第二次世界大戦中はフランスのレジスタンス運動〔ナチス・ドイツによるフランス占領に対する抵抗運動〕に加わり、その後再びフランス陸軍に入隊した。一九四五年に中国に配属され、中国国民党と闘う毛沢東率いる共産主義革命を目の当たりにした。そこでガルーラは一週間拘束されることになる。捕虜生活中、ガルーラは、毛沢東は全く別の種類の戦争をしているということに気づいた。アダム・カーティス〔イギリスの映画監督〕は次のように書いている。[78]

簡単に言えば――そこには従来の軍隊は存在していなかった。新たな種類の軍隊とは何百万人もの民衆であり、そしてその中で反乱が起きていた。また従来の意味での勝利もなかった。勝利は、その内部で反乱が起きている何百万人もの個人の頭の中にあった。毛沢東らが自分たちの大義を信じるよう民衆を説得することができれば――従来の勢力は必ず包囲されることになる――そして昔ながらの戦いでどれだけ勝利を収めようとも、打ち負かされることになるだろう。[79]

一九五六年、ガルーラは志願してアルジェリア戦争に従軍した。ずっと練り上げてきた対反乱作戦の数々を試してみたかったのだ。彼は山村でその作戦を実行した。革命家たちを説得して考えを変えさせられるのではと期待していた。

一九五七年三月、村人全員が十分に管理下にあった。人口調査は完了し、常に最新の状態に保たれており、兵士らは受け持ち地区の住人すべてと顔見知りで、私が制定した移動や訪問に関する規則は、ほとんど違反なしに守られていた。反抗する者はいなかった。私からのあらゆる提案は喜んで命令として受け止められ、実行に移された。(村の外では)フランスの学校に通うムスリムの子どもたちに対する脅しやテロ行為が横行していたが、村の子どもは男の子も女の子も毎日学校に通い、保護なしで移動できた。土地はすべて耕されていた。豊かな自分たちの村と、未だに敵愾心が渦巻く周辺地域の違いを実感した村人たちは、平和を維持するためには反乱軍の侵入を防ぐのを手伝ってもらわねばならない、という我々の説明を簡単に信じた。(80)

対反乱作戦は一種の方法論——人々に話しかけ、思い通りに動かす方法だ。暴力的な部分を除外すれば(小麦粉を使わずにケーキを作るようなものだ)COINは草の根運動として知られる左派による巡回活動と驚くほどよく似ている。現代の日常生活においては——バクダッドであれオークランドであれ——文化、構築環境、政治、そしてメディアのすべてが、複雑に絡み合っているのだ。

## 非暴力的反乱としての住民組織化

住民と知り合いになる戦略は、草の根運動から教会の布教活動(モルモン教やエホバの証人は、勧誘訪問のノウハウをもっている)、地域に根ざしたアーティストの活動に採用されており、NGO、そして市民団体に至るあらゆる活動団体によっても用いられている。彼ら善行の人々のグループの多くがデイヴィッド・ガルーラの著書を研究しているとは思えないが、おそらく社会運動家ソウル・アリンスキーの影響は受けているはずだ。

一九〇九年に、シカゴに住むロシアからのユダヤ系移民の両親の元に生まれたアリンスキーは、多くの人々がそうだったように、大恐慌の貧しい暮らしの中で過激化していった。アリンスキーは、アプトン・シンクレアの小説『ジャングル』で有名になった「バック・オブ・ザ・ヤード」と呼ばれる、ほとんどがスラブ系の住人から成る地区で住民組織を作った。不潔不衛生な精肉工場の労働環境は人権軽視そのもので、それがアリンスキーの構想力に富んだ実利主義に火をつけた。アリンスキーは現実主義者で、いかなるイデオロギーへの傾倒も拒んだ。彼の活動は、現代の住民組織化の基礎を作った。アリンスキーの住民組織化の方法は、「対反乱フィールドマニュアル3-24」やデイヴィッド・ガルーラの著書で説明されたコミュニティ作りの方法とはまったく異なるもので、さまざまな集会のネットワーク作りが非常に重視され、共通の利益の追求が大きな政治的原動力となった。次に挙げるのは住民組織化の一三の法則である。アリンスキーの独創的な著書、『Rules for Radicals（過激派のルール）』から引用する。

・権力とはあなたがもっているものだけでなく、敵があなたがもっていると考えるもののことでもある。
・民衆が経験していないことをやらせてはならない。
・できる限り、敵が経験したことのない行動を起こせ。
・敵には敵のルールに従って行動させよ。

・嘲笑は人がもっとも有力な武器だ。
・よい方策とは民衆が喜ぶ方策のことだ。
・長引く方策はやがてお荷物となる。
・プレッシャーを与え続けよ。
・たいていの場合、脅しは実際の行動そのものより恐ろしい。
・戦略は、敵対者に不断の圧力をかけ続けることを大前提とする。
・敵対勢力に十分強い圧力をかけることによって、正反対に向かわせることができる。
・攻撃の成功は建設的な代案を生む。
・ターゲットを選び、怯えさせ、人間関係を結び、そして思想を吹き込め。[81]

この本は、状況が変わりやすい戦場で、いかにしてリスクに対する民衆の認識を操作するかについての深い理解から生まれたものだ。アリンスキーのルールは本質的に、非暴力の反乱をどのように組織するかを述べたもので、これは住民組織化やソーシャリー・エンゲージド・アート〔現実社会に積極的に関わり、対話や協力を通して社会を変えようとするアーティストの活動の総称〕の特徴でもある。おそらく、現代のティーパーティ運動〔保守系市民による政治運動〕が用いている組織化の手法も、アリンスキーの思慮深い先例から生まれたものに違いない。

ペトレイアスは、労働状況を改善するための住民の協議会は必ずしも開催していなかったが、アフガニスタンの治安部隊を統括した際には、部族の長たちとの会合を考えていた。イラク戦争後、ペトレイアスへの信頼は空前の高まりをみせ、オバマ政権は旧ソ連が侵攻に失敗した国でなんとしても勝利を勝ち取りたかった。ペトレイアスの「民衆の心作戦」へのホワイトハウスの支持が高まると、アドバイザーや通訳、また社会福祉プログラムや報酬などにあてる予算も増額された。ソーシャルプログラムのなかでももっとも議論され、物議をかもしたのがヒューマン・テレイン・システム（HTS）だった。

## 人の地政学《ヒューマン・テレイン》

HTSは、二〇〇七年二月、アメリカ陸軍訓練教義コマンド（TRADOC）の一環として生まれた。このプロジェクトの一風変わった名称は、その野心的な目標を大いに物語っていた。つまり陸軍は、侵略した国の地政学を理解するだけでなく、そこで暮らす人々の複雑な関係性をも理解しなくてはならない、と考えられた〔「人の地政学」という言葉には、領土だけでなく、人の心まで支配できるという傲慢さが表れている〕。

> アメリカ陸軍のウェブサイトには次のように書かれている。「HTSは、作戦上必要な決断を支援し、必要な情報を収集し、作戦行動を行う地域についての社会文化的理解を深めるために、社会科学に基づく調査を行い、分析能力を伸ばし、鍛え、統合するものである[82]」

当初予算の二〇〇〇万ドルで、HTSはイラクとアフガニスタンの合わせて五つのチームに資金供給した。ヒューマン・テレイン・チーム（ＨＴＴ）と呼ばれるこのチームは通訳と人類学者で構成され、地域の首長らと直接会って情報を収集し、アメリカ陸軍の作戦行動を支援することを目的としていた。

ＨＴＳはたちまち論争を呼び、特に左派の研究者たちの間で議論が高まった。二〇〇七年一一月には、アメリカ人類学会理事会がＨＴＳによる学問の軍事利用を公式に非難する次のような声明を出した。

この戦争が、誤った情報と非民主主義的原理に基づく、人権を否定する戦争として広く認識されていることを鑑み、本理事会は、特に研究倫理の観点から、ＨＴＳプロジェクトを人類学的知識の不適切な利用であると考える。我々は、ＨＴＳプロジェクトに人類学の知識と技術が使用されることに深い懸念を抱いている。アメリカ人類学会は、ＨＴＳプロジェクトを、人類学の専門知識の許しがたい利用だと見なす。(83)

人類学のもっとも権威ある組織からの強い非難にもかかわらず、ＨＴＳに関わり続けた人類学者たちもいた。普通なら軍事文化の中心を担うことなどあり得なかった相当数の学者が、突如として注目を浴びることになった。新たな解決法を切望するアメリカ陸軍が（軍事と学問の）異例の連携を強いたせいだった。モンゴメリー・マクフェイトという不可解な人物も、そうした運命に翻弄された学者の一人だった。

二〇〇五年、モンゴメリー・〝ミッツッー〟・マクフェイトは、アンドレア・ジャクソンと共同で「DOD（国防省）の文化的知識の必要性に対する組織的解決法」と題する短い論文を発表した。戦時の総動員体制における文化的情報収集の強化策として、新たな部局設立の必要性を論じるものだった。「作戦上必要な文化的知識収集を担う局の新設により、敵の文化についての知識を適切かつ効果的に活用することに関わる多くの問題を解決できるだろう」と。(84) ちょうど軍の上層部で文化戦略COINへの関心が高まっていた時期で、まさに絶好のタイミングだった。マクフェイトは、おそらく確信犯的に、自らがそこで重要な役割につくために新しい局を作ろうとしていた。

ハーバード大学の法学部を卒業し、エール大学で人類学の博士号を取得したモンゴメリー・マクフェイトは、あり得ない道筋をたどって国防省の聖域に入り込んだ。国防省に関する論文を発表したのと同年、モンゴメリーは『人類学と対反乱作戦——その興味深い関係についての奇妙な経緯』と題する一風変わった論文を発表している。彼女は筋の通らない理屈をこね回し、人類学会が抱く再び植民地主義を繰り返すことへの恐怖心が、人類学をしてあらゆる種類の政治的関与——たとえばアメリカ陸軍との連携のような——から逃避させている、と主張した。

人類学会が象牙の塔に引きこもりがちであることには、学会特有の孤立主義も関係している。ベトナム戦争以降、人類学者の間では学問と植民地主義の歴史的な関連を拒絶するのが流行りとなった……人類学が植民地主義の侍女となることを拒否した人類学者らは、権力者との「共同」を断り、その代わり

新植民地主義の戦いに携わる現地の人々の利益を擁護しようと競い合っている。(85)

研究者の大半、そして大手メディアの多くは、マクフェイトの主張を自らが権力的な地位に就いたことへの言い訳だと考えたが、マクフェイトは臆することなく学会の閉鎖性を批判し、軍事協力は人々の命を救うことに繋がると主張した。「対反乱作戦では、占領地の民衆を時に満足させ、時に不自由な思いをさせて彼らを味方につける方法を知っていれば、民衆の命を奪わずに済む。そしてもちろん敵に回す人々も少なくなる(86)」無茶な論理で、これには多くの人々が我慢ならなかった。

もっとも声高に非難した一人、人類学者のヒュー・ガスターソンは次のように記している。「軍事コンサルタントに転身した人類学者のモンゴメリー・マクフェイト……(および同類の人々)は、いわば殺し屋的人類学を提唱している。そこでは、人類学者らは、人類学の対象である民衆の幸福にほとんどの場合全く関心のない組織に雇われて働き、自分たちの知識を悪用し、はなから裏切るつもりで計画的に民衆の信頼を獲得している」彼の意見は必ずしも間違ってはいないが、マクフェイトはすでにCOINによる文化変容を担う期待の星となっていた。

## 人生——長期パフォーマンス

COINが主導するHTSなどが達成しようとしたことは、アーティストやマーケティングの専門家、政治家が達成しようとしたことと同じだった。その前提にあるのは、社会的関係づくりには手段が存在し、決まったやり方があるという考え方だ。アメリカ陸軍内で文化変容が生じた過去三〇年間に、現代アートや住民組織化の世界でも文化変容が起きていた。

一九九三年当時、オクラホマの黒人の若者たちは、黒人というだけで犯罪者扱いされることに苦しんでいた。薬物戦争が本格化し、大手メディアは彼らを病的に暴力的な人々であるかのように報じた。そこに登場したのが美術家のスザンヌ・レイシーだった。オークランドの公立高校のボランティアの教師として教壇に立ち、メディア・リテラシーの授業を担当して、教師と生徒との話し合いの場を設けもした――アリンスキーが企画しそうなものとは違ったが。生徒の中に、思いをメディアを通じて語ることに関心を抱いた者が何人かいた。彼らの本音がメディアに取り上げられることなどほとんどなかったからだ。レイシーの協力を得て、彼らは自分たちも仲間に入れてもらいたいという願いを込めたイベントを企画した。「屋上は火事」と題するそのパフォーマンスに参加した二二〇名の高校生が、屋上駐車場に停めたパトカーの中で人生について語った。いろいろ考えさせられる奇妙な光景だった。屋上に停めた車の中、というのも奇妙だったが、黒人の若者が警察官と話をする、というのも前代未聞のことだった。そして、この両者による対話が突飛ではあるけれど緊急に実現すべきことだと感じられたのは、おそらく実際、両者には話すべきことが他の誰よりもあったからだろう。このパフォーマンスはある意味メディアの派手な宣伝であり、住民組織化の試みでもあり、またアートプロジェクトでもあった。

スザンヌ・レイシーはカリフォルニア大学サン・ディエゴ校のアラン・カプローの元で学んだ。カプローは、この種の現実と日常生活の境界を曖昧にする実験的作品で知られる、歴史に残る人物だ。「ハプニングと日常生活の境目は、出来る限り流動的で不明確に保たれるべきだ」(87)レイシーは彼のこの言葉を、人生そのものを演出し形作ることは可能であり、アーティストは人との出会いを作品の素材とすることができる、という意味に受け止めた。一九七〇年代半ばにレイシーがカプローの指導を受けていたちょうどその頃、彼女の活動を活気づけるだろう第二派のフェミニズム運動が、特に西海岸においてアートに根をおろし始めていた。こうして、カプローの影響と時代の政治的風潮が、ソーシャリー・エンゲージド・アートの到来を告げる芸術的実践を活発化させた。つまり、一般の人々と共同してユニークで力動的な出会いを演出するポリティカル・アートの実践が行われたのだ。

一九七七年、レイシーは「Three Weeks in May（五月の三週間）」と題する企画を発表した。女性に対する暴力をテーマとするものだ。三週間にわたるこの企画を、彼女は「長期パフォーマンス」と呼んだ。この企画は、住民組織化の手法を模倣した、日常と地続きの芸術活動を次々と展開していく仕掛けだった。政治家の演説、報道機関向けイベント、ラジオのインタビュー、アート・パフォーマンス、護身術のワークショップなどはすべて、この政治的生活の舞台で演出された活動だった。

レイシーは、政治的取り組みによって——芸術を日常生活だけでなく、政治的、社会的生活にも組み入れることによって——カプローの芸術をさらに発展させた。レイシーは、権力が状況に応じてもちうる意味に目を向けた。この視点が、彼女の作品に、日常生活を形作ろうと模索する他の議論との共通点を与えている。人を興味の中心に据えていることだ。レイシーも、ガルーラやアリンスキー、ペトレイアスなどと同様に、「ヒューマン・テレイン」の形成のために住民組織化の技術を用いている。

## 簡単ではない

しかし口で言うほど簡単ではなかった。民衆の考えはそう簡単には変えられない。特に外部から侵入し、植民地化を目論む勢力からしてみれば。イラクでのサージを成功とみなしたアメリカは、次にアフガニスタンに目を向け、ヒューマン・テレイン・チーム（ＨＴＴ）が果たす役割にさらに大きな期待を寄せた。しかしそれは理想とは程遠いチームだった。軍事訓練などほとんど受けたことのない人類学者らが、鍛え上げた兵士たちに混じって助言をしようという試みは、両者の文化的衝突を生んだ。アフガニスタンでＨＴＳ作戦を率いた退役大佐のスティーヴ・フォンダカーロは、「我々はまるで（陸軍という）身体の中に巣食う細菌のようなものだ。身体のすべての器官が、我々を排出させるために白血球を送り出してくる」と述べた。(88)

アメリカ軍は一枚岩の組織ではない。公然とではないにせよ、その内部で利害が拮抗、もしくは対立する厄介なインフラストラクチャーだ。占領地の人民を調査し、守るという公にされた目的は、総じてＨＴＴとそれを統括するＣＯＩＮの司令の一つだが、占領を繰り返してきたアメリカ陸軍内に受け継がれてきた非情な暴力性が、作戦そのものに時折、影をさした。

ＨＴＴのメンバーの採用も、かなり高額の手当が約束されていたにもかかわらず簡単ではなかった――マクフェイトに対する学会の反発もその一因だった。当初は、アラビア語が堪能で人類学の博士号をもち、中東に関心がある者が望ましいとされていた。しかし応募資格はすぐに緩められ、人類学の修士号を取得していれば誰でもよいとされ、そのほんの少し後には、人類学に関連があれば、どの分野であれ修士号をもっていればよい、とされた。誰にでもわかることだが、社会学の修士号があっても、戦争のさなかにパシュトゥーン族〔アフガニスタンなどに住む、スンニー派のイスラム教徒〕の文化にまつわる複雑な事情を理解することなどできない。ジャーナリストのロバート・ヤング・ペルトンはアフガニスタン各地のＨＴＴのプログラムを調査し、それがいかにうまく機能していないかを知った。

> ＨＴＴは陸軍と占領地の民衆の間の文化的障壁を取り除くことを目的とするチームだが、一番の敵は、軍隊はやはり軍隊でしかなく、ソーシャルワーカーではないという現実だ。奇妙なことだが、アフガニスタンの人々の基本的なニーズを満たすことにかけては、陸軍よりタリバンのほうがずっと上手だ。つまり、タリバンは腐敗した中央政府と戦い、人々に公平と安全を提供している。そこが変わらない限り、アフガニスタンの人々は、善意の客人たちよりも「敵」に共感しがちになるだろう。(89)

戦闘地域における不調和はぞっとするような結末を引き起こしうる。二〇〇八年の一一月四日、三六歳のHTTのメンバー、パウラ・ロイドは、カンダハール州のとある村で日課の聞き取り調査を行っていた。ウェルズリー大学で人類学の学位を取得後、その村で地域開発の仕事にたずさわってきた。けれどもそれまでの訓練に、調査中の相手に突然ガソリンをぶちまけられ、火を放たれることへとっさの対処法は含まれていなかった。数カ月後、彼女はその時のやけどがもとで亡くなった。彼女を襲ったアブドゥル・サラームは、勾留中にロイドのHTTの同僚であるドン・アヤラに銃撃された。アヤラは裁判にかけられたが、無罪判決を受けた。

もちろん戦争とは暴力的なもので、HTTメンバーの死は必ずしもこの作戦への反発が原因ではない。しかしこの物語はメディアの関心を捉えた。ブロンドの髪の善意の女性が火をつけられたというニュースは、一般の視聴者にとって納得できないもので、反動でHTSの効果を疑う意見が続出した。

二〇一一年五月二日、東部標準時の午後一一時三五分、オバマ大統領は、アメリカ軍がパキスタンのある居住敷地内を襲撃し、ビンラディンを殺害したと発表した。9・11関連の軍事遠征について、アメリカの大統領が無条件の勝利を宣言できたのは、おそらくこれが初めてだった。これは、アフガニスタンでのCOINを停止する十分な根拠となると考えられた——COINへの支持は日に日に失われていっていたのだから。二〇一一年六月二二日、オバマ大統領はその年の終わりまでに一万人の兵士をアフガニスタンから撤退させ、二〇一二年末までにはさらに三万五〇〇〇人を引き上げさせると宣言した。その後、二〇一一年の六月三〇日に、ペトレイアスはCIA長官として承認された。ペトレイアスはアフガニスタンでの任務から退いた。アメリカ陸軍の優先順位が大きく変わった。

ここからは、話はタブロイド新聞風に変わる。二〇一〇年六月、陸軍がHTSの再検討に入ったせいで、スティーブ・フォンダカーロはすでに解任されていた。その後、ペンタゴンのマドンナというペンネームで書かれた「制服の男が好き」というふざけたタイトルのブログの筆者がモンゴメリー・マクフェイトであることが露見した。ブログは、イラクやアフガニスタンに駐留する司令官たちがいかにセクシーかということを滔々《とうとう》と書き綴ったものだった。最後の投稿となった二〇〇八年六月一五日のブログにはこう記されていた。「デイヴ・キルカレンはどうしてこんなにも、最高にいかしてるの？　彼がオーストラリア陸軍将校で人類学の博士号と豊富な実戦経験の持ち主だから？　それとも身体全体でハグするから？　ペトレイアスのイラクでのサージに貢献したから？(90)」おそらくこの一件が露見したことが、二〇一〇年八月にマクフェイトがHTCを解雇された一因だろう。

ゴシップネタはまだ続く。よく知られている話だが、ペトレイアスと自身の伝記執筆者であるポーラ・ブロードウェルとの不倫関係が曝露した。二人の関係が明るみに出たのは、ペトレイアスのタンパベイ時代の友人であるジル・ケリーが、大将との恋愛関係を疑う脅迫eメールを受け取ったことがきっかけだった。彼女はこのeメールの捜査をFBIに託した。結果、ブロードウェルが浮かび上がった。このスキャンダルはついにペトレイアスを辞任に追い込んだ。その余波を受けて、ペトレイアスの後任としてアフガニスタンに駐留していたポール・アレン大将も辞任した。彼もジル・ケリーとeメールのやり取りをしていたことが明らかになり、アレンの行動に不適切な点はなかったものの、数カ月後に辞任することになった。ペトレイアスが戦場にやってきたときには、モスルの市長だったかもしれないが、執務室から追放されたときには、好ましからざる人物に成り下がり、彼が起こした文化変容は失敗していた。

## 手段と目的

たとえそのあり方に賛同していなくても、私たちは権力組織から学ばなくてはならない。その戦略が、延々と続き結局失敗に終わった戦争に私たちを巻き込んだ場合はとくに。ペトレイアスが改訂した「フィールドマニュアル3－24」には、文化を操る戦略について考慮すべき重要な真実が存在する、と私は考えている。

私は、COINが人命を救うことにつながる、というマクフェイトの考えが正当なものかどうかを議論するだけの知識がない。またペトレイアスが意図したアフガニスタンでの作戦の成功を成し遂げるために、どのような実施計画や資金が必要だったのかもわからない。しかし間違いなく言えるのは、COINは、住民組織化の影響力の大きさを示すと同時に、そうした社会的影響力と暴力を結合させる手法についての有益な洞察をもたらすということだ。

ウォルター・リップマンやアイビー・リー、リチャード・フロリダ、そしてイングヴァル・カンプラード〔IKEAの創業者〕は、熱心な文化の利用の実践者たちだったが、誰一人としてその実践を暴力と結びつけようとはしなかった。一九五〇年代にグアテマラのユナイテッド・フルーツ社のコンサルタントに就任し、同社とアメリカ政府が支援する対反乱活動に協力したエドワード・バーネイズは例外的存在だ〔同社の依頼を受けたバーネイズの宣伝戦略により、土地解放を行おうとした民主政権を転覆させた〕。とはいえ、現場での住民組織化の手法と暴力を組み合わせた歴史的先例は確かに存在していて、権力者が文化を操る手法をほしいままにしていることがよくわかる。物語《ナラティブ》や、欲望を刺激して相手を思い通りに操作する手法の説得力について論じるのと、信じなければ死ぬことになると告げて実際に人々を操るのとでは、まるで話が違うからだ。後者は陸軍が用いる一か八かの勝負だが、しかし率直に言えば、政治の世界でも一か八かの勝負は行われている。

芸術と軍隊を比較することには違和感があるかも知れないが、追求する目的は全く異なっていても、手段は驚くほど似通っている。両者の物語作りを比べてみれば、世論形成のために日常的に行われていることがより理解しやすくなる。文化的操作があらゆる分野で優先されるようになった今、分野の垣根を超えて方法論だけを比較することが必要だ。

アメリカ陸軍が体験した文化変容は、小さな一歩などではなかった。イラクでの戦いを再編し、アフガニスタンの地上戦に何千名もの兵士を派遣した。その緊急性を訴える声は一時的に弱まっているものの、都市環境や、さまざまな文化が複雑に絡み合う領域での戦いや、アーティストであれ、警察官であれ、マーケッターであれ教育者であれ、文化に関わるあらゆる人々の世界における戦いが増え続ける今、文化を巧みに操る作戦に対する陸軍の関心は高まる一方だろう。手段というものは目的次第で正当化されたりされなかったりするものだとしても、私たちは手段そのものから、文化が相反するさまざまな用途に利用されうることを学ぶことができる。

# 第7章　ラッパを吹き鳴らす――社会貢献事業と社会貢献のイメージ

一九二九年一〇月二九日、ニューヨーク証券取引所で株価が大暴落した〔暗黒の火曜日〕。アメリカ経済の黄金期だった活気あふれる一九二〇年代が一転、大恐慌は普通のアメリカ人に貧困を体験させた。誰も彼もが乞食となった。一九三二年には、アメリカの労働人口の二五パーセントが失業し、食べるのにも困っていた。この経済システムの大規模な崩壊は米国政府を打ちのめし、慈善団体や教会が救援に乗り出した。スープ。紀元前二万年に起源をもつこの経済的な料理とパンが、アメリカ人の命をつなぐために提供された。無料食堂の誕生だった。

貧乏が当たり前の社会となり、あらゆる大都市のダウンタウンにスープを求める長い行列ができた。外套にフエルトの中折れ帽というでたちの男たちが、日々の栄養補給のために列をつくった。アメリカのギャングのアル・カポネまでが、自ら設立した無料食堂で一二万人に食事を提供していると自慢した。

スープと貧困、そして慈善は昔から手を携えてきた仲間だ。一九四九年、インドのカルカッタでは、マザー・テレサが、「貧しい人の中でももっとも貧しい人」と自ら呼んだ人々にスープをふるまって名を馳せた。彼女が貧しい人のために一生を捧げると誓ったことは有名で、その宣言によって生涯スープと関わり続けることになった。もちろんその行動のきっかけは、困窮している人々を憐れみ、気遣うことを信条としたイエス・キリストその人の言葉とふるまいだった。

マザー・テレサに先立つ一二一〇年には、柔和な人々は幸いである、としたキリストに触発されたアッシジのフランチェスコが貧しい人々に尽くそうと決意し、のちにカトリックの慈善団体という大規模なインフラストラクチャーとなるフランシスコ会を設立した。

スープと慈善。慈善とスープ。これは単なる喩えではない。スープは食事だ。アッシジのフランチェスコの七五二年後、暗黒の火曜日から三〇年後、そしてマザー・テレサが貧しい人々の空腹を満たす志を立ててからたったの一三年後に、若きアンディ・ウォーホルは自身のスープ愛をキャンバスに投影した、シルクスクリーンを用いて描かれた三二種類のキャンベルのスープ缶、チキン・ウィズ・ホワイトライス、ベジタブル・ビーン、トマト、ブラック・ビーン、スプリット・ピー（干しエンドウのスープ）などが、ロサンジェルスにあるアービング・ブラムのフェラス・ギャラリーに展示された。赤、白、黒の三色を配したデザインの缶が並ぶ、食料品を描いたこの絵には心地よい懐かしさがあって、たちまちアメリカ中の人々を魅了した。このスープ缶がウォーホルを一躍有名人にし、ポップアートの時代の幕が開いた。

ウォーホルが描いたスープ缶の絵は、おそらくキャンベルのスープ缶自体と同じくらい時代を象徴するものとなったが、ここで話題にしたいのはアメリカの労働者階級の食事に対する彼の関心の高さだ。ウォーホルは大のスープ好きだったと言われている。自身も次のように語っている。「僕はずっとキャンベルのスープを飲んできた。毎日ずっと昼食は同じだった。二〇年間ね」鉄鋼の町ピッツバーグに、ルシン人移民の息子として生まれたウォーホルは、その人生のほとんどの期間、毎日のようにキャンベルのスープを口にしてきた。まさに大恐慌時代の子どもだった。

ウォーホルは優れた直感の持ち主だった。いや、ピッツバーグが生んだ神の神託、アメリカ人の感情の暗流を導く標識と言ってもいいほどだった。ウォーホルは、何がキャンベルのスープをこのような万能の消費者製品のパイオニアにしたかを、明確に理解していた。缶詰のスープを初めて製造したキャンベル（一八六九年に、ジョセフ・キャンベル保存加工会社として創業）は、安価な保存食の大量生産への道を着実に歩んでいった。一八九七年に、社は営業用の濃縮スープの製法を開発。それとともに、流通販売が可能となった。しかし読者もすでにご存知のように、革新的な製品を作るのとそれを革新的に見せるのとは別の話だ。赤、黒、白のコントラストが織りなすスープ缶のイメージは、キャンベルのトレードマークとなった。こうして一八九九年、キャンベルはマス広告〔テレビ、ラジオ、新聞、雑誌へ出稿する広告〕と呼ばれる新たな広告分野へと突き進んでいった。(91)

マス広告への切り替えによって、売上は一年間で二倍になった。アメリカの企業社会で今も語り継がれる逸話だ。配色がトレードマークのあの缶が新聞や雑誌の広告を飾るようになった。一九三一年には、キャンベルは「ジョージ・バーンズ＆グレイシー・アレン・ショー」や「エイモス＆アンディ」などのラジオ番組のスポンサーとなっていた。さらに一九三六年には、ラジオの大手広告主番付の一一位となった。一九三八年の、オーソン・ウェルズ演出のラジオドラマ「宇宙戦争」のあの有名なデマ事件〔CBSラジオで放送された「宇宙戦争」の中で流された火星人が攻めて来たというニュースを人々が信じてしまい、大騒動となった〕のあと、キャンベルはそのドラマを放送した番組「マーキュリー放送劇場」を買い取り、「キャンベル劇場」と改名した[92]。もはやキャンベルのスープはただのスープではなかった。アメリカの文化伝達の一翼を担うイメージとなった。

何事もタイミングが重要で、大恐慌がキャンベルにとっての絶好のチャンスとなった。一年以上保存可能なこの安価な缶詰食品は、当時の人々の日常生活に欠かせないものとなった。キャンベルのスープはアメリカ中の誰もが知るものとなった。だからこそ、赤と黒と白というはっきりとした配色のキャンベルのスープ缶は、トマト味やチキンヌードル味を思い起こさせるだけでなく、懐かしさや心地よさも呼び覚ました。

ウォーホルがその作品をギャラリーに展示したとき、じつは彼は、一つの缶の中に詰め込まれた、複雑に絡み合う美しさと特異性を表現しようとしていた。それは郷愁であり、製品であり、食品だった。そしてマザー・テレサやアッシジのフランチェスコにまで遡れば、慈善の心でもあった。

そして早送りで現代へ。アメリカでは毎年一〇月になると、目の覚めるようなピンクの波が押し寄せて、さまざまな商品やテレビ中継されるイベントを彩る。一〇月は乳がん撲滅月間で、おそらく人のために何かしたいという思いさえも大きなビジネスになりうる時代だからこそ生まれる情熱とチャンスのおかげで、ピンクは独自の流行となった。ナショナルフットボールリーグ（NFL）のジャージやスパイクがピンクになり、ジョギングウェアがピンクになり、チョコレートのM&Mがピンクになり、ブラジャーがピンクになり、キャンベルのスープ缶もトレードマークだった配色を捨てて、まるでカメレオンのように究極の慈善の色であるピンクになる。

「この二五年間、スーザン・G・コーメン・フォー・ザ・キュアが、乳がんを永遠に撲滅する使命を担ってきました」と同社のマーケティング担当副社長であるカトリーナ・マッギーは言った。「キャンベルのピンク色の缶のようなコーズ・マーケティング企画（商品などの販売に社会貢献の仕掛けを取り入れたマーケティング手法。コーズは「大義」という意味）は、私たちの使命の遂行に欠かせないものです。何百万人もの消費者に乳がんから命を守るためのメッセージを伝えることができ、乳がんの調査や地域の特別支援プログラムのための資金も集められるからです(93)」

キャンベルのスープが乳がん撲滅キャンペーン月間を開始したのは二〇〇六年だった。このなんでもない思いつきは、マッギーがコーズ・マーケティングと呼ぶ手法から生まれた。最初の年、キャンベルのスープは二五万ドルを、非営利の女性のための慈善団体スーザン・G・コーメン・フォー・ザ・キュア、ブレストキャンサーオルグ、ギビング・ホープ・ア・ハンドと、クローガー株式会社が実施する働く女性の健康イニシアチブに寄付した（クローガーはウォルマートに次ぐ業界第二位の食品小売業者で、たまたま、キャンベルのスープの主要な販売業者でもあった）。社会正義のための運動を支援し、同時に社会正義のために尽力する友人をも支援するというわけだ。このピンクキャンペーンはどこをとってもウィン・ウィンだった。乳がんとの闘いを支援しながら、売上も伸ばせるのだから。

キャンペーンのひと月で、キャンベルのスープはそのベストセラー商品——トマト、チキンヌードルは期間限定でピンク色になった——の流通量は二倍になった。缶に描かれた金のメダルまで乳がん防止のピンクのリボンに差し替えられた。限定版のデザインは徹底的に見直された。しかしスープ缶の売上高と、実際の寄贈額に密接な関わりはなかった。最終的な決算の結果が発表されると、現実に寄付されたのは一缶あたりたったの三・五セントだった。「我が社のスープの購買者はたいてい女性で、乳がん撲滅は女性の関心が高い社会貢献ですから、売上の伸びにつながるのは確実だろうと考えています」とキャンベル社の代理人であるジョーン・フォークナーは言う(94)。皮肉でもなんでもなく、キャンベルは乳がん撲滅運動への協力を女性消費者開拓のための企業戦略と考えている。

乳がんの啓発キャンペーンを掲げたコーズ・マーケティング。簡単に言えば、社会貢献は二の次なのだ。

誇らしく思いそうな戦略だ。ブランド戦略を専門とするコーン社が二〇〇四年に実施した調査によると、調査対象となった一〇三三名の消費者の九一パーセントが社会貢献活動を支援する企業や製品にはよりよいイメージを抱くと答え、九〇パーセントが、社会貢献に協力しているとわかればその会社の製品に鞍替えすることを考えると答えている(95)。そしてもちろん、製品をピンクにしたブランドもそれはわかっていた。乳がん啓発キャンペーンは女性の関心をひく社会貢献で、女性の消費者拡大を狙うあらゆるブランドにとってチャンスなのだ。

ウォーホルのスープ缶の作品が、家庭的なくつろぎや郷愁と大量生産販売とのつながりを可視化したのだとすれば、ピンクのスープ缶はそれをさらにはっきりと突きつけるものだった。そして次のことが明らかになった。人は皆誰かの役に立ちたいと心の奥底で願い、社会貢献をしている組織と積極的に関わろうとするという事実こそが、慈善的社会貢献と結びついた芸術活動やマーケティング戦略が増えている主な理由だ。マーケティング戦略が含み持つ意味とその倫理的価値について分析するのは簡単な作業ではない。そこで売られているものとは何か？　慈善なのか？　それとも起業家精神か？　私たちはこの問題をごまかしたりせずに、マス・マーケティングと大規模な社会貢献事業の時代においては、社会貢献と、社会貢献をうたって利益を得ることにはほとんど差がないと認めるべきだ。

しかし、さまざまな形で慈善事業と関わっている年商数十億ドルの企業を問いただす前に、最後にもう一つのスープの話をしておきたい。スープが伝えるのは、物を贈る行為そのものだけではないし、単なる慈善のイメージだけでもない。興味深いことに、スープは芸術作品にも使われて、もののやり取りを望む人間の欲求を体現する手段としての役割を果たすことがある。

二〇一一年四月一日、フィラデルフィアの誰も使わなくなったビルの屋上に今にも倒れそうな風車が設置された。ドン・キホーテの銅像の目の前の通りを挟んだ建物の上に作られたその風車は、春風を受けて激しく回転していた。四階建ての建物の一階の外壁には「ソイル・キッチン」とだけ書かれた看板が掛けられていた。建物の中ではワークショップらしきものが行われているようで、黒板には図表が描かれ、土壌改良についてのパンフレットが積んである。窓辺にはいくつもの土のサンプルが吊り下げられ、あたりにはあの懐かしい自家製スープの香りが漂っていた。

この一週間限定のプロジェクトは、フィラデルフィア市の後援とテレサ・ローズの助力を得て、ベイエリアで活動するアーティスト集団フューチャー・ファーマーズが主催したものだ。そのコンセプトはいたってシンプルだ。土壌のサンプルと交換でスープを提供する。米国環境保護庁との共同プロジェクトであるこのソイル・キッチンは、集まった土壌サンプルの汚染状況を検査することを目的としていた。スープとの交換は、ワークショップや環境保護、そして共生的社会の実現など多面性をもつこのプロジェクトの、揺るがぬ土台となった。風車は、ただの実用目的で屋根の上に設置されたわけではなかった。フューチャー・ファーマーズはそのことを独自の言葉で述べている。

> ソイル・キッチンの風車は、小説に書かれていたような「攻撃的な巨人」ではなく、実用性のある自立のシンボルであり、廃墟となっていた建物に文字通り新たな生命を吹きこむものでもある。風車はまた、自然エネルギーに頼る未来の可能性について考え、土とスープの物々交換に参加するよう——それは文字通り自分の力で問題を解決することだ——人々に誘いかける立体芸術作品の役割も果たしている。(96)

地産食材を使い、菜食主義者用の二つのレシピに沿って作られた三〇〇杯のスープが毎日提供された。地元の食材にこだわり、褒めそやす点は、たしかにちょっと自然食志向が強すぎたが、スープは分かち合いの精神の素晴らしさを訴えるものだった。たとえ土のサンプルを持っていかなくても、スープを受け取ることができた。ただカウンターに行って器を受け取ればよかった。しかしこの寛容の精神、またスープそのものも、資本主義と消費に支配される社会とは別の選択肢の存在をそこはかとなく匂わせていた。

ソイル・キッチンに関わった人々はまた、資本家階級を繁栄させた目標と手段の論理に変わりうる代案を提示した。「コンポストのある暮らし」「風力タービンワークショップ」「土壌：生との接点」等のワークショップは、自然や食べ物、はてはお互いを理解するための自立的な方法を訴える機会となった。ソイル・キッチンの寛容の精神と環境にやさしい分かち合いの精神は、キャンベルのスープのピンク缶に並ぶものではあるが、その規模はずっと小さい。しかしまた、ピンク缶とは別の原理で動く、より心のこもったものでもあった。そこでは、ウィン・ウィンの関係は売上ではなく、熱意と支援、分かち合い、そして与えるという視点において結ばれるものだった。

## 分かち合いブーム

二一世紀の今、分け与えることに――大規模な広告キャンペーンとしてであれ、NGO団体のアフリカでのヘルスケアプランであれ、交換の形態を取り上げた芸術的表現としてであれ――人々は大きな関心をもっている。近年はさまざまな形態の慈善活動があふれている。被災地への寄付。ホームレスに対する慈善活動。慈善ダンスパーティ。隣人へのお見舞い。温暖化防止目的の寄付、アーティスティックな社会経験としての分かち合い。社会的存在である私たちの基本的特性である慈善という人間的行為は、人との出会いであるだけでなく、公的なプロジェクトであり大きなビジネスでもある。慈善は心のこもったものにもなりうる。人を結びつけるものともなる。真面目な取り組みともなるし、人を操る手段ともなりうる。概して、施しには、それらすべてを少しずつ含んでいることが多い。

かつて贈与について研究した文化人類学者のマルセル・モースは、その画期的な著書『贈与論』〔ちくま学芸文庫〕で、「アルカイックの社会」と呼ばれる集団において、交換と贈与が基本的に果たしている複雑な役割を明らかにし、また現代の社会における交換の意味の解明にも貢献した。モースは、すべての経済は交換を基本としており、彼が研究対象とした社会では贈り物をしたり受け取ったりする行為は、権力と相互依存関係、義務、そして集団全体の要望が複雑に入り組んだものにならざるをえないと理解した。現代の資本主義的社会では、交換という行為はすべて、多かれ少なかれ対等なものだと考えられているが（対等とは、集団が求める宗教的、文化的、社会的義務から自由な、単に数学的計算によって決定された関係をさす）、モースは、与える行為が集団の複雑な要望を明らかにするものとなっていた、過去の異例の交換の事例を挙げて、交換についての現代的概念を破壊した。

われわれは、奥深いが他の事象から切り離された一つの事象のみを考察したいと思う。それは給付が、外見上は任意で打算のない自由意志による性格のものでありながら、じつは拘束的で打算的な性格のものであるということである。給付はほぼ常に、気前よく提供される贈り物や進物というかたちをとっている。取引に伴う行為においては、作り事、形式、社会的虚言のみがある場合でも、実際に義務や経済的利害が存在する場合でも、給付形態は同様である。(97)

――マルセル・モース『贈与論』〔ちくま学芸文庫、吉田禎吾、江川純一訳〕

慈善とは何かを、モースはチヌーク族のポトラッチを引き合いにだして説明している。ポトラッチとは、単なる善意の贈り物ではなく、豊かな富の力で敵対者やライバルを圧倒することを目的とする習慣だった。ポトラッチは、相手が返礼できないほど高価な贈り物をすることで、有無を言わさぬ支配を顕示する。ポトラッチや慈善は、余剰資産や権力を強化するために作為的に利用する行為なのだ。

慈善も交換行為であることに変わりはない。たとえ見返りが要求されていなくても。交換は権力や文化、そして演出に利用される。マルセル・モースがアルカイックの社会における交換（慈善ともいえる）の複雑なしくみを研究したのだとすれば、現代版の交換は、世界経済や、広告代理店、NGO団体等をはじめとするおびただしいものの関与によって、はるかに複雑なものになっている。何かを与えたり受け取ったりする行為に権力の行使が存在するかどうかを見きわめるのは困難だが、実際の贈与行為ではなくそのイメージに、権力の行使が伴うかどうかを見きわめるのはさらに難しい。

慈善活動は経済と人の出会いの両方にまたがる領域で生まれる社会的ニーズだ。苦しむ人を助けようとするマザー・テレサの援助活動であれ、公共の場に市民意識を蘇らせるためのアーティスティックな慈善活動であれ、あるいはキャンベルのスープ缶の場合のような、売上を伸ばすというあからさまな目的のために展開された慈善的コーズ広告であっても、人々の思いやりと、根深い社会的ニーズが、慈善活動を通して、文化に翻弄されている現代の消費者社会を前進させている。

数字がそれを証明している。二〇一三年のアメリカの慈善目的の寄付額は総額三三五一億七〇〇〇万ドルで、その後も着実に増加している。そしてこの大半は個人からのものだ。

この数字は驚くにはあたらない。人類の文明が始まって以来、権力の不均衡はずっと人々の心に重くのしかかってきた。イエス・キリストはそれを多いに問題視した。ジュリアス・シーザーは、臨終の際にすべての所有物と土地、金をローマの人々に与えた。それにあのプロメテウスは、人間に火を与えるという慈善的な行いを咎められ、岩に繋がれて死んでいった。

人々が与えることに夢中になっているからこそ、人はいつ本気で与え、与えるふりをしているだけなのはいつなのか、という疑問もずっと人々を悩ませてきた。イギリスの富裕層の生涯についての年代記を編纂したトーマス・フラーは、『イギリス名士列伝』（一六六二年）で、慈善活動の良い面と悪い面を論じた。そして富裕層について「狼のように生きてきた彼らは、死の床につくと子羊に変身し、貧しい人々にその羊毛を贈る」と表現している。(98)

これだけ多くの金とエネルギーが人助けに地球規模でつぎ込まれている現在、与えることによって支配する社会のしくみについて考える必要がある。与えることについて考えるには、取り上げるシステムが常態化している可能性のある大きな組織について考える必要が間違いなくあるからだ。国家組織は本質的に、与える側なのだろうか、それとも分け合う組織なのだろうか？

しかしもちろん、この疑問が向かうもう一つの対象は、与える額が増大していることと、受け取ることを標準化するシステムが維持されていることだ。アメリカで寄付の額が爆発的に増加している一方で、それと同じくらい貧富の格差が増大していることは驚くにあたらないだろう。自由な資本主義が、ＮＰＯへの寄付の誘引となっているだけでなく、慈善活動を通して自らの気前の良さをアピールしたいという超富裕層の思いをかき立てている。

二〇一三年七月、億万長者の投資家で慈善活動家でもあるウォーレン・バフェットの息子のピーター・バフェットが『ニューヨーク・タイムズ』の特集ページで、「慈善・産業複合体」という言葉で慈善ブームを批判した。世界有数の大富豪たちと日常的に食事や取引をしているバフェットは、独自の視点で慈善を語っている。「一握りの者たちのために莫大な富を生み出すシステムによって、より多くの人々やコミュニティが損害を被っている今、『社会に還元する』という言葉がより英雄的な響きをもつようになった。これはいわば『良心ロンダリング』とでも呼ぶべきもので――人一人が生きるのに十分だと思われる額以上の富を貯めこんでいる後ろめたさを、ほんの少額を慈善という名目でばらまくことによってごまかしている」(99)

良心ロンダリング。富をもつ者は、後ろめたさを消し去る必要に迫られている、という趣旨のこの言葉には素敵な響きがある。しかし彼の言葉には、世界的な金融化の波が、まさに慈善事業が解決しようとしているその問題を生み出しているという含みがあり、民主主義への遠回しな批判が込められている。
片手で損害を与えておきながら、もう片方の手でどれほどの善行ができるのか、という思いが、慈善の有効性と、構造化された不平等な社会で慈善が果たせる役割について疑問を生んでいる。同じ特集ページでピーター・バフェットは、特権をもたない者を助けたがる特権階級の心に巣食う植民地主義的欲求を、鋭く指摘している。

慈善事業に関わるようになってからすぐに、私たち夫婦はあることに気づき、それを「慈善植民地主義」と呼ぶようになった。寄付する人は何でもいいから「早くこの窮状を救いたい」という強い思いに駆られているように見えた。(私も含めて)その地域についてほとんど知識のない人々が、地域特有の問題を解決しようとしていた。それが農耕法であれ、教育実践であれ、職業訓練であれ、新規事業開発であれ、ある状況で成功した方法をその土地の文化や地形、あるいは社会規範などおかまいなしにそのまま移植しようとする計画を何度も耳にした。(100)

植民地主義的慈善には長い伝統がある。あなたがそこそこの年齢なら、無知の極みともいえる、ボブ・ゲルドフとミッジ・ユーロが書いて一九八四年に世界的に大ヒットとなった曲「ドゥ・ゼイ・ノウ・イッツ・クリスマス」を思い出してほしい。クリスマスになると毎年ラジオから流れてくる曲だ。エチオピアで起きていた飢饉の救済(スープが振る舞われたのは間違いない)

を目的として書かれたこの曲には、当時の超大物スターたちが参加して話題となり（デュラン・デュラン、U2のボノとアダム・クレイトン、スティング、ボーイ・ジョージ、ポール・マッカートニー、フィル・コリンズ、ジョージ・マイケル、クール・アンド・ザ・ギャング、他にも大勢いた）、一九九七年までのイギリスのシングルチャートの第一位に輝いた。しかしこの曲はまた、あからさまな植民地主義とは言わないまでも、信じられないほど間抜けな歌詞が使われていることでも注目された。戦争で疲弊した貧しいアフリカの国々のために作られたにもかかわらず、曲の最後は「そもそも彼らは今クリスマスだって知ってるのかな？」の繰り返しで終わる。

このあまりにも考えの足りない問いかけは、歌われている人々ではなく歌っているミュージシャンたちについて多くを物語っている。さびの部分は「僕らは何について歌ってるのかわかってるのかな？」にするべきだったろう。一九八〇年代のロック界の大スターたちが、自分たちの慈善の心を気恥ずかしくなるようなクレッシェンドで誇らしげに高らかに歌い上げた。彼らは今クリスマスだって知ってるのかな？　と。焼けつくような日差しの中、水が飲めない暮らしをしているときに、クリスマスだと知らないことがそれほど問題なのか？　問題にすべきはこの曲だ。もしかすると、ロックスターは歌詞が植民地主義的だと知ってはいたが、その種の人種差別的な決まり文句でできた音楽が、アフリカの黒人の子どもたちのために大金を集めてくれることも知っていたのかもしれない。おそらく慈善的な事業に関しては、金が集まるならどのような罪も許されるのだ。

いや、そうシニカルになる必要はないのかもしれない。慈善事業はたしかに素晴らしい成果を上げている。災害救援を例に取れば、二〇〇四年のスマトラの津波や、二〇一〇年のハイチ地震、二〇一一年の日本の津波被害でも、国、個人を問わず支援金や支援物資がどんどん流れ込んだ。支援の分配と実際の効果については、激しい議論が繰り広げられてきたが、確実に否定できないのは支援規模の絶対的な大きさで、大規模な地質学的惨事が起きたときには大量の現金が奔流となってその地域に流れ込む。

もちろん慈善は緊急時に限って行われるものではない。完全に非営利の世界規模の慈善組織であるNGO団体もまた大ブームとなっている。飢饉から学校、美術館にいたるさまざまな領域でのサービスを実践し、地域に奉仕することを使命とするこの組織はケアやサービス、養成を行う巨大なインフラストラクチャーとなった。米国のシンクタンク、アーバン・インスティテュートによると、二〇一三年時点で米国で登録されていたNGO団体はおよそ一四一万にのぼり、その経済的貢献額は九〇五九億ドル近かった[101]。

このような組織の倫理的価値とその支援の目的については、多くの説がある。否定的な見方をすれば、慈善組織は人々の苦しみを緩和するだけでなく、支援の必要性を生み出している巨大なインフラストラクチャーの一部として重要な役割を果たしてもいる。生活保護についての議論と同様、慈善は慈善への強い依存性を生むとも言えるし、逆に、個人による慈善活動がこれほど必要とされるようになったのは、国のシステムに重大な問題があるからだということを示唆しているとも言える。また慈善は究極的には受け手ではなく与える側のためのもので、慈善事業は、援助の本来の目的である自立と自主性を促すことに関心をもっていない、とも言える。

しかしもちろん、慈善事業は、拡大する一方の経済格差と富の集中のしわ寄せが及んでいる大勢の困っている人々を救う、数少ない施策の一つでもある。慈善を社会的害悪だと非難するのではなく、人々の苦しみを緩和する活動であり体制だと見なすこともできる。寄付をするときに多くの人がそう考えているように。

この章では、慈善事業の拡大とその相互作用について難しい議論をいちいち取り上げるつもりはない。実際、この産業分野は非常に広範囲にわたっていて、慈善行為と基本的な社会福祉事業を見分けるのは難しそうだ。現代が慈善事業ブームであることがわかったところで、そのブームに応えるように生まれてきたブランド戦略の話に入っていきたい。

## コーズ・リレーテッド・マーケティング

ついにマス・マーケティングの時代が訪れて、商品と商品イメージは非常に切り離し難いものとなった——キャンベルのスープ缶のデザインに黒と赤と白を使ったとき、ウォーホルはすでにそれを直感していた。今や慈善的行動と慈善的企業のイメージは、好むと好まざるとにかかわらず、切り離せないほど密接につながっている。だからこそ、私たちは慈善のイメージを取り払って本当の慈善的行動だけを探そうとするよりも、思いやり深い光景が繰り広げられるこの時代に働く慈善の力学について考えるべきだ。こうした光景はマクドナルドからアムネスティ・インターナショナルにいたる信じられないほど巨大な組織の世界に限らず、友人同士や見知らぬ人とのささやかなやり取りの機会にも生じている。

商売に大義をもちだす戦略は、もちろん目新しいものではない。あのエドワード・バーネイズもブランド力を高めるために慈善を利用した。製品がもたらす社会的利益を強調することは、ラッキーストライクの宣伝キャンペーンのもっとも重要な部分で、それがフェミニズム運動とダイエット効果を促進した。その製品を手にすることの健康上の利益と社会的大義を結びつけたこの広告手法は、慈善活動を取り入れた広告キャンペーンの前身と言えそうだ。これはいわゆるウィン・ウィンの戦略だ。

二一世紀の今、このウィン・ウィンの戦略には名前がつけられている。コーズ・リレーテッド・マーケティング（CRM）だ。『Brand Spirit : How Cause Related Marketing Builds Brands（ブランドの精神——コーズ・リレーテッド・マーケティングはいかにしてブランドを創り上げたか）』で著者のハミッシュ・プリングルとマージョリー・トンプソンは、CRMを「企業あるいはブランドを現代的な社会的大義や問題と結びつける戦略的なポジショニング〔特定の客層を想定して製品の差別化を図ること〕」、およびマーケティングツールであり、相互の利益を呼ぶもの」と定義している。[102] キャンベルのピンクのスープ缶は、慈善活動は広告活動でもあり、逆もまた成り立つという理解から次々と生まれた大量のマーケティング戦略の一つなのだ。企業が慈善活動を行えば、当然それ相応の広告効果があるはずだ、と彼らは考える。何もメディアの専門家でなくとも、企業による大量のコーズ広告が世の中にあふれていることはわかる。ピンク色の月間キャンペーンはその非常にわかりやすい一例だ。今や自らの善行を宣伝していない企業を見つけるほうが困難だ。ウォルマートが実施した、NPOチルドレンズ・ミラクル・ネットワーク・ホスピタルズのためのミラクル・バルーン・キャンペーンも然り。アフリカのHIV／エイズ撲滅運動への関心を喚起し、GAPも参加している、赤い商品の売上の五〇パーセントを寄付するレッド・キャンペーンも然りだ（その一方で、GAPは途上国の搾取工場に大きく加担している）。

もっとも長く続いたコーズ・リレーテッド・キャンペーンの一つはマクドナルドのものだ。ロナルド・マクドナルド・ハウス〔日本ではドナルド・マクドナルド・ハウスと呼ばれる〕は、白血病の娘をもつフィラデルフィア・イーグルスの選手フレッド・ヒルと、イーグルスのゼネラルマネージャーのジミー・マレー、マクドナルドの地域担当マネージャーのエド・レンシ、そしてフィラデルフィア小児病院の小児がん病棟長のオードリー・エバンス医師の一風変わったパートナーシップによって一九七四年に創設された。イーグルスは、フレッドの娘のために資金を集め、彼女が治療を受けている病院に寄付を申し出た。医師のオードリー・エバンスは、それ以前から、難病の子どもが治療を受けている間、その家族に「第二のわが家」を提供する非営利のサービスができないかと考えていた。そのアイデアがジミー・マレーの心をとらえ、なんと地元のマクドナルドに声をかけ、シャムロック・シェイク（聖パトリックの日にちなんだ緑色のシェイク）の売上でこの新しい構想の支援に参加してもらえないだろうかと打診した。

その後一九八六年までに、アメリカ国内に一〇〇のロナルド・マクドナルド・ハウスが設立され、二〇一〇年には世界六〇カ国以上に支部ができ、その数は三〇〇に達した。その後ロナルド・マクドナルド・ハウス・チャリティーズ（RMHC）チャリティを設立（いわば、慈善団体の中のチャリティ部門だ）。移動式の治療室や奨学金の提供を行った。健全とは言い難いマクドナルドとの支援は明らかに皮肉めいたものとなり、その後すぐにRMHCは独立組織となった。経済と生活の質についての大掛かりな構造的分析を行わない限り、ロナルド・マクドナルド・ハウスの並外れた善行を否定することは難しいだろう。しかし食べるのもやっとの賃金で、従業員に遺伝子組み換え食品を使ったファストフードを作らせている企業による慈善活動には、どうしても受け入れがたいものがある。CRMが含み持つ矛盾にはうんざりさせられる。

CRMという言葉が初めて世に知られるようになったのは、一九八三年に、アメリカン・エクスプレスがカード利用一回ごとに一セントを自由の女神の修復費用として寄付すると発表したときだった。[103] 愛国的で記念碑的、そして思いやりの精神に満ちたこの最初のCRMキャンペーンは、寄付によって世の中の役に立てるということ、同時に企業イメージが高まることを示した。結果的に一七〇〇万ドルの寄付が集まり、カード使用頻度が二七パーセント増加し、カード申し込みが一〇パーセント増えたことにより、このキャンペーンはCRMの未来を切り開くキャンペーンとなった。[104] 企業広告の世界では、このキャンペーンはどこからどうみても成功だった。

こうして突然、企業の本分は、売上や企業イメージの向上だけではなくなった。企業はより重大な使命を担うようになった。企業にも合衆国憲法修正第一四条が適用されることが認められて以来、人と同様の法的地位をもつものとみなされるようになっていたが、企業の人格が意味するものまでが、さまざまな文化の担い手たちによって決定されるようになった。ブランドが人と同格になるためには、ブランドは心をもたねばならなかった。そして、プリングルとトンプソンが著書で述べたように、迷える大衆の心をつかむ戦いにおいては、社会の役に立つことをしているとアピールすることが強力な武器となる。つまり製品には、単なるよいイメージ以上のものが必要となった。製品には思いやりが必要になった。消費者は、ブランドのイメージや実際の活動だけでなく、ブランドの心を信じたがるようになった。こうしてさまざまな社会貢献活動――乳がん撲滅からクリーンエネルギーまで、自由の女神の修復から辺境の地で活躍するフライングドクター〔小型飛行機で患者を搬送する事業〕まで――が私たちが日々間断なくさらされている市場戦略によって、消費者の意識の中に送り込まれるようになった。

二〇〇〇年代を通して成長してきたCRMは、今や広告戦略の要となった。ざっとCRMキャンペーンの例を挙げてみるだけでも、私たちが今、いかに善意あふれるユニークな世界に暮らしているかがよくわかる。

一九九七年　VISAの「お話読んで」キャンペーン

二〇〇四年　ダヴによる「リアルビューティー スケッチ」キャンペーン。二〇一〇年までに五〇〇万人の若い女性に、あなたは自分で思っているよりずっと美しい、と伝えた。

二〇〇四年　家電製造販売のワールプールとNPO法人ハビタット・フォー・ヒューマニティが提携。ハビタット・フォー・ヒューマニティが建てる住宅に、ワールプールが冷蔵庫やストーブを提供した。

二〇〇七年　シンガポール航空と国境なき医師団とのパートナーシップにより、エアバスA380一号機の搭乗チケットがオークションに掛けられ、売上金額の一部が国境なき医師団に寄付された。

二〇一〇年　ペプシのフレッシュキャンペーン。社会貢献プロジェクトのオープンプラットフォーム〔製品やサービスの開発に、技術使用などを公開すること〕な公募を行い、二〇〇〇万ドルを寄付。

二〇一一年　ホッケー・フォー・ハギーズ——。ナショナル・ホッケー・リーグが、生活に困っている母親たちにおしめを寄付した。

二〇一三年　#Hanesforgood——。衣料メーカーのヘインズがホームレスに靴下を贈った。救世軍とヘインズ、インヴィジブル・ピープル代表のマーク・ホーヴァースのパートナーシップによる。

通常このマーケティング戦略は、企業やブランドとNPOの慈善的活動の提携によって行われる。たとえNPOの運営に携わっていなくても、そうした組織が使命の継続的追求のために資金の流入をどれほど必要としているかはわかる。そういうわけで、CRMブームの時代は、パートナーシップを結ぶNPOブームの時代でもあった。国境なき医師団、アムネスティ・インターナショナル、そしてその他の数え切れないほどの組織が、CRMによる相互に利益を生むパートナーシップの締結を企業に依頼する、専門の部署を設けている。

## 悪魔との取引き

ではCRMは悪魔との取引きなのだろうか？　企業とNGOの提携が実りある結果を生むことはあり得るのだろうか？　もしも国境なき医師団に、シンガポール航空とのパートナーシップは倫理的に問題があるのではと尋ねたら、開発責任者はまさかと反論するだろう。国際資本が幅をきかせる現代、CRMに魅了される人はますます増え続けている。世の中の不平等と戦う人々の多くにとって、これはコストと利益を秤にかけて考えるべき問題なのだ。国境なき医師団にしてみれば、急な対応を要する疫病の大発生や乳児死亡率の問題に取り組んでいるときに、シンガポール航空などの企業と提携することは、どうってことのない些細な妥協で、それを批判するのはアカデミックなマルクス主義だと感じられる。しかしもちろん、それも程度問題だ。

矛盾した行為につきまとうバツの悪さと、お互いの利益になるパートナーシップを天秤にかけることもできる。医師にチケットを提供する航空会社は、たとえばそう、アフリカでエイズ治療のための慈善キャンペーンを行っている、低賃金労働者を搾取する衣料企業ほどは良心の呵責を感じないかもしれない。あるいはもっと酷い例を挙げれば、環境保護キャンペーンを実施する石油会社ほどは。慈善事業の内容次第で、CRMが抱える矛盾は、より目に余るものとなる。

　ピーター・バフェットが述べた通り、チャリティ／慈善行為は、そもそもの問題の生みの親である社会システムの恩恵を受けている人々によって、行われることがよくある。もっとはっきり言えばこういうことだ。もしも資本主義が、じつは慈善事業が改善しようとしている問題の多くを生み出している当のシステムだとしたら、CRMには利害の対立があるのではないか？　企業とのパートナーシップと、人道的支援の実践が手を組むことなどできるものなのか？　そしてNGO団体と企業と富裕層の間で結ばれるパートナーシップが彼らの最終的な意図を覆い隠しうるこの複雑な社会では、むしろこうしたパートナーシップは、慈善産業が、誰も総括的な責任を取れないまま拡大し続けた結果だと言えるのではないか？
　簡単に答えの出せる問いではないが、これはあらゆる形のチャリティ／取引き／慈善に付きまとう疑問だ。与える行為は人目を引き親近感を与えるだけでなく、どうやら資本主義という巨大な生態系に関与してもいるようだ。マーク・フィッシャーは、著書『資本主義リアリズム』（堀之内出版）で資本主義以外の社会的仕組みを創り出す方法はないと述べている。つまり現在の状況では、資本主義の問題を解決する答えは、より多くの資本主義的方法論を活用することによって見出されることが多い。たとえばエネルギー危機の解決策は何か？　アメリカが出した答えは水圧破砕法を用いる巨大産業だ。この疑問はCRMの核心的な問題だ。資本主義を用いて、資本主義の問題を解決することなどできるのだろうか？

一九八八年に、リーボックがアムネスティ・インターナショナルとのパートナーシップで実施したリーボック・ヒューマンライツ・ナウ！　ツアーが、その驚くべき例だ。スポーツ用品好きの若者を引きつけることを目的として一六カ国を巡ったこのライブツアーは、国連世界人権宣言四〇周年を記念して行われた。リーボックはマーケティング費の九〇パーセントにあたる一〇〇〇万ドルをこのツアーに投入し、各都市で記者会見を開いた。ツアーには、スティングやブルース・スプリングスティーン、トレイシー・チャップマン、ピーター・ガブリエルなどの、「職業倫理にかなった」とでも呼ぶべき大物ロックスターたちが参加した[105]。ツアー終了後も社会的大義への関与は続いた。リーボックはピーター・ガブリエル、ローヤーズ・コミッティー・フォー・ヒューマンライツ（人権保護を目的とする、弁護士のボランティア団体）と提携し、世界中の活動家にビデオカメラを手渡す、「ウィットネス」と称する活動を始めた。その後活動家コミュニティでは、ウィットネスは地球上のもっとも見過ごされている不平等な現実を世に知らしめるため、誰でも自由に使えるビデオフォーマットを提供したとして、国際的成功と目されるようになった。このキャンペーンがもともとマーケティング目的である点を皮肉りたくなるかもしれないが、それでも信じられないほどの社会正義を成し遂げたということだ。CRMという難問を読み解くためには、こうした複雑な関係を正しく理解する必要がある。

## 形式的贈与——ポトラッチの時代の寛容さ

善行への欲求は現代アートの世界にも浸透していった。その歴史は長いが、過去二〇年間に行われた途方もない規模の慈善的活動は、一風変わった結果を生み出した。チャリティと定義されないまでもその部類に属する（私たちはすぐに物事を複雑にしがちだ）手法を利用したアーティスティックなプロジェクトが、まさに雪崩のように発生した。社会的関心を取り入れた現代美術——関与型であれ参加型であれ——がソーシャル・マーケティングへの動きに連動して生じたように、芸術の世界における慈善活動（慈善は今や万能の言葉だから）への関心も、ＣＲＭの増加に伴って高まった。

この相関は偶然の産物ではない。経済の変容と加速するメディア飽和が、巨大な消費者市場の感情的要求を様変わりさせ、それが芸術によって表現されたのだ。テッド・パーヴスが『What We Want is Free : Generosity and Exchange in Recent Art（我々が望むのは自由だ——現代芸術における思いやりと取引）』で述べているように、世界の経済的、社会的システムがかつてないほど資本主義経済と深く結びついている今、それ以外に優先するべきものを強調する社会システムに目が向くのは当然の流れなのだ。(106)

一九九二年、キュレーターのメアリー・ジェーン・ジェイコブによる「Culture in Action」と題する独創的な展覧会で、芸術集団 Haha が会場前のスペースに水耕栽培農園を作り、エイズ患者のために野菜を栽培した。ケール、からし菜、コラード、スイスチャードなどが隔週で調理され提供された。この場所では、講演会やワークショップ、活動家のミーティング、そして代替医療など、さまざまなイベントが開かれた。このスペースは慈善活動を促す場所となっただけでなく、コミュニティ形成の場ともなり、三年間開かれていた。

Hahaのアートワークと、その一九年後にフューチャー・ファーマーズが企画したソイル・キッチンが共鳴し合うものであるのは間違いない。そしてそれ以外にも非常に多くのアートプロジェクトが、その一九年間に生まれている。私はその多くを記録し、多くのプロジェクトの設立に携わってきた。ときにソーシャリー・エンゲージド・アートと呼ばれるこれらのアート作品は、社会との交流を通して、新たなコミュニティのあり方と人々の想像力を生み出そうとする芸術活動と、社会的な公平をしばしば両立させている。

ソーシャリー・エンゲージド・アートに関わるアーティストの大半は、慈善の概念に苛立ちを感じるだろう。ずっと昔から、訳知り顔に植民地主義との関わりを指摘されてきた慈善活動は、交換という行為につきまとう不均衡な力関係と、与える者に権力を付与する例のポトラッチの効果をあからさまに示すものだ。「援助を受ける」側の立場を良くする手段であるはずなのに、しばしば上から一方的に行われている。

現代の社会では、人助けのイメージが強く求められている。つまり慈善の概念に苛立ちを感じる人がいたとしても、この慈善という複雑なしくみはまだ損なわれずに残っていて、現実的には、慈善のイメージが消費者の心をつかむますます有効な仕掛けとなっている。だからメディア文化というより、広い領域で、慈善について考えることが有意義なのだ。

## ラッパの音だけが……

聖書に言及せずに慈善活動を語ることなどできない。それはおそらくカトリック教会自体が慈善活動をたちあげた創始者的存在の一つだからだ。その基礎をなす聖書の言葉は、慈善の役割だけでなく、慈善活動をするときの振る舞いについても多くを語っている。マタイによる福音書六章の一節から四節には次のように書かれている。「見てもらおうとして、人の前で善行をしないように注意しなさい。さもないと、あなたがたの天の父のもとで報いをいただけないことになる。だから、あなたは施しをするときには、偽善者たちが人からほめられようと会堂や街角でするように、自分の前でラッパを吹き鳴らしてはならない。はっきりあなたがたに言っておく。彼らは既に報いを受けている。施しをするときは、右の手のすることを左の手に知らせてはならない。あなたの施しを人目につかせないためである。そうすれば、隠れたことを見ておられる父が、あなたに報いてくださる」（聖書、新共同訳より）

二一世紀の慈善活動家たちは、イエス・キリストが吹き鳴らすなと言ったラッパを吹きならしてきた。我こそはとても気前が良く、親切で注目されるべき善意の人間であると世に知らしめるラッパの音は、社会のために尽くす人だとみなされることによって利益を手に入れるための合図だ。ラッパの音とはイメージであり、心証だ。乳がん撲滅キャンペーンのためにキャンベルのスープ缶に塗りつけられたピンク色であり、エネルギー企業BP社のロゴを彩る黄緑色だ。GAPのレッド・キャンペーンの赤色だ。

CRMが溢れる今の世の中においては、善意を単なるマーケティング戦略だと片付けるだけでは十分ではない。良いことをしているイメージを額面通り受け取るだけでもまた十分ではない。そうではなく、またもや気づかされるのはその策略の規模と効果の大きさだ。つまり、寂しがり屋な生き物である私たちは、世の中を自分との関わりを通して理解したいという本能的な欲求をもっている。乳がん撲滅をうたうピンクのスープ缶を見ると、たちまち乳がんは悪いことで、そのピンクの缶は何らかの形でその問題解決に貢献するものだと理解する。キャンベルはこれで実際いくらもうけるのかと考えたり、世界経済や工場労働者の賃金、健康への影響との関わりに思いを馳せることなく、感情レベルで反応する。私たちはその企業活動は重要なものだと感じる。CRMは、人の本質である、感情によって社会を判断する特性につけ入り、巧みに利用している。

私たちは物語に頼って世の中を理解しようとするが、複雑な資本主義システムに関しては物語も色を失ってしまう。そこでは物語さえも語られない。主役があまりにも多すぎ、倫理的なグレーゾーンばかりあって、マーケティングの時代となった今では、慈善活動から社会活動にいたるすべての行動の意味を文脈の中で考えなくてはならない。だから、慈善活動のイメージを正しいか間違っているかのどちらかに決めることは難しい。しかし私たちは、社会に広がる、慈善活動を取り巻く威圧的な雰囲気を感じ取ることができる。ブランドが心を追い求め、心がブランドを求めるようになった（人々が自分をブランド化し始めた）今、慈善活動が果たす役割はますます増える一方で、単なるイメージ戦略ではないのか？　と疑問視することがより難しくなっている。

ブランドと人々が、お互いにとって何らかの意味をもつ方向へと向かい続ける今、私たちは威圧とコミュニケーションの地平に到達した。文化が大きく発達した今、意味を生み出すものが、マーケティング戦略を成功させる豊かな土壌となることは間違いない。そこではしばしば、混乱し、不信感に陥った在る一定の人々が取り残されることになる。人を助けることが、実は人を傷つけることだとすれば、いったい自分はどうすればいいのだろう？　と。

アーティストは、慈善活動が含みもつ現代的な矛盾に間違いなく気づいていて、人は下心なく物をやり取りするささやかな瞬間に心を揺さぶられるものだと知っている。私たちは、心を通わせ、相手のために何かをし、一緒に過ごす稀有な時間を知っている。おそらく、権力者が文化を巧妙に操って威圧しようとすればするほど、その思惑に反して、人々は人間の最も基本的な感情的側面に焦点を当てる芸術に興味をひかれるようになるだろう。芸術にも、人々がもはや興味をひかれなくなれば、もっと良いだろう。そして、社会的圧力の規模や範囲が大幅に縮小されればなお良い。そのとき、慈善のイメージ合戦や小規模な慈善プロジェクトへの執着どころか、おそらく慈善そのものがもはや必要なくなるだろう。政府が面倒をちゃんとみてくれるからだ。これは非現実的な空想だが、熟考する価値はある。

# 第8章　社交的な企業
## ――IKEAからアップルストア、スターバックスまで、都市に広がる企業の付加価値

子どもたちにとって、遊びは人生そのものです。子どもは世界でもっとも重要な存在であり、家庭は子どもたちのもっとも重要な遊び場です。遊びは子どもの発達に欠かせないものです。我が社はこの地球規模の調査から、世界中の子どもや大人が遊びをどのように受け止めているかについての新たな洞察を得たのです。

これはマリア・エランダーの言葉だ。彼女はIKEAの幼児教室の責任者で、この巨大企業の教育部門のスポークスマンでもある。そう、IKEAは学校をもっている。そして、彼女の言っていることはもちろん正しい。「子どもにとって遊びは人生そのものです」彼女は強い口調で人々にそれを思い出させる。そのわかりきったことが、郷愁とある種の気づきを呼び覚ます。遊びは活動的だ。遊びは感情豊かなものだ。好奇心に満ちたもの、参加するものだ。そしてときに、遊びは社交となる。この世界で、遊びはついに物理的な形を取り始めた。エランダーが遊びの重要性をもちだしたのは、もちろん、イメージの領域から、社会という人が関わる動的なスペースへと移行し始めた、IKEAの巧妙なブランド戦略と深い関わりがあるに違い

ない。

ここまでは、主にメディアと呼ばれる文化について論じてきた。ラジオから流れる音楽や、エンターテインメントからマーケティングにいたるあらゆるものに利用されうるイメージや物語の流通を論じてきた。

しかし結局のところ、文化がもつ大きな影響力の根底にあるのは、大衆は感じたり、恐れたり、楽しんだりする経験によって行動する、という知識だ。社会との感情的な関わりが、私たちの意思決定に大きな影響を与える。バーネイズやFOXニュースの創業者ロジャー・エイルズ、そしてニクソンが熟知していたように、私たちは、子どもと同じように、誰かと一緒に遊び、交流するのが好きなのだ。というわけで、マリア・エランダーの遊びについての洞察はもうこのくらいにして、この章では、現代のブランド戦略において（そして芸術の世界でも）双方向的な空間の価値がますます高まっていることについて、考えていきたい。魅惑的なイメージを見たいという願望の他にも、私たちには、人とつながることのできる夢のような環境に身をおきたい、という願いがあるのだ。

二一世紀に入ると、文化を巧みに利用しようとするブランド戦略の論理は、都市を形成しただけでなく、もっとも成功した有名企業のインテリアデザインとなってその姿を現した。本章では、時代を象徴する三つのパイオニアに注目する。IKEA、スターバックス、そしてアップルストアだ。三社の成功の理由の大半はいずれも、社会経験を――買い物に行く経験を超える感情的な結びつきを――店舗という物理的空間において生み出すことに関心をもっていたことだった。そしてあとで説明するように、神託を告げるアーティストたちは、人々の社会的なつながりへの欲求への働きかけを、そのときすでに始めていた。

IKEAに一歩入ると、不思議の国のアリスの世界に迷い込んだ気分になる。うさぎの穴に落ちて地下の小さな部屋を次々と見て回っているかのようだ。まさに中流階級のディズニーランドといえるIKEAは、ファンタジーと社会的つながり、そして手頃な料理を取り合わせたものを、青と黄色の鮮やかな外観に包み込んでいる。メニューにはもちろん、あの甘ったるいコケモモのソースをかけたミートボールのマッシュポテト添えがあるが、他にもローストビーフやマックンチーズ〔マカロニ・アンド・チーズ〕、にんじんケーキにプリンもある。この料理がほっとする。まるで倉庫のように大きな店であるにもかかわらず、奇妙なことに、IKEAは本当に、とても居心地がいい。

IKEAは企業が経営するチェーン店だが、倉庫と店舗と生活の場が融合したそこは、母国スウェーデンの社会民主主義の精神を体現しているように見える。マリア・エランダーは、消費者社会に入りたての子どもたちの欲求を生き生きと語りながら、同時に非常にスウェーデン的な価値観も示している。スウェーデンでは子どもは何より重要な存在とされ、それゆえ大切に保護され、十分遊ばせるべき、愛されるべきだと考えられている。そして人々がそう考えているのみならず、スウェーデン政府は実際に努力をしている。スウェーデンでは（みなスウェーデンに生まれればよかったと思うだろう）、子どもが生まれると両親は一六ヵ月間の有給休暇を与えられ、子どもが八歳になるまでに分割して使うことができる。国際的にも、スウェーデンは最前線に立って国連の子どもの権利条約を支持してきた[107]。一二歳までの子どもをもつ両親には、子どもが病気になったときには一二〇日、また日常的に子どもの世話をしている人が病気になった場合は六〇日の臨時の育児休暇が与えられる[108]。

さて、まずはＩＫＥＡがどれくらい大きいかを実感してもらいたい。ＩＫＥＡは世界最大の材木消費者であり、世界の材木供給量の一パーセントを単独で消費している[109]。二〇〇六年には、ＩＫＥＡの創業者のイングヴァル・カンプラード氏が『フォーブス』誌の長者番付の第四位に輝いた（正確な資産の額を突き止めるのは困難だ。ＩＫＥＡは、カンプラード氏が実際いくら所有しているのか誰にもわからない仕組みになっているから）。二〇一二年にＩＫＥＡの店舗を訪れた客の数は六億九〇〇〇万人で――これはアメリカの人口の二倍に当たる。

じつはＩＫＥＡの名称は、創業者と北欧の牧歌的な発祥の地を礼賛する言葉の頭字語だ。ＩＫは創業者イングヴァル・カンプラード（Ingvar Kampvrad）の頭文字。Ｅは彼が生まれ育った農場、エルムタリッド（Elmtaryd）、最後のＡは農場の近くの村、アグナリッド（Agunnaryd）だ。巨大小売店の中でも巨大なＩＫＥＡだが、そのブランド戦略やデザインのあらゆる側面に、奇妙な親族会社的な社風が見て取れる。

この小売チェーンができたのは一九四三年のことで、創業者のイングヴァルはまだ一七歳だった。家庭用品のカタログビジネスから始まった店は様々に形を変え、一九五三年には初めての家具のショールームをオープンし、その数年後には安価な家具のデザインを手がけ、一九五八年に最初の倉庫スタイルの店を開いた。そしてＩＫＥＡを三店舗開いたのち、一九六五年に、ストックホルムに敷地面積四万五八〇〇平方メートルの、うっとりするほど広い主力店を出す決意をした。[110] そのときには、IKEAはすでに安価な家庭用品と家具の店として知られていた。

これぞまさに、経済が文化という肥沃な土地の収穫を横取りする例で、主力店舗の建物のデザインとその迷路のようなレイアウトは、イングヴァルが以前に訪れたニューヨーク市のグッゲンハイム美術館に触発されたものだった。「あれと全く同じようにやればいい。ストックホルムにあれを作れば、グッゲンハイムと同じになれる――ああいう建物にすれば、客がどの売場へ行こうかと迷う余地はなくなる」と彼は考えた。[111] 売り場を自分で選べなくても、楽しい旅にはなる、と。イングヴァルはなかなかのやり手だ。

一九五八年、IKEAはその核となる生産革新の一つを導入した。それは現在も守られている。フラットパックだ。製品の梱包を薄く小さくすることによって、輸送コンテナいっぱいまで積み込み、輸送コストの大幅削減につなげる戦略だ。

イングヴァルは、製品にかかる経費はできるだけ安くするべきで、コストを引き下げるこの簡単な方式が、経済的成功の一番の近道になると信じていた。製品はフラットパックで運ばれるだけでなく、そのまま店に並べられた。イラスト入りの簡潔な説明書を見て、客が製品を箱から取り出して自分で組み立てるのだ。

IKEAはあらゆるスウェーデンらしさを体現する店だったが、カンプラードは一九七〇年代にその税金の高さに抗議してスウェーデンを逃げ出している。[112] 企業が一般に税金の支払を渋りがちなのは、現代的な傾向だ。IKEAは一貫してタックスヘイブンや複雑な社内体制（傘下のグループ会社の大半が非営利団体となっている）などを利用した税金逃れを画策している。真偽のほどはわからないが、『ハフィントンポスト』は、ＩＫＥＡは関連会社への支払という名目で海外に売上利益を送金し、イギリスに収めるべき税金の半分をごまかそうとしていると報じている。[113]

## 意味ある低価格

ＩＫＥＡのビジョン・ステートメント〔目指す理念〕は「デモクラティックデザイン――意味ある低価格」だ。このユートピア的宣言の最後の言葉、意味について考えたい。この意味を形成しているのは、実際にはＩＫＥＡでの体験すべてと、店が展開する三次元の（そこで過ごす時間を加えれば四次元とも言える）斬新な広告手法だ。店は意味が創造される場所である――ここでいう意味とは、個人の嗜好や意見、意向、そして最終的には行動まで生み出すことをさす。店内を移動していくうちに、人々は感情的にも理性的にも激しく揺さぶられ、充実した体験をしたと感じるようになる。つまりＩＫＥＡが提供する意味とは文化のことだ。

ＩＫＥＡの駐車場は驚くほど広く、倉庫のような店舗は圧倒されるような青色と黄色でペイントされている。今やＩＫＥＡに到着するまでの行程さえも一種の旅行となっている。シャトルバスやフェリーまで動員してはるか遠くから客たちを運びこみ、まるでアミューズメントパークに来たような期待を抱かせる。ＩＫＥＡに出かける日は、ほぼ丸一日をそこで過ごすことになると、皆知っている。店に入る前に、客は一種の仮契約を結んでいるようなものだ。

店内に足を踏み入れると、まず目に飛び込んでくるのがフードコートとスモーランドと呼ばれる子どもの遊び場で、マリア・エランダーが誇らしげに話していた場所だ。スモーランドというのはカンプラードが育った村の名だ。IKEAはすべての支店で、六〇分間無料で子どもを預かる託児サービスを実施している。スモーランドには普通、ボールプール、レゴセット、あるいは人形劇セットや子ども用の教育ビデオ、それにベビーシッターまで揃っている。IKEAのウェブサイトにはこう書かれている。「スモーランドは子どもたちがまるでスウェーデンの森にいるように感じられる場所です。お子様たちが安全な場所で大切にされているという安心感をもって、お買い物を楽しんでいただくことができます」

お察しの通り、スモーランドは大人気だ。二〇〇九年六月に『ニューヨーク・タイムズ』に掲載された「IKEAの託児サービスで安上がりのデート」と題する記事は、アメリカ経済の低迷とこのささやかな社会福祉サービスの関わりを強調してみせた。「お金に余裕がなく、財布の紐がかたい親たちは、店内にある保育係のいる遊び場を、ベビーシッター代わりに使っている」と。(114) アメリカでは、託児サービスがあるのは基本的に贅沢品を売る店に限られている。二〇〇七年刊行の『ルポ アメリカの医療破綻』〔東洋経済新報社〕の著者であるジョナサン・コーンによると「子どもを自分以外の誰かに委ねることは親にとってもっとも困難なことの一つだ——そしてアメリカではそれがさらに難しい。というのも、アメリカの保育所はひどいものだから。それでも、五歳以下の子どもの四〇パーセントが、少なくとも週のうちの何日かは、両親以外の誰かの世話になって過ごしている」[115] しかしもちろん、保育所という名のアメリカでは贅沢なサービスは、多くの社会民主主義国で普通に提供されている。（ＩＫＥＡが発祥の地と自称する）スウェーデンでは、保育施設は店舗や教会、学校、図書館などありとあらゆる場所にあって、日常的に愛用されている。

子どもたちを預けて美味しい食事をゆっくり楽しんだあと、両親は明るく照らし出されたショールームを回り道しながら進む旅に出発する。イングヴァルは、フランク・ロイド・ライトの手によるニューヨークのグッゲンハイム美術館への視察旅行で、この曲がりくねった通路のアイデアを得た。それぞれのショールームは、ベッドルームやリビングルーム、子ども部屋、バスルーム、そしてキッチンなどについての、新たな生活デザインを提案しているが、客はたった一つの決められた通路を進んで行くしかない。まるで、よりよい暮らしのコマーシャルを見て歩いているかのようだ。客たちはベッドに横になってみたり、机の前に座ったり、ソファにもたれかかったりしてみる。そのとき彼らが皮肉な気分だろうと、大真面目だろうと、疑ってかかっていようと、熱心にそうしていようと、全員が大人版のおままごとに参加している（何しろ、そうしない選択肢はないから）。店内の一つひとつの体験が、この小ぎれいに並べられた家具を自分の家に置くことを想像させる。店員が店内を巡回することもない。その代わりＩＫＥＡにはサービスコーナーがあって、質問があったり、相談に乗ってもらいたいときには、自分から聞きに行くことができる。こうしておけば、うっとりするような空想の世界の魔法が解けることはない。店内ツアーは夢遊病者の放浪であり、あるいはおそらく、感覚に訴えるコマーシャルの実例なのだ。

ＩＫＥＡの迷路のような通路は、客を誘導して店内を巡らせることと、道に迷わせることの二つの目的をもっている。曲がりくねった通路を進むうちに客は方角を見失い、その目が回るような感覚が、いわゆる「衝動買い」をしやすい精神状態を生み出すことは明らかだ。商品を見て歩く体験は、あのおなじみの購買意欲を呼び覚ます。大量の手頃な価格のぬいぐるみや子ども部屋コーナーは、人々に幼い頃を思い出させる。広々としたキッチンでは家族揃って食事を作り、皿から取り分けて食べている様子が思い浮かぶ。どれも心温まる思い出で、客はまんまと店側の狙い通りの気分にさせられる。その気分とは子どものような素直さだ。

ＩＫＥＡの店内を歩き回る人々は、シャルル・ボードレールやヴァルター・ベンヤミンなどを魅了した、一九世紀中頃の、あのショッピングモールの原点、パリのアーケード〔パサージュ〕を思い浮かべずにはいられない。「天井はガラス張りで地面には大理石が敷き詰められたアーケードはずっとつながっている。その一画の店舗のオーナーたちが共同で企画したものだ。通りの両側に立ち並び、天窓から差し込む光に照らされているのは最高に優雅な店ばかりで、つまりアーケードは都市であり、世界の縮図なのだ」(116)。パリのアーケードを歩いているときも、そしてＩＫＥＡの店内を歩いているときも、人々はショーウィンドーから覗き込んだそれぞれの店の中に、歴史的な意味をもつ商品だけでなく、資本主義が約束する未来をも見ていた。それは人々の魂を奪い、うっとりさせる旅を生み出した。

## 物欲がとまらない

ＩＫＥＡでは、目まぐるしいショールームの旅が終わると、客は日常の世界に吐き出される。階段を降りていくと、そこには長く連なったショッピングカートの列と、おなじみのスウェーデン風のデザインの家庭用品の棚が見える。ほとんどの客は、ＩＫＥＡに家具を買いに来ているが（だからショールーム体験がある）、まず出会うのは、いくつもの通路の両脇に並べられたボールやスプーン、タンブラー、花瓶、照明器具、造花などで――衝動買いにはうってつけの品々だ。

趣向を凝らした玄関ホールを入ると中はウォルマートだったという感じにとらわれる。客はまず、刺激を受ける前の下準備として、うっとりするような空間で洗脳の儀式を授けられる必要があり、そのあと物欲を解き放つことになる。これは単なる買い物ではなく、企業によって巧みに誘導され、物欲が止まらなくなった客によって行われる買い物だ。

マーケットエリアを出ると、客たちは再び倉庫へと吐き出される。数分前には豪華なショールームにいたはずが、今度はナンバーが大きく記載されたフラットパックされた家具が並ぶ、巨大な倉庫の中にいる。この唐突な変化に、まるで芝居の楽屋裏を覗いている気分になる。中国から大型貨物船で運ばれてきたコンテナから荷降ろしされた梱包が並ぶ、工業資材置場だ。客はもはや、スタッフの一人となっている。この旅もここまで来ると、私たち顧客も、ＩＫＥ

Ａの世界を作り上げる一員とならねばならない。

ＩＫＥＡは実益とくつろぎがかたく結びつく場所だ。いわばカーハート〔ワークウェアの老舗ブランド〕の服とパジャマの中間に位置するものだ。ＩＫＥＡの第一印象が子どもの遊び場だとすれば、客が最後に目にするのは金属製のユニット棚にぎっしりと並べられたダンボール箱の山だ。客を取り巻くこの空間の変化と並行して、ＩＫＥＡ体験の捉え方にも変化が生まれている。そして客にとっての最後の体験の場となるのは、店舗から遠く離れた場所だ。

　フラットパックされた家具は、店内ではまだ組み立て前の状態だ。客は商品を引きずって行って平らなカートに載せ、家に持ち帰ってＩＫＥＡでの買い物体験を締めくくることになる。組立作業を終えた時点で、客は製造者と消費者双方にとっての節約に貢献しただけでなく、おそらくイングヴァルでさえ予測できなかっただろう価値が生まれる。つまり客は、家でくつろぎながらＩＫＥＡチームの一員となるのだ。仕事の流れは、ＩＫＥＡの製造工場からリビングルームの組立ラインへとつながっている。この経験が作り上げる心のつながりは、二〇〇九年の調査によって「ＩＫＥＡ効果」と冷ややかに命名されている。「ＩＫＥＡの方法論は、自分の力で製品を組み立てたとき、何の努力も払わなかった場合よりもよりその価値を認め、好ましいと感じるようになることを示唆している」[117]ＩＫＥＡ効果。素敵な響きだ。これは店と顧客の関係構築の一種だ。参加すれば、それだけその店を好きになる。資本主義仕様のストックホルム・シンドローム〔誘拐事件などの被害者が、長期間接するうちに犯人に対して深い同情や好意を抱くこと。ストックホルム銀行強盗事件に由来する〕と言ってもいい（この現象がＩＫＥＡの故郷であるスウェーデンに由来するのは全くの偶然だ）。監禁された人は犯人に同情を感じるようになる。しかしこれは感情的な生き物である私たちにはよくあることだ。私たちは、共に行動し、話をし、仕事をし、一緒に遊んだ人々や場所に親近感を抱き、心のきずなを結ばずにはいられない。

ブランド戦略や広告に携わる人々は、消費者の心に強い印象を残すのは、製品のイメージだけではないと理解している。社会的、または身体的なやり取りも同じくらい――おそらくより深く――人々の心を虜にすることを知っている。人は共に遊び、笑い、大切にされ、一緒に働ける場所を好むということを、現代の企業文化が十分認識していることは明らかで、それこそがまさに、ＩＫＥＡという名の、スウェーデン風を売りにした、税金逃れをしている企業の創業理念なのだ。

## アップルストアをぶらつく

一九九〇年代の終わりに、スティーブ・ジョブズはアップル・コンピュータのイメージを一新しようと決意した。CompUSAやベストバイなどの外部の小売業者たちが、アップルのコンピューターをただの商品と見なし、他の商品と同じように、値札をつけて一緒に棚に並べているのが不満だった。そんなふうにいくらでも取り替えの聞く商品扱いされることは、世界でもっとも強迫神経症的といっても過言ではない、先端技術とマーケティングのグルには受け入れがたいことだった。ジョブズは、アップルをただの製品以上のものにしたかった。独自のアップルワールドを創りたかった。二の足を踏む重役たちを尻目に、今ではアップルストアとして世界的に認知されている店舗の計画を推し進めた。つややかなガラス張りのショップ、シンボルのアップルマークを背後から照らす白色光、ミニマルデザイン、固いカエデ材を使ったテーブル、そして、ふざけあい、歓談する人々の間をぶらついている青いシャツを来たサポート・スタッフ。従来の店舗とはまるで異なるコンセプトを先駆的に取り入れたアップルストアは、この一〇年間で小売の世界の中心的存在に成長した。今やアップルストアは、経験や学習、高いデザイン性、そしてくつろぎを提供するスペースとなった。店は社交の場となった。

ジョブズは自らの夢の実現のために、ロン・ジョンソンという名の男を雇った。ハーバードビジネススクールで学んだジョンソンは、店舗デザインを専門とするターゲット社で一五年間働き、高い実績を上げていた。いわゆるK-MART風の店を、チープシックなデザインのショーケースのような店に様変わりさせた。また建築家のマイケル・グレイヴスを招き入れ、その最先端の美的センスを活かして二〇〇〇種以上の家庭用品――浴室用スツール、アイロン台、トースターなど――のデザインの見直しを行い、ターゲットブランドとして売り出すことによって、疲弊した安売り店を「プロジェクト・ランウェイ」〔ファッションをテーマとするリアリティ番組。毎回異なる課題が出され、優勝者にはデザインを発表するチャンスが与えられる〕並みに一新したこともある。

ロン・ジョンソンがアップル社にやってきたとき、スティーブ・ジョブズはすでに秘密の倉庫を作って目指す店舗の試作を始めていた。自分が考えるアップル社の価値にふさわしいやり方で、製品を売る場所を求めていた。二〇〇一年五月一五日、アップルストアの最初の三店舗がオープンした。ヴァージニア州タイソンズ・コーナーに二店舗、カリフォルニア州グレンデールに一店舗だ。その後ジョンソンの指示のもと、細長いメープル材のテーブルとミニマルデザインの、おなじみのアップルストアの外観が定着するのに、それほど時間はかからなかった。

人々は体験を求めてアップルストアに足を運ぶ——そのためなら高い金を払うことも厭わない。その体験はさまざまな要素からできているが、もっとも重要なのは——それはどのような小売業にも適用できるものだが——店のスタッフが製品を売ることを目的としておらず、顧客との人間関係を作り、人々の暮らしをより良いものにしようと目指していることだ。嘘っぱちだと思うかもしれないが、これは本当だ。(118)

関係づくりはアップルストアの主要な特徴で、ロン・ジョンソンはそれを承知の上で店舗デザインにも工夫を凝らしている。その鍵となるのは、知識が豊富なスタッフと無料の修理サービス（ジーニアスバー）、そしてキャッシュレジスターの廃止だ。作り上げた人間関係を育てるという目的のもと、顧客とスタッフの交流がより自然なものに感じられるよう、通常の販売に付き物の要素は徹底的に見直され、あまり目立たないよう配慮されている。

ジョブズとジョンソンは、店のスタッフはアップル製品についての深い知識を持ち、単なる販売担当者としてではなく高度な能力と技術を提供できる人間として振る舞うべきだという信念をもっていた。その考えのもと、顧客が心から欲しているだろう知識を備えたスタッフが、ゆったりとした足取りで店内を静かに歩いている。これこそが会話を始める仕掛けだ。まず人間関係を作り、それから製品を売る。コンピューターについての数え切れないほどの疑問を胸に（自動車修理工場を訪れる人と同じように、そのときたいていの客は、自分には歯が立たない問題を抱えて不安とあせりを感じている）顧客が店内に入ってくると、ブルーのシャツを着た才能豊かなセールスパーソンが声をかける。そしてこのやり取りが、間違いなく人間関係を生み出す。それもただの人間関係ではなく、それまでドギマギしていた顧客を俄然活気づける人間関係を。

もちろん、この愉快なやり取りは演出されたものだ。監視社会を描くオーウェルの小説『一九八四年』の世界のように、アップルストアのフタッフの態度や言葉、手順はすべて、人とのつながりを求める顧客の、あまりにも人間的な欲求を満足させるように磨きをかけられている。これは特に目新しいことではなく、どこの小売店でも行われていることで、従業員研修マニュアルには必ず、顧客に対する振る舞いについての注意が書かれている。しかしアップルの場合は、共感と支援を示す態度が特に重視されていて、APPLEの五文字を使って覚えやすくまとめられている。それはApproach（声をかけ）、Probe（探りを入れ）、Present（寄り添い）、Listen（耳を傾け）、End（目的を果たす）だ。この指示は、アップルストアのセールスパーソンたちの、顧客の話をじっくり聞いてサポートする技術の向上に役立っている。アップルは共感力のあるスタッフの育成を目指していて、従業員ハンドブックは、気の利いた頭韻を踏んだ言葉を使って顧客との人間関係づくりの方法を教えている。それは、feel（そう感じるんですね）、felt（わたしもそう感じました）、found（でもわかったんです）だ。[119]

たとえばこんな風に使う。

顧客「やっぱりこのMacは高すぎますよ」

ジーニアス「あなたがそう感じるのはわかります。僕もちょっと高いなと感じていました。でも搭載されているソフトウェアとその性能を考えると、それだけの価値はあるとわかったんです」

読者がこの種の経営方針をありきたりに感じたとすれば、それはホテルのマネージャーから結婚カウンセラーにいたるさまざまな人々が、日常的に同様のことを行っているからだ。共感には大きな影響力があって、頭より先に私たちの心を鷲掴みにしてしまう。

このように共感と楽しい語らいを重視する方針は、経験を中心に据えた経営のからくりのほんの一部にすぎない。ジーニアスバー（スティーブ・ジョブズはこの名称が我慢ならなかった）は、アップルストアの中に作られた無料のサービス情報センターの名称だ。顧客がより専門的な質問をしたいときや、コンピューターを修理する必要に迫られた場合、ジーニアスバーに相談に行く。ジーニアスバー以外にも、無料のワークショップを実施したり、Macの特定のアプリケーションやデバイスの使い方を教えてくれるやけに愛想のいい教室を開いている店舗もある。製品以外に包括的なサービスを提供するこの方式によって、アップルストアは「フルサービス提供小売店」と称されるようになり、以来、ハイテク製品を扱う会社は軒並みこの方式を取り入れた。たとえば、現在ベストバイ傘下のパソコン・サポートサービス、ギーク・スクワッドがそうだ（あまりうまくいっていないが）。これらはすべて、支援の宇宙空間を構築しようとする動きの一部だ。

ジョンソンは『フォーチュン』誌でこう述べている。「店を出すにあたって、我々は人を集めました。さまざまな職種や社会的地位の人々を。緊張をほぐすために我々は『これまでに受けた最高のサービスを教えて下さい』と尋ねました」すると一八人中一六人が、ホテルのサービスだと答えたのだ。これは彼らにとって予想外だった。しかしそれももっともだ。ホテルのコンシェルジュは何も売っていない。顧客を手助けするだけだ。「そこで我々は考えました。『フォーシーズンズ・ホテルのように親近感がもてる店にするにはどうすればいいだろうね？』答えはこうでした。『店内にバーを作ろう。ただし提供するのはアルコールではなくサポートだ』」(120)

こうしてサポートを提供することが決まった。日常的に目にするホテルのコンシェルジュに習った、個人的に相談に乗る無料サービスが始まった。ジョンソンが集めたフォーカスグループは、何よりもまず、人々が過去最高のサービスとして記憶しているのは何かということを明らかにしている。製品を販売する環境での心のこもった個人的なやり取りは、その場限りの買い物体験よりもずっと長く人の心に留まり続ける。

そして、レジをなくすこと以上に、そこが小売店ではなく社交の場だと強調するための妙案があるだろうか？　知的な人間だと思われたいとき、人はリビングの家具を、テレビ中心の生活をしていないように見えるように配置にするだろう。アップルは、そこがレジ中心の場所ではないように見える店舗作りをした。レジは、名前を知っているだけでなく、すでに助言までしてもらった若い男女のお尻のポケットから取り出される、iPhoneに似た端末を使って個人的に行われるカード処理に取って代わられた。レジは今や人となった。行列に並んで金を支払い、ここはまさにこのために作られた場所だったのだと痛感する、あのおなじみの感覚は過去のものとなった。

その後アップルは、主要な販売の場を個人のiTunesやiPhoneに移し、顧客は自分のデバイスでアイテムを調べ購入できるようになった。アップルの店舗は製品サポートと製品知識を提供するだけの場となり、買うという物質主義的な行為は、消費者だけのものであり続けることになった。あるいは、デザインが人々にそう感じさせている。レジを顧客の視界から消すという、店のインテリアデザインは、人間関係作りを重視し——一方で「アップルストアで働くスタッフ全員が販売を担っている」という小売の精神も追求し続けるアップルブランドの決意を表現し尽くしている。

レジのない、無償に見える助言をしてくれる人でいっぱいの場所とは？　アップルストアは小売チェーン店というよりむしろ図書館やスクールカウンセラーに近い存在だ。つまり社会的交流の場なのだ。さらにこうした店舗が、大規模な都市化に伴う不動産ブームの時期に突然のように出現した事実を考え合わせたとき、そこが、リチャード・フロリダなどが信奉した時代の精神を体現する物理的空間であることに、私たちはふいに気づかされることになる。

## コーヒー――社交に欠かせないもの

販売戦略の一部として、何らかの体験ができる空間を用意している小売店はアップルとＩＫＥＡの他にもある。スターバックスは、とどまるところを知らない売上の伸びと、都市部にまんべんなく存在することで有名なだけでなく、コーヒーというありふれたものを商品に選び、それに付随する社会的特性の恩恵を得ていることでも知られている。このシアトルを拠点とする企業が運営するコーヒーチェーン店は、経験を最も重要な主力製品であると強調していることで知られるようになった。社のミッション・ステートメントには「人々の心を豊かで活力あるものにするために――一人のお客様、一杯のコーヒー、そして一つのコミュニティから」とあり、さらに顧客との関係を重視していることが主張される。「心から接すれば、ほんの一瞬であってもお客様とつながり、笑顔を交わし、感動や経験をお客様にもたらすことができます。完璧なコーヒーの提供はもちろん、それ以上に人と人とのつながりを大切にします」と続く。

スターバックスは一九六〇年代にバークレーで創業した。三人の創業者たち、ジェリー・ボールドウィン、ゼヴ・シーグル、ゴードン・バウカーはサンフランシスコ大学在学中に出会った。そこで彼らは、オランダからの移住者で、職人が丁寧に淹れるコーヒーをアメリカにもたらした功績者アルフレッド・ピートから、コーヒー豆の焙煎の高度な技術を習った。ピートは一九六六年にバークレーでピーツ・コーヒーを開店、その後の一九七一年にスターバックスの三人の創業者たちがシアトルに店を出した。

ちょうどデイヴィッド・ゲフィン〔アサイラム・レコード、ゲフィン・レコードの創始者〕が音楽界を席巻しようとしていたときで、この自家焙煎コーヒー豆のパイオニアたちも、同じようにある種の世界制覇に向けた準備に入っていた（彼らの旅は、たしかにずっと時間がかかったが）。その後一〇年間、アメリカ国内のコーヒーの売上は低迷したが、スターバックスとその焙煎したコーヒー豆は、少しずつだが着実に売上を伸ばしていった。一九八三年、スターバックスの創業者たちは野心あふれるマーケティング責任者のハワード・シュルツをミラノへ視察旅行に送り出し、シュルツはそこでイタリアの暮らしの真髄をなすエスプレッソバーが作るカフェ文化を目の当たりにした。イタリアのコーヒーを囲むコミュニティに、シュルツは商機を見出した。

帰国したシュルツは、スターバックスもエスプレッソバーの出店を検討するよう嘆願したが、重役たちは受け入れなかった。そこでシュルツは会社を辞め、自分でイル・ジョルナーレという店をオープンした。イル・ジョルナーレなどという店は聞いたことがないかもしれないが、それはこの店が大成功を収めて、シュルツがすぐにスターバックスというイタリアの本家をまねた店を……ブランドをヒッピーの創業者たちから買い取ったからだ。その後運命は奇妙で意外な展開を見せ、元々の創業者チームは、一九八四年にかつての指導者からピーツ・コーヒーを買い取った。『白鯨』にちなんだ店名〔コーヒー好きの一等航海士の名前がスターバックス〕と職人焙煎コーヒーを別にすれば、現代のスターバックスを創り上げたのはハワード・シュルツだ。シアトルの太平洋岸に位置するパイクプレイスマーケットの喧騒の中で営業していたスターバックスが、経済のグローバル化による企業の環境保護意識の高まりを象徴する存在へと急成長したのは、事業主の鋭い勘とタイミングの良さのおかげだった。シュルツは、スターバックスの営業スタイルに三つの重要な改変を加え、それが先例のない急成長の基盤となった（二〇〇一年には年商二六億ドルだったが、二〇一四年には年商一六四億ドルとなった(121)）。

最初の改革は、ミラノのカフェの方式を拝借したものだった。シュルツは、エスプレッソバーには淹れたてのコーヒーの湯気が必要だと考えた。ピカピカに磨かれたエスプレッソ・マシンと豊かで濃いコーヒーの香り、注文に応じてカスタマイズしてもらえるスタッフとの人間関係が必要だった。シュルツはそうしたコミュニティ的雰囲気が自分のカフェに浸透することを望んだ。なぜなら、顧客にとっては、そこがどんな場所であるかということのほうが、そこで飲む物――大勢のアメリカ人が、毎日非常に安い値段で自分で作って飲んでいる――よりも重要だとわかっていたから。シュルツは、エスプレッソバーは、顧客のその思いにうまく食い込めると考えた。

店舗は経験を与える場であると考えるスターバックスの社員用ハンドブックには、アップルの場合と同じく、共感を演出するためにどんな態度を身につけるべきかが示されている。スターバックス版の企業の精神は、五つの心得と呼ばれるもので表現されている。①歓迎する、②心を込める、③思いやりをもつ、④豊かな知識を身につける、⑤参加する、だ。指示されたこの五つの態度は、従業員が顧客と友だちになり、コミュニティを作り、店の経営についてフィードバックを行い、コーヒーに関する知識をできるだけ増やすことに役立っている。

シュルツはまた、スターバックスの店舗を増やして、どの店でも同品質のサービスを提供したいと考えた。さまざまな都市に店舗が進出するようになると、シュルツはフランチャイズ方式ではなく、近隣に複数の店舗を出店して会社が一括して管理する方式を選んだ。同じ企業に所属し、中央本部の管理下に置かれることにより、店舗同士が競合することはなかった。むしろ、店舗を偏在させることがスターバックスの巧妙な作戦だった。この集団化の戦略によって、店は大都市のヒップな地区の制圧に成功し、さらに増殖していった。前に述べたように、都市のジェントリフィケーションとスターバックスの関係は戦略によるもので、偶然などではない。この戦略は地元のコーヒーショップを打ち負かすことを目的としていただけでなく、おそらくより大きな目的は、空間的広告を展開することだった。オシャレな地区のあちこちにコーヒーショップが突然現れ、通りがかった誰もが気付かずにはいられないその存在感自体が、奇妙なほど少ない広告に代わるものとなった。シュルツは、口コミや驚くほどどこに行っても目にする店そのものが、小売店の多くが巨額をかけて売上の頼みにしている広告の代わりになるだろうと感じていた。つまり、現にあるもので代用できるのにどうして広告に大金を支払う必要がある？　ということだ。

もちろん、コーヒーを社交的な飲み物にしたのはスターバックスではなかった。その起源は一五世紀のトルコにさかのぼる。エチオピアのスーフィ教徒がこのカフェインを含む美味しい飲み物を発見し、その後一六世紀から一七世紀にかけてアラブ世界からイタリア、ギリシャへと広がっていった。一七世紀のフランスの商人、ジャン・シャルダンは、ペルシャのコーヒーショップについての次のような記述を遺している。「人々は会話に参加する。なぜなら、そこはニュースが伝えられる場であったからだ。政府は人々の言うことなど気に留めていなかったから、政治に関心のある者が自由に、なにも恐れずに政府を批判できる場だった。無邪気な遊びが……チェッカーや石蹴り遊び、そしてチェスなどに似た遊びが繰り広げられた。さらに、イスラム教の裁判官やダルウィーシュ〔神秘主義教団の修道僧〕、そして詩人らが、入れ替わり立ち替わり、韻文や散文で物語を語った」[122]

ヨーロッパ中の大衆に広まったコーヒーとその空間的付属物であるカフェは、その後何世紀もの間、コーヒーを飲みながらの会話を生みだし続け、市民社会の精神を体現してきた。一六七二年、パスクァ・ロゼーがロンドンの素晴らしい飲み物を持ち帰って、フランスに最初のコーヒーショップを開いた。そのすぐあとに開店したのがカフェ・プロコップで、ルソーやボルテール、ディドロらの常連が、会話を弾ませジョークに磨きをかけたことで有名なこの店は、しばしば啓蒙運動を促進した一つの要因とされる。一八世紀のロンドンでは、ベンジャミン・フランクリンが足しげくロンドン・コーヒー・ハウスに通い、クラブ・オブ・オネスト・ホイッグ〔イギリスのホイッグ党（後の自由党）の会員制クラブの一つ〕のメンバーたちと議論した。カフェカルチャーはずっと昔からパリと同義であり続け、カフェと言えばジャン＝ポール・サルトルとシモーヌ・ド・ボーヴォワールが、戦後のフランスのサン＝ジェルマン・デ・プレ地区のカフェ、レ・ドゥ・マゴで女性の人権やアルジェリアの解放、そして非凡な人間の貧困について議論を戦わせている姿が思い浮かぶ。あるいは、アーネスト・ヘミングウェイがフランコ将軍打倒を目指す無政府主義革命についての小説を書いているところが。また、ピカソやジェームズ・ジョイス、ベルトルト・ブレヒトがエスプレッソをすすりながら激しい議論を繰り広げる様子が。多くの偉大な書物や芸術、哲学が、ある意味、カフェインに活気づけられたシナプスレベルの気づきの瞬間と、刺激に満ちた都市の時代から生まれた。そして、このカフェをめぐる物語よりずっと重要なのは、カフェは、人々が共通して抱いている都市についての神話と、自由奔放な暮らしへのあこがれの一部をなしているということだ。

要するに、カフェは自由を象徴する場所だという私たちの思い込みが、スターバックス・ブランドとなった。コーヒーはただの飲み物ではなく、人々とアイデアが交わる場所なのだ。そして、スターバックスのミッション・ステートメントは、経験の提供を第一の価値だとしているが、自由を売りにするこのブランドは、再び高まる人々の都市への関心によって大きな利益を得てもいる。

スターバックスが、人のつながりを創ることを使命の一つに掲げるのは、企業の率直な思いだ。「経験経済」〔商品やサービスだけでなく、顧客の情緒や感性に訴える経験を提供することによってより強いブランドを構築しようとすること〕をうたう代表的ブランドが、都市の生活や社交の場で歴史的な役割を果たしてきた飲み物を主力商品としていることは偶然ではない。スターバックスは単にコーヒーを人気の飲み物にしただけではなかった。それだけでなく、さらに重要なことに、スターバックスの隆盛は社会的経験の私有化の高まりと平衡して起きた現象だった。街をぶらつくこととコーヒーは、何百年も昔から都市の生活を成り立たせる重要なものだった——ハワード・シュルツがミラノの街角で目の当たりにしたように。スターバックスが売っているのは商品ではなく、社会的なつながり——都市や社会における人々の暮らし方そのものなのだ。

## 社会化するアート

年商数十億ドルの企業が、社会をどのように再構成し、利益を生み出すものにするか模索していたとき、すでに現代美術は、社会的なやり取りが人の心を動かすことを知っていた。芸術的表現手段の一つとして経験に目を向けたアーティストは、コミュニケーションと親密さ、そして分かち合いを際立たせる作品設定にますます惹かれていった。二一世紀になると、広告やその若い親戚であるブランド戦略の嵐は逃れようのないものとなり、だからこそ、広告の嵐とは無縁の経験がより望ましい要素となった。世界があらゆる人の注意をさらおうと猛攻撃をしかけてくるとき、アーティストが取るべきコミュニケーションの方法とはどんなものだろう？

社会相互作用に基づくアートには非常に長い歴史がある（長くなりすぎてここでは語れない）。それでも、人と人とのつながりや社会的空間に魅せられ、それを創造した企業を取り上げた本章の締めくくりに、社会的現代アートを取り上げることによって、文化的産物の拡大が、人間同士のつながりへの渇望をどのように引き起こし、その渇望がどのように新たな様式や経済を生み出すかを理解することができる。

一九六〇年代に「アート・オブジェの非物質化」と呼ばれたこの関心はその後さまざまなジ

ヤンルへと急速に広まっていった。たとえば一九九〇年代の「リレーショナル・アート（関係性の芸術）」や二〇〇〇年代のソーシャル・プラクティス（社会的実践）とパーティシパトリー・アート（参加型アート）がその例だ。一九九九年に「関係性の美学」という言葉を造り出した、哲学者でキュレーターでもあるニコラ・ブリオーは、情報化時代の今、芸術作品は商業化する社会への反動に他ならないと述べた。「市場で売れないものはすべて消え去る運命にある」というブリオーの言葉は、一九六〇年代に「ハプニング」という、参加と遊びの精神を体現する参加型の――ゆえにつかの間の――パフォーマンスを行ったアラン・カプローの言葉とそっくりだ。一九六六年に、カプローは予言的にこう書いている。「ハプニングは、他のすべてのアートの運命である世間の注目による死を免れることのできる、一つのアート活動だ。なぜなら、もともと短時間の活動で露出しすぎることなどありえないから。それらのハプニングは、起きるたびに文字通り死んでいく[123]」やがてカプローの「ハプニング」はより手の込んだものとなり、またフルクサス〔ジョージ・マチューナスが主導した前衛的芸術運動〕などの前衛芸術運動が起きると、非物質化された芸術作品として、より大きな関心を浴びるようになった。

この参加型アート作品への熱意は、一九九〇年代に新たな高みに到達することになる。社会的経験に焦点を当てた芸術作品が次々と発表され、大きな関心を集めた。おそらく一九九〇年の参加型アートの究極の例は、タイのアーティスト、リクリット・ティラバーニャによる「パッタイ」というそっけないタイトルの作品だろう。この作品はあまりにシンプルで、芸術に疎い人々は、芸術とは何かがわからなくなったかもしれない。ティラバーニャはタイの伝統的な焼きそばであるパッタイをニューヨーク市のポーラ・アレン・ギャラリーで調理し、訪れた客たちにふるまった。絵画や彫刻とは違って、社会的体験がアート作品だった。そこではタイ料理は、結局のところ、人々を結びつけ同じ時間を過ごさせる役割を果たしている。タイ料理をつくること自体が芸術なのではなく、それによって生まれる社会的経験こそが芸術なのだ。この根本的な美的価値観の変化が、ますますグローバル化する現代美術の世界にその後一気に広がっていくことになる。

過去三〇年間、芸術の世界ではこの種の作品がおなじみになっている。イギリス人アーティストのジリアン・ウェアリングは一九九三年のフォトグラフ・シリーズで世に知られるようになった。彼女はサウスロンドンの人通りの多い街角に立って、道行く人に声をかけ、白い紙に、思い浮かんだことを何でもいいから書いて欲しいと頼んだ。人々とのやりとりを経て完成した写真作品は、被写体と写真家の共謀の瞬間を捉えたものとなった。この作品はまた、広告の世界でますます威圧的な力を持ちつつあった写真を媒介にして、人と人が共感的につながる空間を生み出すものでもあった。

二〇〇三年、ブラジル人アーティストのリヴァーネ・ノイエンシュワンダーが、『I Wish Your Wish（あなたのために祈ります）』と題する作品を作った。ブラジルのバイーア州にあるボンフィン教会の入り口で、参拝者たちが布製のリボンに願いを書いたものを手首に巻いていたことから着想を得たものだった。リボンが切れて手首から落ちると願いが叶うと考えられていた。ノイエンシュワンダーの作品には、願いが書かれたリボンが、あとで作品を鑑賞した人に託されるという趣向もあった。受け取った人は、別のリボンに自分の願いを書かなくてはならず、そのリボンはまた別の誰かの手首に巻かれることになる。このアート作品に参加することによって、参加者どうしの間に親密な社会的関係を築くことになるというわけだ。

増える一方のリレーショナル・アート、パーティシパトリー・アート、ソーシャル・アートに携わるアーティストのなかには、ギャラリーから収入を得られる人々もいたが、その他の多くはそうではなかった。アートの世界は、困窮と社会資本の両方を含むあらゆるもので何とかやりくりしている。しかし、たとえ市場がこの新しい芸術作品に興味をもったとしても、永遠に価値の下がらない唯一の作品を手に入れたいというコレクターの欲求が、実験的芸術分野の成長を押しとどめている。

社会的経験としてのアートをいかにしてギャラリーの売上に結びつけるかという探求は、おなじみのＩＫＥＡやアップル、スターバックスの戦略を反映したものになるだろう。しかし多くのアーティストにとって、美学的実践の中心をなすのは、やはり市場論理そのものへの反発であり続けた。そうしたアーティストたちは、ギャラリーを訪れる人々には、たとえ短い間でも、その瞬間だけは商業主義を意識しなくてすむ空間で過ごしてほしいと考えていた。利益を生まない瞬間に心を動かされる体験は、社会的経験を重視する芸術の世界が、文化がマーケティング戦略として利用されている現実から解放される、最後の砦の一つであることを実感させる。

## 市場という名の劇場

もちろん、ＩＫＥＡにあるのは子どもの遊び場と美味しいミートボールだけではない。洒落たデザインのとても安い家庭用品がある。アップルストアには、もちろんアップル・コンピューターがある。そしてスターバックスには、コーヒーという名の魔法のような万能薬が存在する。つまり経験経済とは単に経験を創造することではない。売られているのは、その空間に存在する製品と抱き合わせの経験なのだ。

しかし、ＩＫＥＡとアップルストア、スターバックスを詳しく分析するにあたって、私は経済的急成長を遂げただけでなく、社の財務モデルの重要な要素である、社会的関係の創造への転換を体現した、二一世紀の小売業の姿を描き出したいと考えていた。この三つの企業は、私が眉につばをつけて「企業の社会的責任」と呼んでいるものをそれぞれ提供している。それらは多くの主要な都市周辺に存在する物理的空間で、その財務モデルは単なる商品を遥かに超える内容だ。どの店も、ミートボールであれ、ノートパソコンを使った仕事であれ、ビデオ編集ソフトのファイナルカット・プロについて質問をすることであれ、経験が生まれる物理的な空間だ。では、何が問題なのか？

社会的なつながりを生み出す場所である、という体裁を整えるために、これらの小売店は、限度を遥かに超えた製品やサービスの売り方をしている。店は、私たち人間が一番うまくやれる環境はこういうものだと規定し、それを商品化している。その環境とは、社会的な生物としてこの世界に存在することだ。三つの企業が提供する空間は人々が出会う大切な場所であり、つまり都市の現代的な概念と都市の現実を形づくる主要な要素となっている。

そしてもちろん、この偏在する三つの巨大企業は、世界の都市や田舎を席巻する、企業が運営する数多くの社会的空間のほんの数例に過ぎない。ホールフーズ・マーケットもまた、二一世紀の小売チェーンと言われて思い浮かぶものの一つだ。そのオーガニック志向のビストロ風の美学は、コミュニティ掲示板や広い食事スペースを通してしばしば社会的責任を示している。またワールド・オブ・ディズニー（おそらく経験を生み出す偉大なパイオニアだ）は、その美学をテーマパークで体現してきただけでなく、成功を収めた小売店やフロリダに創って失敗に終わった都市、セレブレーション（ディズニーがフロリダ州のウォルト・ディズニー・ワールド・リゾートの近くに開発した国勢調査指定地域）へとその活動を拡大している。バーンズ・アンド・ノーブルは、アマゾンがやがて本の市場を独占することに気づくと、自分たちの店舗をくつろげるカフェのようなスペースにする決断をし（スターバックスと提携することがよくあった）、本はそこでたまたま売っているものとなった。

小売店のこうした社会化の動きに伴って、数え切れないほどのビジネス理論や経済書が生まれた。大きな反響を呼んだ一九九八年の著書『経験経済――エクスペリエンス・エコノミー』〔流通科学大学出版〕で、著者のB・J・パインⅡとJ・H・ギルモアは、企業の社会的責任を掲げるこの三つの巨大企業の興隆について洞察を披露した。二人は、企業は仕事の環境や小売店が顧客に提供する経験を劇場と考えるべきだと述べている。そして、小売業主も、店を商品を陳列する場所ではなく、一種の劇場と考えてレイアウトしたほうがいいと提言した。そこで働く人々を労働者と考えてはいけない。パフォーマーだと考えろ、と助言し、「人がサービスを求めるときは、自分に対する一連の無形の役務を購入する。しかし、経験を買うときには、思い出に残る時間を過ごすことに対価を支払い、それを提供する企業は（演劇の公演の場合のように）、その人個人を『経験という出来事』に招き入れる」と説明した(124)。

ＩＫＥＡやスターバックス、アップルは、この種の市民シアターが大成功した例であることがわかる。レジを人目につかないようにし、店員を売り子ではなく相談相手にし、あるいは、顧客の名前を尋ねてコーヒーの紙コップに書く行為はすべて、機械的に繰り返される商取引を参加型シアターに変えるためのトリックなのだ。

市場を劇場と考えてみると、店舗を特別な社交の場に変えるために有効な数々の表面的な工夫だけでなく、人々を否応なく誘導する経験の形成に、これまで文化が重大な役割を果たしてきたことについても、深く理解することができる。社会的責任を果たす企業活動には、合理的な判断を超えた人間的な部分や情動を操作する洗練された技術が駆使されていると気づかされる。プラトンは、芸術は感情に非常に大きな影響を与え、理性を曇らせてしまうため、社会的領域から追放すべきだと考えた。現代の政治や資本主義経済は、アートの力をまさにその理性を曇らせる威力を理由に、巧妙に利用してきた。情動操作によって企業は私たちにその大義を鵜呑みにさせることもできるし、ただ単に、何かを買わせることもできる。

# 第9章　限りなくパーソナルなパーソナルコンピューター

文化を巧みに利用した操作の拡大に、人々の心の奥底にある欲求や恐れ、そして人とつながりたいという思いを狙った、感情をより強く揺さぶる働きかけが関与しているのだとすれば、コンピューターはもちろんそれに深く関係しているはずだ。スイッチのオンとオフの操作の繰り返しから生まれたこの装置は、長い時間をかけて現在の、人の感覚器の一つのような存在に進化した。しかも過去四〇年間に、この装置は文化と称されるものの定義をすっかり変えてしまった。まずは過去を振り返り、コンピューターがどのような進化を遂げてきたかを見ていこう。

かつては一人で操作する装置だったコンピューターが、世の中の出来事について人々に同じ意見をもたせ、一定の方向へと駆り立てるプラットフォームとなった。友人や知り合い、同じ趣味や目的をもつ人々、そして敵対する人々とさえつながり合うソーシャルネットワークは、密接な関係が世論形成に多大な影響を与えることを示す典型的な例だ。コンピューターの世界では、個人の生活は非常に社会的なものとなり、その一方、私たちを取り巻く社会は、境目がわからないほど個人の暮らしに取り込まれている。

一九八〇年代に、コンピューターの登場によりこの先あらゆることが変わってしまうだろうと人々が漠然と感じていたとすれば、二〇一〇年代も後半の今、それはばかばかしいほどわかりきったこととなった。コンピューターは地政学的な政策や個人を取り巻く状況を劇的に変化させ、おかげで世代を問わず、誰もが、すっかり様変わりした暮らし方に戸惑いを感じている。ラジオを追い抜き、世界を変えた人類最大の発明品の地位をめぐって印刷機と競合するだろうパーソナル・コンピューターと、それに付随するソーシャル・ネットワーク・プラットフォームの到来は、他者との密接なつながりを社会生活の基本モードにした。

本書を執筆中の現在、地球上ではおよそ二〇億台のスマートフォンが使用され（地球の人口は七〇億人だ）、三五億人がインターネットを利用している。[125]日常的にビデオゲームをしているアメリカ人は一億五五〇〇万人で、アメリカの家庭の五軒に四軒がビデオゲーム機を所有している。[126]また二〇一三年の調査からは、地球上の四人に一人がソーシャル・ネットワークを利用していることが明らかになり、この数字は今後一〇年間にさらに増えると予想されている。[127]

そして、コンピューターについて注目すべきより重要な点は、販売台数の伸びでなく、それに費やされる時間と用途だ。最近の調査は次のように報告している。「アメリカでは、人々は一日平均七時間四〇分スクリーンを見て過ごしている。その内訳は、テレビ視聴に一四七分、コンピューターの前に座っている時間が一〇三分、スマートフォン操作に一五一分、そしてタブレットを見ているのは四三分である[128]」コンピューターの時代は、人々の生き方すべてを突然、大きく変容させた。

## ミサイルからミサイル発射司令まで

コンピューターはいったいいつ、原子爆弾の操作やNASAのロケット打ち上げのための電光板や回路基板が並ぶ装置ではなくなり、普通の人が日がな一日ともに過ごすものへと変わったのだろう？　さらに言えば、コンピューターはいつ、企業の本社に鎮座する名前もわからない大きな機械から、人々の身体の一部とまで言えるものになったのか？　これには利害の移り変わりが関係している。コンピューター関連の先端技術が、国の国防費という母船から切り離されたとき、コンピューターは大衆消費市場に活路を見出し、大ブームとなった。一九五〇年代と六〇年代の大半の期間、コンピューターは一般消費者にとっては別世界の話だった。それは、ライトが点滅し、時折オンボロロボットが登場するSF映画の背景として重要な役割を果たすものだった。

しかし、コンピューターが人々の日常生活に浸透するまでには時間がかかった。そして、すでに知られるように、その基礎の大部分を築いたのは、シリコンバレーだった。シリコンバレーの歴史は、トランジスタの発明に関与し、ノーベル賞を受賞した物理学者のウィリアム・ショックレーが、一九五六年にカリフォルニア州マウンテンビューへやってきたことから始まる。ショックレーは、マウンテンビューの半導体研究所の所長として頭脳明晰な若者たちを半導体事業へと熱心に勧誘した。一九五七年にソビエト連邦がスプートニク1号の打ち上げに成功すると、アメリカの宇宙事業への資金援助が急増し、トランジスタを製造する企業もその援助先の一つとなった。

経営はうまくいっていたが、ショックレー半導体研究所はほどなく優秀な所員を失うことになる。後にシリコンバレーとなる企業への移動（ある種の実利的な考え方も働いていた）を切望し、八人の所員――その中には一九六八年にインテルを創業するロバート・ノイスとゴードン・ムーアも含まれていた――が、ショックレーの偏執狂的ともいえる攻撃的な経営姿勢と、彼がケイ素を素材とするトランジスタの製造をしぶっていることを理由に研究所を去った。ショックレーがのちに「八人の謀反人」と呼んだ彼らは、フェアチャイルド・カメラ・アンド・インスツルメント（のちのフェアチャイルド・セミコンダクター）を設立し、ケイ素を主要原料とするトランジスタの製造を商業化した。この会社はプラーナ処理とよばれる製造法を初めて開発してトランジスタの価格を大幅に引き下げた。これらの技術革新が、かつては冷蔵庫並みに大きかったコンピューターを、人の手のひらに乗るサイズまで縮小することを可能にする革命的な半導体製造へとつながっていった。また、トランジスタの価格の低下は、新たな人種を誕生させた。コンピューター愛好家だ。

シリコンバレーは情報化時代の中枢をなす一大帝国となった。大手企業のすべてがスタンフォード大学を取り巻くこのエリアを目指してやってきた。当初は、この地区に企業を誘致するために固定資産税の軽減措置が取られていたこともその一因だった。ハイテク企業が事業を成功させるためには、サンフランシスコの南部に位置するこのサンタ・クララ・バレーに本拠地を置く必要があった。おかげで一種の臨界状態に達していたこの地域には、企業秘密や著作権侵害、そして社員が自ら事業を興したり、競合会社に転職するのではないかという強い不安が渦巻いていた。技術革新は企業にとって食うか食われるかの闘いで、こうした非情な価値観が、その後の二一世紀の、この地区の主要人物たちの人間性を形作っていくことになる。

フェアチャイルド社の半導体は、一九七四年の一一月に同社が発売した、世界初の、マイクロプロセッサベースのプログラム可能なカートリッジ式ビデオゲーム機によって歴史的快挙を成し遂げた。このゲーム機は、市場に出た最初の年に二五万セットを売り上げたものの、時代を象徴するアタリという企業の進出によって、すぐに影をひそめることになる。

アタリはゲームセンターに魅せられた一人の男が興した会社だ。彼は、サーカスなどの周辺に出店されるゲーム用ブースや、そこで行われるゲーム競技会のワクワクする雰囲気が好きだった。ゲームセンターは、明らかに参加型の場所だ。そこではゲーム機と人の相互作用が繰り広げられる。たとえばピンボールゲーム台は、手持ちの二五セント硬貨が尽きるまで客を拘束することができた。アタリの創業者であるノーラン・ブッシュネルのゲーム愛とその優れた技術力が、いまだかつてない価値をもつビデオゲームシステムを作動させた。

アタリは、一九七二年に発表したゲーム「ポン」で、すでに業務用ゲーム機市場では傑出した存在となっていた。このビデオ画面上でボールを打ち合うピンポンゲームは、急成長中だった業務用ゲーム機の世界で大ヒットとなったのだ。（じつは「ポン」は、ブッシュネルが、マグナムボックス社が世界で初めて開発した、「オデッセイ」というまだ改良の余地のある家庭用ゲーム機からアイデアを盗んだものだった)。一九七五年のクリスマスシーズンに、アタリが新たにテレビに接続して遊べる家庭用ゲーム機「ポン」を発表すると、その人気はさらに加速した。

この家庭用ゲーム機は、おそらく二〇世紀後半のもっとも重要な科学技術だと思われるテレビを大きく変えた。画像や音声を一方的に送りつけていたテレビが、突然双方向的な機器となった。視聴者は参加者となった。多くのアメリカ人にとって、リビングに銅像のように陣取っているあの機械に、自分のほうから働きかけられるとわかったことは、まさに世界を揺るがす出来事だった。

アタリは一九七〇年代と八〇年代を代表する企業となった。ビデオゲームとアタリの家庭用ゲーム機は、大衆消費者がコンピューターを知る初めての経験となったが、コンピューターテクノロジーの先行きはまだ不透明だった。

そして、アタリの地位を八〇年代後半に奪い取ったのは、ニンテンドーエンタテインメントシステム(NES)だった。日本で二五〇〇万台を売ったあと、一九八五年にアメリカに上陸したNESは、ビデオゲーム市場を独占することになる。最初の売り出し時に発売されたゲームソフトは、「ダックハント」や「アイスクライマー」、「イー・アル・カンフー」、そしてもっともよく知られている「スーパーマリオブラザーズ」などの一五種類だった。一九八八年にはNESのアメリカでの販売台数は七〇〇万台に達し、アメリカの家庭の三〇パーセントがゲーム機を所有していた。そして、ご存知のように、家庭用ビデオゲーム機市場はその後爆発的に拡大していった。

いつの頃からか、瞬き一つせずにテレビ画面を見つめながらコントローラーを強く握りしめ、一日何時間もゲームを続ける子どもたちを見守ることが、養育者に課されるようになった。郊外から通勤するビジネスマンは、退屈しのぎに、「アングリーバード」や「キャンディークラッシュ」などの、繰り返しの多い無害なゲームをスマートフォンで楽しんでいる。しかし、ビデオゲームはただの暇つぶしなどではなく、人の心の奥底にある何らかの感情に働きかけるものだ。誰かと対戦する場合は、ゲームは社会的なものとなりうる。一人でプレーしてもとても楽しめる。レベルを次々と上げていくうちに、時間は飛ぶように過ぎていく。そして終わることのない仮想現実の冒険旅行のなかでちょっとした達成感を感じるたびに、脳内にドーパミンが分泌される。

## 家庭用コンピューター

ビデオゲームは、家庭にコンピューター・テクノロジーが持ち込まれる契機となったが、家庭内の潜在的ユーザーのほとんどは、家庭用コンピューターといえば、複雑すぎるワープロというくらいの認識しかなかった。ビデオゲーム同様、家庭用コンピューターと付属のソフトウエアの物語は、コンピューター愛好家コミュニティによる市場統合の努力の物語でもある。ビル・ゲイツとスティーブ・ジョブズは、家庭用コンピューターの台頭に関わる時代の顔となったが、ワンマンで知られるグラハム・ベル同様、彼らもまた異常なほど競争心が強かった。

スティーブ・ジョブズよりさらに負けず嫌いだったビル・ゲイツは、プログラマーあがりで、一九五五年にシアトルで生まれたが、ゲイツの成長期は、プログラミング言語の発達の歴史とぴったり重なっていた。一三歳のときに、ずんぐりしたベージュ色のテレタイプ端末ＡＳＲ−33の手ほどきを受け、学校の授業の一環としてゼネラル・エレクトリック社でプログラミングの授業を受ける機会に恵まれた。ゲイツはたちまちプログラミングに取り憑かれ、その年のうちにBASICを用いた自身初のプログラムを書き上げた。一九七六年にニューメキシコ州のアルバカーキに自らマイクロソフト社を立ち上げたときには、コンピューター・プログラミングの最前線にいた。つまり適切な場所に適切なタイミングで存在していた。しかしゲイツを億万長者にしたのは、おそらくそれとは別の彼の強みである、市場を独占する能力だった。

アマチュアのコンピューター愛好家の集団は、商業化が大きく進んだ、マイクロソフトとアップルで成り立つ今日のコンピューター業界の影の英雄だと言えるだろう。プログラミングの可能性を探求する情熱だけでなく、テクノロジーのオープン・ソース化と共有を是とする価値観で結びついた愛好家集団は、やがて現代のハッカー集団へと進化していった。ハッカーたちの情熱は、一九七五年にＭＩＴＳ社がアルテア８８００を発表すると一気に高まった。家庭用コンピューターの初期のモデルであるアルテア８８００は、青色の大きな箱に八インチのフロッピーディスク・プレーヤーが搭載されたもので、愛好家好みの派手な作りだった。一九七五年一月の『ポピュラー・エレクトロニクス』の記事の見出しは「プロジェクトは画期的成功！商業用モデルに引けを取らない世界初のミニコンピューター」と謳い上げている。このアルテア8800が、ビル・ゲイツとポール・アレンに、のちにマイクロソフトとなる会社の基盤をもたらした。二人はアルテア8800用にBASICインタープリタ（コンピューターの使用を簡単にするコード）を開発することを思いつき、試行錯誤の末、家庭用コンピューターのための初のコミュニケーションプログラムを生み出したのだ。MITSはBASICの使用権を一年契約で購入し、ゲイツとアレンは、著作権は抜け目なく自分たちで保有して、のちにコンピューター業界を根底から揺るがすことになる著作権とコードという概念の先例を作った。

一九七六年のこと、ビル・ゲイツは、BASICインタプリタをコピーして使用していたコンピューター愛好家たちに向けて、ユーザー向け会報誌などで抗議文を公開し、ソフトウェア使用料を支払うよう通告した。「コンピューター愛好家諸氏に言いたいのは、諸君らはソフトウェアを盗用しているということだ。ハードウェアには代価を支払うべきだが、ソフトウェアは共有するものだ。そのソフトウェアを使った仕事で収入を得て何が悪い？　と君たちは考えている」

ゲイツの不満はわからなくもないが、この申し立ては、プログラミングの進化に大いに貢献してきたと自覚し、自分たちは利益第一主義のゲイツとは正反対の価値観の持ち主だと信じているコンピューター愛好家の大規模なネットワークから、大きな反発を食らった。ゲイツが攻撃の主な標的としたのはホームブリュー・コンピュータ・クラブ。のちにシリコンバレーの基礎を作り上げることになるだけでなく、アップル・コンピューターの製品に大きな刺激を与えた電子工学ファンやエンジニアたちの団体だった。このとき、ホームブリュー・コンピュータ・クラブには、工学技術とプログラミングのグル、スティーブ・ウォズニアックとすでに強迫神経症的であることで有名だったスティーブ・ジョブズが参加していた。ジョブズは一九七四年にアタリに採用された四〇人目の社員となっていた。聞くところによると、他の社員たちが異常に嫌がるため、アタリの創業者のノーラン・ブッシュネルは、ジョブズとは夜間に仕事をする特別契約を結んでいたという。

ウォズニアックのほうがジョブズより高い技術力をもっていたが、一方のジョブズはいわばバーネイズタイプだった。ジョブズはマーケッターだった。彼は工学技術に人格を与えた。自分たちのコンピューターをアップルと命名した一九七六年のジョブズの決断が、何にもましてそのことを物語っている。当時は、制御装置にはアルテア８８００や、もう少し親しみやすいアタリなどという名がつけられる時代だった。アップルと名づけることは、コンピューターが象徴するすべてを否定する行為だった。そしてもちろん、それがジョブズの狙いだった。リンゴを食べたことによって、人間はエデンの園から追放された。つまり、リンゴは欲望と結びついた知恵の象徴だった。リンゴは見慣れた果物だった。庶民的な食べ物だった。アップル・コンピューターは、マイクロプロセッサーやＲＡＭ速度ではなく、製品の独特の魅力でこの業界をリードする、という意味が込められていた。ビル・ゲイツは、家庭用コンピュターのソフトウェアで文字通り何十億ドルも稼ぐことになるが、ジョブズは、彼が人々の欲望や夢、そして身体の延長だと考える、コンピューターそのものの開発に力を注いでいくことになる。

アップルⅠ（ジョブズのガレージでデザインされたという説がある）を発表したあと、ウォズニアックとジョブズは一九七七年にアップルⅡを発表した。アップルⅠがホビイスト向きの部品の寄せ集めに近いものだったのに対して、こちらはアップルという企業を世間に知らしめ、コンピューターの原型となった。基本的な計算ができるプログラムが完成したことにより、徐々に家庭用コンピューターの消費者市場に浸透していった。現在のような巨大市場にはまだ成長していなかったものの、一九七七年九月から翌年九月までの一年間に年間売上高は七七万五〇〇〇ドルから一億一八〇〇万ドルに急上昇し、年平均成長率は五五三パーセントという伸びを見せた。

コンピューター産業が飛躍的に発展したのは、ビデオゲーム市場が崩壊した翌年の一九八四年で、それはスティーブ・ジョブズが自ら立ち上げた会社を去る一年前のことだった。

ロサンジェルス・レイダースとワシントン・レッドスキンズが対戦するスーパーボウルの試合の放映中に、リドリー・スコット（画期的代表作、『ブレードランナー』が発表された直後だった）が監督した、オーウェルの小説『一九八四年』をもじったCMが流れた。CMは、囚人のような出で立ちの頭を剃り上げた男たちが廊下を進んでいくところから始まる。赤いショートパンツとランニングシューズ姿のブロンドの髪の女性が、聖堂の身廊に並んで座り、放心したように正面の大きなスクリーンを見つめる彼らの間を走り抜けて行く。スクリーンには、何やら演説をしている大きな男が映し出されている。彼が、オーウェルの『一九八四年』に出てくるビッグブラザーであることは間違いない——なにしろ、今このときが一九八四年なのだから。機動隊に追われるその女性の手には巨大なハンマーが握られている。彼女がハンマーを空中に大きく放り投げる。するとスクリーンにぶつかって、大爆発が起きる。目がくらむような眩しさの中から、ナレーションとともに画面上に次のような文字が現れる。「一月二四日、アップル・コンピューターはマッキントッシュを発表します。これで一九八四年が小説『一九八四年』のようにならない理由がわかるでしょう」

マッキントッシュが飛ぶように売れることはなかったが（家庭用コンピューターユーザーにとってはあまりにも高額だった）、スティーブ・ジョブズにマーケティングとデザインのグルという名声を与えるすべての要素を備えていた。たとえばスコットの手によるこのコマーシャルもその一つで、マッキントッシュを、IBMだけでなく、それまでのあらゆるコンピューターの概念を覆すものとして強く印象づけた。これこそアップル。スクリーン上の大きな男はIBMだ。アップルは人間の魂と自由を拡大するものだ――これは、企業を体制への反逆者と位置づける、常套的なマーケティング手法のはしりだと言える。これが後の、ジョブズのヒーローだったボブ・ディランをはじめ、マハトマ・ガンジーやアルバート・アインシュタインなど世界を変えた人たちを登場させたMａｃの「Think Different（発想を変えよう）」と謳うCMにつながっていくことになる。

この広告を、ユーザーに優しい製品づくりと反逆者のイメージを巧みに織り交ぜたあざとい戦略だと貶めるのは簡単なことだが、影響力の秘密を理解することのほうが有意義だ。コンピューターの魂を人に宿らせたこの広告は、誰かとつながりたがっている消費者の欲望と欲求をターゲットとしていたが、アップルのコンピューターもまたそれをターゲットとしていた。つまり、広告が人間が起こす革命のイメージを表現していただけでなく、パソコンがその革命の手段となろうとしていた。

この革命が経済の変革を狙っていないことは明らかだった。アップルは資本主義の論理に従い、やがてそれを発展させることになるのだから。むしろその革命とは行動や考え方、感情の革命だった。バーネイズは個人と社会の深いつながりを直感的に理解していたが、それを結びつける科学技術が発達するのに一世紀近くの年月がかかった。そしてついにコンピューターが、文化の創造に人が果たす役割を大きく変えようとしていた。

マッキントッシュはグラフィカルユーザーインターフェース（GUI）とマウスを一般に普及させた最初のコンピューターだった（それを最初に実現したのはゼロックスだったが、誰も気づかなかった）。ワードソフト（Mac Write）とペイントソフト（Mac Paint）が搭載された。つまりこれは、キーボード入力と描画機能が売りの最初のコンピューターだった。

ホームブリュー・コンピュータ・クラブのそもそもの主義とは違って、ゲイツ同様、ジョブズもソフトウェアやアップルに関わるすべてのことがらをプロプライエタリ〔ソースコード、使用、規格などが公開されていないこと〕な使用制限のあるものにしようとした。ジョブズは、ユーザーは実際には選択の自由など望んでいないと信じていた。たしかに自由は欲しがっているが、それは制限のあるごく狭い環境での自由だ、と。

コンピューターはついに、文化が武器となる新時代をもたらした。この武器はいかようにも使える。現代は、テレビが到来し消費者市場が爆発的に拡大したあの時代に似ているが、コンピューターは情報を受け取る機械であるだけでなく、それと同程度の伝達の機能ももっている。コンピューターは文字通り道具《ツール》だ。そしてこれらの道具は、ものに触れ、感じる、欲求をもった身体の延長になりうるとジョブズは主張した。タッチスクリーンは手の延長だ。iPodは耳の延長。そしてiPhoneは社会生活の延長となった。アップルは人の身体と科学技術を統合しただけでなく、人々を情報の網でがんじがらめにして、互いにつながらせようとした。

## インターネット

インターネットの起源は、一九六〇年代の初頭に、J・C・R・リックライダーが銀河間コンピューター・ネットワークの会員と関係団体宛に書いた興味深いメモに見出せる。そこにはこう書かれていた。「統合されたネットワークの中で、システム化されたほとんどの、あるいはすべてのコンピューターが一斉に作動するなどということは、おそらくめったに起こり得ないと承知している。それでも、統合されたネットワークシステムの可能性を高める努力をすることは、非常に興味深くまた重要だと私には思える」[129] これは予言的な言葉だっただけでなく、結果的に軍事科学者を生み出すことにつながった。まだロックンロールとテレビが全盛だったこの当時、コンピューターは主に軍事科学研究という特殊な分野に存在するものだったからだ。コンピューターは、SF《サイエンス・フィクション》と科学研究助成費《サイエンス・グラント》が関わる世界のものだった。

初期のコンピューター研究の多くは、一九五八年にアイゼンハワーが設立したアメリカ国防高等研究計画局（DARPA）で行われていた。軍事関連の顧問たちが忙しく活動するDARPAは、軍事の科学技術的目標達成のための機関であり、今もなおそれを専門としている。一九六〇年代を通して、DARPAはモールス式電信符号に徐々に改良を加え続け、信号を電子化して送信できるようになっていた。インターネットがアメリカ軍によって開発されたと知ってショックを受けた人は、軍が制約のない研究ができる数少ない場所の一つであることを忘れている。この計画局で、ローレンス・G・ロバーツが、ARPANET《アーパネット》（Advanced Research Project Network：国防総省高等研究計画局ネットワーク）という、恐ろしげな頭字語で名付けられた最初のバージョンのインターネットを生み出した。アーパネットはすでにさまざまな軍事アドバイザー機関、DARPAやランド研究所、イギリス国立物理学研究所などから注目を集めていた[130]。その後一九七二年には、最初のeメールが送信されたが、それはまるでコンピューター同士の電話会議のようだった。

ダイアルアップ接続方式の掲示板が生まれたのはシカゴで、一九七八年のことだった（アップルⅡや、拡張機能をもったS-100バスを使用したコンピューターが入手しやすくなったことが、それが実現した理由の大半を占めていた）。この時点では、科学技術は一握りのコンピューター愛好家のものだった。初期のBBS（掲示板）が廃止されるまでの総ログイン数は二五万三三〇一件だった。これらのシステムは初期のコンピューター・ユーザーたちが、他の人々が見られるように情報を投稿することを可能にした（掲示板のように）。掲示板サービスの進歩と、進歩につきものの問題点が、モデムの性能の向上に拍車をかけた。

gifフォーマットを使って掲示板から低解像度の画像をダウンロードできるようになるやいなや、インターネットポルノの時代が到来し——その他のあらゆる社交的活動がネット上で繰り広げられるようになった。MIT（マサチューセッツ工科大学）教授のシェリー・タークルは、著書『Alone Together（つながっていても孤独）』で次のように書いている。「たとえばインターネットの祖父であるアーパネットは、科学者同士が共同で研究論文を執筆することを目的に生まれたが、すぐに噂話やふざけあい、子どもの自慢話をし合う場となった」[131]コンピューターが手頃になり、その性能が向上したのに伴って、ネットワークの可能性も広がっていった。

## アナログ方式のDIY

インターネットが最終的に提供することになるものの基礎を、それとは別の大量生産された技術がすでに作っていた。陽気な盛り上がりやセックス、共感、ゴシップ、くだらない冗談はすべて、人と人を結びつける接着剤であり、それがその人らしさを形成し、日常生活を成り立たせている。ここで一九九一年に時代を遡ってみよう。Friendster〔クアラルンプールを本拠地とするSNSウェブサイト。現在はソーシャル・ゲームサイト〕もMySpace〔音楽やエンタテインメント中心のSNSサイト〕も（もちろんフェイスブックも）なかった時代だ。ダイアルアップ接続用のモデムも、eメールさえもまだ普及していない頃だ。誰もが固定電話を使用し、携帯電話に一番近いものと言えば、戦争映画に出てくるトランシーバーか、金持ちがコンバーチブルを運転しながら話しかけるトランジスタラジオのような機械だった。

掲示板システムやアーパネットなどのデジタル革命について知るだけでなく、メディアを自分たちの手中に収めようとする文化の創造者たちの拡大し続けるコミュニティによって、社会的つながりの基盤はすでに築かれていたと理解することにも大きな意味がある。このオルタナティブ・メディアの歴史はもちろん非常に長い。ニューヨーク市のペーパータイガーTVは一九八一年に誕生した〔ペーパータイガーTVは、アーティストや批評家が自主制作で番組を制作するメディア〕。創業者の一人は、それを思いついたときのことを簡潔に表現している。「マス・メディアを批判してその横暴ぶりを罵るのと、それに代わる、採算の取れるメディアを生み出すのは話が全く違います」ペーパータイガーTVは、資本主義に支配された主流の放送電波に代わるものと自称していたが、制作費のかけ過ぎで、テレビの機械装備と放送電波に頼らざるを得なかった。しかしまた、メディアの配信技術が大衆の手に握られるようになった今、可能性がますます高まっていくと思われるDIYメディアの精神を体現するものでもあった。

二〇世紀の大半の期間を通して、文化が主として権力者から大衆へと移動していったとすれば、二一世紀は双方向性のコミュニケーション能力が大いに高まりを見せた時代でもあった（この点の現実味については、後ほど議論する）。コピー機や8トラック録音機、カセットテープ、そしてラジオ放送技術の流通が、組織に属さない個人に、独自のメディアとなる能力を与えた。ウォーホルの予言——将来、誰でも一五分は有名人になれるだろう——はテクノロジーの費用対効果が高まったとたんに現実となった。人々は、ロックスターを見つめるだけでは飽き足らず、彼らのようになりたがった。ラジオを聞くだけでなく、自分がラジオ番組のつくり手になりたがった。雑誌を読むだけでなく、自分の雑誌を作りたがるようになった。まさにＤＩＹの時代の到来で、同人誌からミックステープ、ラジオ番組に至るまで、あらゆるものを創造する能力が大衆の手に握られていた。

一九九三年の初夏のこと、カリフォルニア州バークレーで、髭面のスティーブン・デュニファーという男性が、大手ラジオ局による支配体制を切り崩そうとバークレー・ヒルズを登って行った。ちょうど第一次湾岸戦争のさなかで、地元の主要なメディアが中道であることに不満が募り、自分で問題を何とかしようと決意した。こうしてフリー・ラジオ・バークレー（ＦＲＢ）という、無許可の低周波ＦＭ海賊ラジオ局が誕生した。デュニファーは放送エリアを最大限に広げられることを期待して丘の上の一番高い場所に陣取り、やがてアメリカ中に大流行することになるオルタナティブ・ラジオ放送の配信を開始した。ジャズやロックンロールをアメリカにもたらしたラジオ放送が、ごく普通の人々の手中に握られようとしていた。

低出力のラジオ技術が安く入手できるようになったことが、デュニファーの革命的な行動を後押しした。一〇〇〇ドルから二〇〇〇ドル程度で低周波ラジオ放送を始動させることが可能だった。ＦＲＢに触発されてアメリカ中に何百もの海賊ラジオ局が乱立したため、ついに連邦通信委員会が指導に入り、個人経営のラジオ放送局の設立は原則禁止されることとなった。放送電波の統制をめぐる戦いは熾烈なものとなり、一九九八年六月、ＦＲＢはベイエリアへの数千時間の放送を終えたところで、放送中止を余儀なくされた（この時点から、ＦＲＢはラジオ技術を広める活動に関心を移した）。

一九九〇年代はまた、ミニコミ誌文化が大きな人気を集めた時代でもあった。コピー機が入手しやすくなったことにより、アマチュア記者やジャーナリスト、漫画家、作家らが映像や文章を原稿にしたて、ボタン一つでできる熱転写式印刷によって、小冊子を大量に印刷した。キンコーズ（のちにフェデックス・オフィスとなった）などの店舗が急速に増えていった。

また、4トラックのレコーダーの低価格化によって、バンドマンはアルバムをテープのかたちでつくり、それを人々に届けることができるようになった。MCたちが自分でカセットテープに録音し、手ずから広く配ったミックステープがなければ、ヒップホップが現在のように大流行することはなかっただろう。ビニール盤レコードとは違ってカセットテープは安上がりだった。テープは人から人へと渡った。カセットプレーヤーなら誰でも持っていた。

一九九〇年代を通して、個々人の声を広範囲に伝えられる科学技術がより入手しやすくなったことが、新たなコミュニケーションの形を生み出し始めていた。海賊ラジオ局からミックステープ、コピー機に至るまで、それまでの一方通行の配信形態から、ネットワークを介してより水平的に伝わるものへと変化した。自分を表現し、伝達するこれらの手法は、SNS時代の到来を予言するものだ。そして、この新たなコミュニケーション手段の真の力は、一九九四年の幕開けに、メキシコで活動家たちがメキシコ政府に対する抵抗運動を行った際に、アメリカと世界中の左派のコミュニティで実感されることになった。

## ジャングルへようこそ

メキシコ南部のチアパス州にあるラカンドンのジャングルと、そこで暮らす先住民のコミュニティは、インターネットを活用した社会運動のシンボルには似つかわしくない場所であり、人々であった。のちにサパティスタ運動となる抵抗運動は、基本的な生存権を求める、先住民たちの当然の欲求から生まれたもので――彼らはコンピューターになど興味はなかった。一九九四年にサパティスタ民族解放軍（ＥＺＬＮ）がメキシコ政府に宣戦布告したとき、彼らはすでに一九八四年の結党以来一〇年間、地域の先住民の人権と農地改革、保護を勝ち取る努力を重ねてきていた。この運動は歴史的な強い危機感に基づくものだった。

> 我々は五〇〇年に及ぶ闘争の産物だ。まず奴隷制との戦い、その後のスペインからの独立を求める、反乱軍が率いるメキシコ独立戦争、そして北米の帝国主義に巻き込まれないための闘争、自分たちの憲法の公布と、フランスが送り込んできた皇帝を我々の領土から排除する戦い、そしてその後、ポルフィリオ・ディアスによる独裁政治が、我々に対する農地改革の適用を否認すると、人民は蜂起し、サパタ〔エミリアーノ・サパタ〕やビリャ〔パンチョ・ビリャ〕などのリーダーが現れた。彼らもまた、我々同様貧しい男たちだった。[132]

一九九四年一月一日、まさに北米自由貿易協定（ＮＡＦＴＡ）発効の日を選んで、ＥＺＬＮはメキシコ政府に戦線布告した。黒の目出し帽で顔を覆い、武器を手にした先住民で構成されたこの革命軍は、五つの町を占拠した。それまでは、反乱を起こす者は当然のように政府軍によって鎮圧され、ニュースにもならなかったが、この革命運動のニュースは野火のように広まっていった。当時、インターネットによって広がりつつあった、ＮＧＯ団体や活動家グループ、そして報道機関のネットワークを、サパティスタ民族解放軍は巧みに利用し、運動に共感する国際的な機関に支援を求めた。「我々は国際機関や国際赤十字に、我々の闘争を見守り、介入してほしいとも依頼した。そうすれば、一般市民を守りながら運動を進めることができるからだ」[133]左派のアマチュアの記者がジャングルに分け入り、大手メディアの記者を出し抜く記事を書くことができただけでなく、サパティスタ軍最高司令官の声明が、ＦＡＸやｅメール、電話を介して、彼らに共鳴する組織の巨大な国際的ネットワークに広がった。

一九九四年はホワイトハウスがドメイン取得を決めた年でもあった。スパムメールという言葉が生まれた年でもある。そして、CompuServe、ＡＯＬ、Prodigyによる電話回線を使ったインターネット接続開始を一年後に控えた年でもあった。誰もが知っているとおり、まさにソーシャル・ネットワーキングの始まりの年だった。

反乱軍は、当時メキシコを統治していたサリナス大統領を相手に一二日間の激しい戦闘を繰り広げ、政府軍は一万二〇〇〇名の兵士と装甲車、さらには空爆によって反乱軍の鎮圧を図った。ところが、意外にも政府軍が停戦を申し出て、情報解析者たちを驚かせた。メキシコ政府はあらゆる手段を講じてサパティスタ民族解放軍を壊滅させることもできたはずなのに、踏みとどまった。言うまでもなく、理由の大半は世論というソフトパワーがもつ甚大な威力を見せつけられたせいだった。サパティスタの反乱軍はソーシャル・ネットワークを巧みに誘導して、オルタナティブな情報を拡散させることに成功した。彼らは、ソビエト崩壊後の左翼勢力の憧れの存在となり、つながりを求める数多くの潜在的なネットワークの注目を集めた。一方で、サパティスタ民族解放軍のカリスマ的スポークスマンであるマルコス副司令官は、共産主義の伝統である、自分たちの文化の特異性と自治に関する主張は控えていた。こうして彼らの運動は、初めてのポストモダン的革命運動と称されることになった。彼らの技巧的な弁舌はまた、メディアによって安易にレッテルを貼られることを回避し、世界規模の注目を集めることにも成功した。

サパティスタ革命に関心をもったのは左翼の活動家やNGOだけではなかった。アメリカ軍の調査組織であるランド研究所も深い関心を寄せた。一九九八年、ランド研究所は、この革命運動についての徹底的な分析結果を『The Zapatista "Social Netwar" in Mexico（メキシコにおけるサパティスタのソーシャルネット戦争）』と題する、デイヴィッド・ロンフェルト、ジョン・アーキーラ、グラハム・フラー、メリッサ・フラーの共著による書籍のかたちで公表した。研究者たちは、サパティスタ革命に見られる、ソーシャル・ネットワークを戦略の中心に据え、それを巧妙に操る、他に例を見ない戦略に注目した。「ちょうどネットワークがソーシャル・ネットワーク形成の過渡期に当たる時期であり、問題志向型とインフラ整備型の両方のNGOが、ソーシャル・ネットワークを利用した闘争の発達に重要な意味をもっている[134]」

著者たちは、ソーシャル・ネットワークは政府による支配体制に挑戦することによってますますその影響力を強めていくだろうという、先見の明のある分析を行った。外務大臣のホセ・アンヘル・フリアの次のような説得力のある言葉を引用している。「チアパスでは……過去一五カ月間、一発の銃弾も撃たれたことはなかった……反乱軍の武装蜂起後、武力攻撃は一〇日あまりで終結したが、それ以降ずっと戦争報道や、戦争についての投稿、そしてインターネット上の戦争が続いている[135]」

## 一九九〇年代のソーシャル・ネットワーキング

たいていの場合、アメリカ人の初めてのソーシャル・ネットワーキング体験は、初期のチャットルームとデートサイトだ。一九八〇年代の終わりに、CompServeなどの大手パソコン通信サービスが、相対的リアルタイムにおけるコミュニケーションのプラットフォームを提供してはいたが、より幅広いユーザーをオンライン・コミュニケーションへと導いたのはＡＯＬだ。一九九三年には、ＡＯＬはCompServeもProdigyも追い抜いて、ホームユーザーがインターネットにアクセスするプラットフォームの第一位に躍進した。当時は一時間単位でインターネット使用料を支払う時代だった。一九九七年にはアメリカ家庭の一八パーセントがインターネットを使用しており、その半分がＡＯＬのサービスを利用していた[136]。

初期のソーシャル・ネットワーキングをめぐる動きは、オンラインをかけめぐる人々のデートやセックスに対する欲求と深く関わっていた。最初のデートサイトであるKiss.comは一九九四年にスタートし、翌年にはMatch.comが生まれた（二〇〇二年のMatch.comのユーザー数は二六六〇万人だ）。一九九七年のAsian Avenueや二〇〇一年のBlack Planetなどの、人種を限ったデートサイトも現れた。精神分析医に尋ねるまでもなく、インターネット人気の高まりの根底に性的欲求があるだろうことは明らかだった。

というわけで、Friendsterやその後のMySpaceの急成長と終焉について考える前に、回り道をしてポルノの歴史を振り返ってみるのは有意義なことだ。なにしろポルノは、インターネットの歴史の中心的な要素だから。ブライアン・マクロウも『A History of Internet Porn（インターネット・ポルノの歴史）』の中で、次のように述べている。「一九九六年八月には、Usenet〔ネットニュース〕の人気ニュースグループの上位一〇位のうち五つがアダルト向けのものだった。そしてそのうちの一つ、alt.sex.〔セックスについて語り合うニュースグループ〕には、毎日五〇万人の利用者が訪れるという話だった。一九九五年の『タイム』誌に掲載されたサイバーポルノについての特集記事で、フィリップ・エルマート・デウィットはユーズネット上の画像の八三・五パーセントがポルノだと報告した[137]」

ポルノは、おそらく一つには実際に経済的効果を生み出せる力によって、そして非常に親密性のあるその特性によっても、現代人の暮らしが機能するために欠かせないものとなっている。驚くべきことに、ポルノはインターネットサービスが画像を扱うようになる以前にもネット上に存在していた。ASCIIポルノという初期のオンラインポルノは文字列を利用し、点描画法の要領で画像を描き出していた。

昔からポルノは、その時々の技術——印刷機からカメラ、そして初期の映画まで——の進歩とともに発達してきたが、現代のオンラインポルノの経済効果の規模は驚異的だ。いまや、インターネットが生み出す利益の三〇パーセント近くをポルノが担っていると考えられている。また二〇一一年の調査からは、一八歳から二四歳までの男性の七〇パーセントが少なくとも月に一度はポルノサイトにアクセスしていることが明らかになった。そして、ポルノサイトを初めて見る平均年令は一一歳だ(138)。

ポルノは、電子商取引の推進力となっただけでなく、オンラインビデオの技術革新の多くを引き起こした。一九九〇年代半ばの、インターネットを利用した主要な営利事業であったポルノサイトは、支払い確認の方法やメンバーのログイン手続き、さらには詐欺目的の利用者を特定するシステムの開発にも貢献した。明らかに、ポルノは、コンピューターが人の心の奥底につけ込むのにうってつけの手段だった。欲望のカンフル剤であっただけでなく、統計が示すように、欲望を再燃させるものでもあった。

## 世界中が見ている

一九九〇年代の終わりには、パソコンとインターネットは人々の日常生活に溶け込んでおり、加えてインターネットがもつ社会的意味合いも目に見えるほど大きなものとなっていた。情報配信と社会とのつながりを可能にするパソコンは、デートから政治的抗議に至るあらゆるものの社会的特性を明らかにし始めた。サパティスタ民族解放運動が、世界中の活動家コミュニティに、ある種のハイテク・アナーキスト的感覚を広めたのだとすれば、その感覚は、情熱的で、昔ながらの活力に満ちた、時代精神を体現するアーティストや活動家、そしてハッカーたちによってさらに高められていった。

一九九〇年代には、アート集団クリティカル・アート・アンサンブルが、「戦略的メディア」と称するものを賞賛する内容の本を作った。そこに書かれていたのは、権力者のやり方を逆手に取って権力組織に潜入する（たとえば、バイオテクノロジーを使って巧みにバイオテクノロジーを批判する）方法や、イッピー〔ヒッピーより政治色の濃い若者〕に触発されたメディア妨害の手法だった。基本的には、当時のポリティカルアート〔社会の現状を批判的に表現する、あるいは、社会改善を目的とする芸術作品〕に見られる時勢に明るい傾向をもっていたにもかかわらず、彼らの本は、その頃生まれつつあったハッカー集団やハイテク集団に大いにもてはやされた。

一九九〇年代後半を通して、インターネットの政治的可能性を探り、実践する目的のインターネット会議やオンライン・フォーラムが次々と誕生した。一九九五年には、国際美術展のヴェネツィア・ビエンナーレ開催中に、アーティスト集団や活動家、そしてメディアセオリストらがクラブ・ベルリンという名の元にネット上に集結し、インターネットの可能性について、批判的な視点で議論を交わした。この議論から生まれたのが、電子メーリングソフト

LISTSERV（創始者はゲールト・ロヴィングとピット・シュルツだ）を用いた、メーリングリストによる歴史あるネットワーク「Net.time」で、米国政府の科学技術への初期資本主義的〔封建社会末期から資本主義が確立するまでの、封建支配が残る経済体制〕アプローチに反対する立場を自認していた。一九九六年には、二回目のインターネット会議として、戦略的メディアのための Next 5 Minutes と称する会議が、アムステルダムとロッテルダムで実施された。講演者にはクリティカル・アート・アンサンブル、ペーパータイガーTVのディーディー・ハーリック、ゲールト・ロヴィング、そしてピット・シュルツがいた。その後すぐに、さまざまなインターネット会議が次々と行われ、地球上の多様な活動間の連携が容易になったことによる、結束力の高まりと相まって、インターネットがもつ社会的可能性への関心がますます高まっていった。

サパティスタの武装蜂起から三年後の一九九七年、アーティスト／活動家集団のエレクトリック・ディスターバンス・シアターが、インターネットベースの市民的不服従運動を目的に立ち上げられた。一九九八年にFlood. netと呼ばれるハッキングプログラムを公開し、サパティスタ民族解放軍の大勢のオンライン支援者たちを組織して、反サパティスタ勢力、わけてもメキシコ政府のウェブサイトを閉鎖させたことで、彼らはもっともよく知られている。この活動はメディアの注目を大いに集め、ウェブ上での市民的不服従運動ができることを、一般に知らしめた。この集団は、自分たちの哲学について次のように説明している。「コミュニケーションの作り手であるアーティストが結集して、次世代のコミュニケーションネットワークを操る電磁パルス攻撃をつくり上げることによって、より大きな集団が、戦略的パフォーマンスを今

以上に増やすことを可能にする。それが、非暴力的な情報戦争が目指すゴールだ」(139)

ここで一九九九年のシアトルの世界貿易機関（WTO）に対する抗議運動を振り返ってみると、このときすでにインターネットがもつ潜在的な影響力が明らかになり始めていた。ランド研究所の予測通り、動員されたNGOやNPO、そして活動家のネットワークが、アルテルモンディアリスム〔市場原理主義のグローバリゼーションに対抗し、別の世界を模索する運動〕と呼ばれる運動、なかでもインディメディア〔独立系メディア。スポンサーのつかない、政治的、イデオロギー的に独立したメディア〕のウェブサイトにおいて実を結んだ。

シアトルの抗議活動が他と一線を画していたのは、それが多国籍的な貿易組織をターゲットとしていた（特定の国の政府を糾弾するものではなかった）だけでなく、現場からの最新の報告を可能にするウェブプレゼンス〔ウェブ上における企業や個人の存在感〕があったからだ。独立系メディアのウェブサイトは、オープンの簡易スクリプト言語を使用しているため、世界中の活動家たちが、新聞やテレビ、ラジオでは入手できない種類のニュースを知ることができた。警官隊が通りで抗議する集団に催涙ガスを吹きかけたとき、抗議者たちが「世界中が見ているぞ」と唱える声が映像から聞こえていたが、それは必ずしもテレビの視聴者を意味していたわけではなかった。インディメディアが現場から発信する衝撃的映像は、出来事そのものへの見方だけでなく、オルタナティブなメディアに対する見方をも変えてしまう、決して侮れない大きな力をもっていた。

WTOへの抗議運動は、その後数年間、当時支配的だった、新自由主義的資本主義への反発というゆるいつながりのなかで、世界各地で続いた。それもあって、都市において独立系メディアは花盛りとなった。二〇〇二年には、世界三一ヶ国に八一の個人経営の独立系メディアサイトがあった。サパティスタ民族解放軍が先取りしたソーシャル・ネットワークが大きく成長したのだ。

## MySpace の崩壊

もちろん、ソーシャル・メディアの起源として一般に認められているのは独立系メディアやサパティスタ革命ではない。デートサイトや友だち作りサイトがその祖先だという見解が、一般的だ。Six Degrees や Classmates などの、プロフィールを書き込み、自分のネットワークに参加するよう友人を誘うタイプのウェブサイトが、現代のソーシャルメディアの定番、フェイスブックの原型だ。

二〇〇二年、Friendster は始動早々大成功をおさめ、その後の三ヶ月間に三〇〇万人のユーザーを集めた。人々は突然、オンラインで互いを見つけられるようになった。長いこと会っていない友人の所在がわかったり、昔のクラスメートが今何をしているかを知ったり、そしてもちろん、将来の恋人候補たちを舐めるように眺めたりもできるソーシャル・ネットワークの発達は、かつては距離やコミュニケーション手段の問題で制約を受けていた、さまざまな社会的交流を解禁した。創始者のジョナサン・エイブラムスによると、Friendster（この名称は、有名な音楽共有サービス、ナップスターと、そう、フレンドを掛けあわせたものだ）の隠れたコンセプトは、友人のネットワークを利用して恋人探しをすることだった。エイブラムスは、自分のサイトは、年商七三〇〇万ドルを誇るすぐれたデートサイトMatch.comと競合すると考えていた。[140]
Friendsterはユーザーと投資家の双方に注目された。二〇〇三年の『フォーチュン』誌の記事は、「おそらく新たな種類のインターネットの誕生だ――結びつけるのは、人とウェブサイトではなく、人と人なのだ」とFriendsterを賞賛している。二〇〇三年、Friendsterは、サイトを買収したいというGoogleからの申し出を、自分たちが運営するのがベストだという信念のもとに断った。一九九〇年代の終わりのITバブル崩壊後、ソーシャル・ネットワーキングは、インターネット経済を立て直す唯一の切り札だと考えられていたからだ。

それからほんの一年で、Friendsterは、サーバーに支障をきたすほどの人気を博して、サイトの読み込みに一分近くかかるようになった。あげくのはてに、アクセス増加に対応できず、突然、サイトがフリーズする始末だった。

二〇〇四年には、Friendsterには巨額の投資資金が集まり、エイブラムスはテレビトークショーの常連ゲストとなり、会社の役員会にはアマゾンやeBAY、そしてなんとCBSから引き抜いた人々が名を連ねるまでになった。しかしそれでも不吉な予兆はあった。エイブラムスがトークショーを渡り歩いている間も、サイトの読み込み速度は低下する一方で、別の強大なソーシャル・ネットワーキング・サイトがユーザーを引き寄せているようだった。それがMySpaceだ。

MySpaceのホメロス風の栄枯盛衰の物語は、ウェブの機能についてだけでなく、資本主義と広告の欲求が導く、web2.0〔二〇〇〇年代中期以降のウェブの新しい利用法をさす言葉。誰でも情報を発信できるようになった〕という新たに生まれた文化的領域の先行きについても、私たちに深く考えさせる。さらに想像を掻き立てられるのは、MySpace の創始者たち（クリス・ドゥオルフとトム・アンダーソン）がかつてインターネットマーケティング会社の eUniverse で働いていたことだ。その会社の主な業務は、スキンケア化品からインクカートリッジにいたるあらゆる商品につけるポップアップ広告の製作と、商品の販売者のために宣伝用のメール文章を作ること——インターネット広告のシステム部分だった。ITバブルがはじけ、広告目的のスパムメールを取り締まるさまざまな法律ができたことも考慮した二人は、Friendster からある着想を得た。MySpace のオンライン・マーケティング担当の元副社長、ショーン・パーシヴァルは次のように語った。「Friendster を閲覧した二人は『へぇ、みんな信じられないほど長時間このサイトを見てるね。これを真似しよう』と言いました。彼らの目的は、ソーシャル・ネットワークを立ち上げて広告を撒き散らし、あのひどい商品を人々に売りつけることだけだったのです。これが MySpace の始まりでした[141]」ふたりは、新たなソーシャルサイトのアイデアを当時の上司に進言し、二〇〇三年に MySpace が誕生した。

MySpace は、ソーシャル・ネットワークとしての機能よりも、会員がユーザー情報を自由に閲覧できることを特徴とした。Friendster が広めた身近な友だちの輪モデルには、相手を品定めする発想はなかった。そこに MySpace は目をつけた。MySpace のユーザー閲覧機能は、恋愛や社会的つながりの新たな可能性を開き、基盤となるソフトウェアの動きも以前のネットワークよりずっとよくなった。またユーザーは、自分のプロフィールページを、まるで本当の居場所のように自由にカスタマイズすることもできた。さらに、当初はロサンジェルスのバンドや俳優をターゲットとしていたため、MySpace の作りにはある種のかっこよさがあった。Friendster が友だちのコミュニティを作ることを目的としていたとすれば、MySpace は社会的交流に向けられていた人々の関心を、あっという間に自己アピールとオンライン上の性的な出会いへの関心に変えてしまった。MySpace は自己表現のプラットフォームを提供するサイトなのだ。

サイトは前代未聞の目覚ましい成長を遂げた。二〇〇五年から二〇〇六年の一年間に、会員数は二〇〇万人から八〇〇〇万人に膨れ上がった。(142) ピーク時には、MySpace の一月のユニークビジター(サイト閲覧者数の単位。同一の人が複数回訪問した場合は一人と数える)数は一億人に達した。二〇〇五年にはFOXテレビのルパート・マードックとバイアコムの MySpace をめぐる入札合戦が繰り広げられた。結局FOXテレビが勝利し、MySpace と親会社のインターミックスメディアを五億八〇〇〇万ドルというとてつもない高値で買収した。当時はインターネット史上最高の買収だと考えられ(その後、最大の失敗と見なされるようになった)。買収されるやいなや広告収入を増やせという圧力がかかった。Google は、一年あたり三億ドルを三年間支払う代わりに、MySpace の単独の検索エンジンとなる契約にサインした。(143) この契約には、トラフィックをいくつかのデータ解析にかけるという項目が含まれており、おかげでこのサイトの広告数は倍増した。

インターネットを広告で一杯にしようと考えた人々が創業した会社が、図らずも自分たちのサイトが広告で一杯になっているのを目の当たりにすることになった。さらにメンバーのプロフィールのページを自由に閲覧できる機能がなりすましを助長し、MySpaceは、デートサイトにはありがちなように、急増するスパムメールと人を喰い物にするふるまいの宝庫となった。性的被害への不安が抑えようがないほど広まり、誰もが知っている通り、その不安はメディアに利用されて野火のように急速に広まった（プラットフォームに限らず競合するメディア企業の間では特によくあることだ）。二〇〇九年には、MySpaceは、性犯罪者として登録されていた九万人の会員を退会させたと発表した。(144) それで人々が安心するとでも思ったのだろうか？

やがてMySpaceは収益を上げることしか頭にない巨大企業となり――ソーシャルメディア版アマゾンとでも呼べる試みに走った。ビデオにブログ、カラオケから読書会までさまざまな呼び物を追加した。MySpaceはあらゆることに挑戦し、ついにそのサイトは、アメリカの起業家ショーン・パーシヴァルの言葉を借りれば、「巨大なスパゲティボウルのような混沌」に陥った。人事の大改造が繰り返され、創業者たちさえ首を切られたのち、二〇一一年にこのサイトは三五〇〇万ドルで売却された。企業の売却は必ずしもその社会的価値を反映しないものだが（たとえば独立系メディアに叩き売り値がついたことはない）、MySpaceの場合は、そもそも資本主義的な目的のみで生まれたサイトであることを考えると、その安売り価格はこのサイトの社会的な影響力を完全に反映したものだった。パーシヴァルは次のように言う。「つながることに関心がなく決して手を出そうとしない企業もあります。アップルはその種の企業の一例です。Googleはそうではありませんが、Google+で失敗しています。工学技術に重点を置く社風の企業は、人とつながるということが理解できません。社会的交流は非常に感情的なものです。そしてエンジニアはたいていの場合、それほど感情豊かではありません[145]」

こうした初期のソーシャル・プラットフォームは、人々の社会的なつながりをどのように変容させたのだろう？　それは私たちの恋愛観をどう変え、セックスについての感覚はどう変わったのか？　時間の感覚は？　子どもたちは一日何時間、画面をスクロールして人々のプロフィールを見て回るようになったのか？　オンラインに投稿する写真撮影にいったい何時間、費やされているのだろう？　この大規模な変化こそがソーシャル・ネットワークの本当の改革だ。それは、文化的な世界が自らを世の中に見せる方法を劇的に変えてしまった。

## iPod と iPhone

二〇〇三年にアップルが発表したiPodとiTunesのCM――一般にシルエット・キャンペーンと呼ばれている――は、ヘッドフォンをつけ、代表的な白いiPod（アップルのデザイナー、ジョナサン・アイブがデザインを担当した）を手にした人のシルエットがロック音楽に合わせて激しく踊り、周囲が鮮やかな色に変わっていくというものだ。コンピューターと世の中の現代的な関係を描き出す誘惑的な映像が、見る人々の欲望を刺激する。コンピューターは個人的な世界と社会を深く結びつけることができる。個人的な世界が外の世界をすっかり塗り替えることができる、ということなのだ。一九八四年のアップルのCM同様、このiPodの宣伝もある意味、現実に即している。iMac同様iPodも、外の世界を限りなく個人の内面に近づけることができるだろう。やがてiPhoneは地球に革命を起こすだろう、と。

手のひらに収まるコンピューターであるiPhoneは、この世でもっとも大きな力をもつ機械の性能を、持ち歩き可能なものにした。カメラ、メッセンジャー、カレンダー、eメール、ビデオゲーム、天気予報、ジョギングなどのソフト、そして新作ゲームのSKYはすべて、このポケットに収まる人体の付属品限定の機能だ。iPhoneは単なる科学技術として登場したのではなかった。iPhoneは、社会的な活動の形を刷新する道具となった。

iPhoneの起源は、スティーブ・ジョブズのタッチスクリーン・インターフェイスへの関心に遡る。ジョブズは、マウスでは部分的にしか達成できなかった、指で触れる感触をコンピューターの操作に取り入れたいと考えていた。二〇〇七年に発表されたiPhoneはこれを実現し、さらに進化させていた。

かつて電話の発明は、明らかに膨大な経済効果を生み出した。そして、これもまたアイブのデザインによるiPhoneは、電話という機械をより肉体感覚に訴えるものに変えた。それはやがて肉体的存在である大衆に不可欠なものとなっていった。今やコンピューターの世界は、ポケットの中で神経終末につながる状態で待機し、身体に伝わる振動で人々の行動を控えめに促している。

## つながることに関心をもつ

今のところ、これらの革新的技術の社会的側面については、より控えめに評価しておくのが得策だ。ショーン・パーシヴァルが、「つながることに関心をもつ」企業もあると軽々しく言ったとき、それは何を意味していたのだろう？　彼に深い考えがあったとは思えない。なぜなら、「つながることに関心をもつ」という言葉は、過去二〇年間、パーソナル・コンピューターやオンラインの世界に大きな影響を与え続けてきたバーネイズの感性に対する、ある種の敬意を感じさせるものだから。バーネイズが、第三者的立場の専門家は、顧客にどのブランドを選ぶべきか助言できると信じていたのだとすれば、親しい友人の助言はもっと役にたつはずだ。「いいね」ボタンは、入り組んだソーシャル・ネットワークによって社会的承認と大勢の閲覧行動を集めることにどんな意味があるのかを明らかにした。ＳＮＳは、現代の都会生活のかなりの部分を占めているばかりか、世論と呼ばれるものを根底から大きく変えてしまった。文化が武器だとすれば、ＳＮＳは正真正銘の強大な武器だ。

MySpace 終焉後、急成長したのがフェイスブックだ。その成功の理由としては、当初は招待のみのサイトだったことや、より親しい友人のネットワークへの回帰、初期の数年間は広告を拒否する姿勢を明確に打ち出していたこと、サイトのソフトウェアへのアプローチの効率化、外部の企業に簡単なソースコードで作動するフェイスブック用のツールの開発を許可したことなどが指摘されてきた。しかしいずれにしても、その急成長ぶりは過去に例を見ないほどだった、二〇一六年の第一四半期の、フェイスブックの月間アクティブユーザー数〔ある期間内に一回以上サービスの利用があったユーザー数〕は一六億五〇〇〇万人に達した（地球の人口は七一億二五〇〇万人だ）。フェイスブックは人々の社会的活動の場となった。

もちろん他にもさまざまなサイトが生まれた。ツイッター（アクティブユーザー数三億一五〇〇万人）、LinkedIn（アクティブユーザー一億人）、インスタグラム（アクティブユーザー数二億人）、YouTube、Pinterest、Tumblr、Flickr、Reddit。しかし、ラジオが生まれた直後も、テレビが台頭した直後もそうだったように、現代の主要な文化的プログラム（ソーシャルメディア）もまだ初期の段階にあって、科学技術の社会への関与は実感され始めたばかりだ。

ニコラス・A・クリスタキス教授とジェイムズ・H・ファウラー教授は、共著『Connected: How Your Friend's Friends Affect Everything You Feel, Think, and Do（つながり――あなたがどう感じ、どう考え、どう行動するかを友人の友人の友人たちがどのように決めているか）』の中で、ごく基本的な問いかけをしている。ソーシャル・ネットワークとは何か？　そしてそれは私たちのあり方にどのように影響を与えるのか？　これらの問いへの一つの答えは、SNSは人々がずっとその存在を認めてはきたが、ここにきて初めて現実に目に見える存在となったものだ、ということだ。おそらく人は、自分が特定の社会環境で活動していることを常に意識してきた。誰でも共通の友人をもっていた。同時に、自分とは関わりのない人がいることも知っていた。学校のクラスが違うとか、文化が違う、住んでいる場所が違う、宗教が違う、等々のさまざまな理由で。SNSは自分たちの日常生活の一部であると、誰もが直感的に理解していた。

クリスタキスとファウラーは、著書の中で、人は友人の影響を受けるだけでなく、友人の友人や、さらにその友人の影響も受けると述べている。さらにその先の友人の影響まで考えていくと、SNSはその人が誰と一緒に時間を過ごしているかだけでなく、どのような考えをもっているかを理解する上でも重要な役割を果たすことがわかる。

人と人、また友人同士を結びつける役割を果たすようになったSNSは、人々の心の奥底に巧妙に忍び込んでくる。大人のなかには、それはちょっと大げさ過ぎると考える人々もいるだろうが、多くのティーン・エイジャーたち（その存在すべてが、ソーシャルネットワークによって形成されている）にとっては、このオンライン上のつながりは間違いなく本物なのだ。コモン・センス・メディア〔全てのメディアを中立的に評価する非営利組織〕の調査によると、アメリカのティーン・エイジャーの七五パーセントがSNSを利用しており、それによって生まれるつながりとその影響にがんじがらめにされていると自覚している。[146] ネットいじめから性的なメッセージや画像をメールで送りつける行為に至る、SNSの世界のあらゆる現象が、現代のティーン・エイジャーたちに足かせをはめている。

そしてもちろん、影響を受けているのは若者に限らない。社会のすべてが変わってしまった。スマートフォンをチェックしている人々は、そこに存在しているようでしていない。社会や個人の暮らしに生じた変化を当然のことと受け止める前に、私たちは今のこの世界が独占的な所有と売却の歴史から生まれたものであることを理解しようとするべきだ。これまで見てきたように、文化という武器と――私たちの心の奥底へのその絶え間のない働きかけ――が純粋に慈善目的であることなどめったにない。

## 情報という名の感情伝染

ＳＮＳの情報拡散の威力は大きい。人々が日々アップデートする内容は、ニュース記事やくだらないネコの動画、セレブのゴシップ記事などの転送ですっかり埋めつくされた。どの情報も似たような体裁でスクリーン上に現れ、似たようなやり方で受け取られる。旧来の報道機関は広告収入がガタ落ちして存亡の危機にさらされ、人々がニュースを発信する手段そのものも劇的な変化をとげた。

クレイ・シャーキーが著書『みんな集まれ！――ネットワークが世界を動かす』〔筑摩書房〕に書いているように、「情報発信のマス・アマチュア化が、限られた数の報道機関しか存在しないことからくる限界を消し去った(147)」ブログや、たいていのソーシャル・ネットワークがもつ簡単な共有機能が、突然ニュースを共有する強力な手段となった。情報が民主化されると同時に、情報そのものの論調やその感情的影響力も民主化された。情報は、それが誰かの離婚であれ学校の危機についてであれ、親密なコミュニケーションが生まれる感情的な空間でやり取りされるものとなった。

クリスタキスとファウラーは、SNSが人々の考えにどれほど大きな影響を与えるかを説明している。二人は、集団心因性疾患(MPI)と呼ばれる、突発的な精神状態を紹介している。一種の感情的感染状態だが、麻薬常習者たちが「接触陶酔」(ハイになっている人の側にいるだけで自分もハイになる)と呼ぶものとは異なる。「実験から、人は他人が何かを感じている様子を、数秒から数週間の時間枠で見ることによって、その感情を『取り込む』ことができることがわかっている」と彼らは述べている。(148) SNSが、ニュース(ニュースという言葉さえも今や再定義の必要がある)が体験される主要な様式となった今、ニュースの本質が変化し、人の感情に影響を与えるものとなった。そしてこれまでずっと詳しく見てきたように、人間がもつさまざまな感情は価値中立的ではない。ある種の感情は、情報をより迅速に普及させる。

インターネットを数年でも使っている人にとっては、ソーシャルメディアのむやみに感情を刺激する内容や不安を煽り立てる文体はおなじみのものだ。政治的立場はそれぞれ異なるとはいえ、いわば恐怖をあおるFOXニュースを一週間ぶっ通しで見続けているようなものだ。

二〇一二年一一月、諷刺のきいた新聞『ジ・オニオン』が、「オバマの勝利のあと、雄叫びをあげる白熱の怒りの球体が二〇一六年大統領選の共和党の最有力候補に」という見出しを掲げた。皮肉たっぷりではあるが真実だ。実際、一九八〇年代の文化戦争では、憤りが共和党の戦略の推進力となっていた。しかしそうした感情に訴える主張は、今やあらゆる種類の政治的コンテンツに見られるものとなった。

『ソーシャルメディアにおける感情と情報拡散——ミニグログと拡散行動の心理』と題する論

文で、筆者のステファン・シュティーグリッツとリン・ダンスアンはわかりきったことをわざわざ報告している。「二種のデータセットに基づく総数一六万五〇〇〇件を超えるツイートを分析した結果、感情的なメッセージは中立的なメッセージに比べてより頻繁に、より迅速にリツイートされることがわかった。企業への現実的な助言として言えるのは、消費者の感情に訴える広告づくりを目指すだけでなく、SNSコミュニケーションにおける自社のブランドや製品に関する感情分析により注意を払うべきだ、ということだ」(149)科学者が自らの知的発見をもとに、消費者の感情につけ込む方法を企業に教えてくれるのだから、これほど心強いことはない。

またあるマーケティング・ブログは、商品の販売促進に際して、マーケティング担当者は、製品の包装デザインに喜び（今のメディア空間は喜びを表現する広告ですでにいっぱいだ）や悲しみの表現を使用するのは避けるべきで、消費者の怒りや驚きを喚起するものを狙っていくべきだと明言している。(150)SNSの時代である今、情報の世界は間違いなく非常に感情過多になっているように思われる。

二〇〇八年の大統領選でのオバマの勝利が（そして二〇〇四年に民主党大統領予備選にハワード・ディーンが立候補したことも〔ハワード・ディーンはバーモンド州知事として同性カップルに結婚とほぼ同等の権利を認めるシビル・ユニオンを法制化した〕）、情報空間で始まろうとしているある種の変化をまだ暗示していなかったとしても、ドナルド・トランプの大躍進がこの変化の背景にあることは間違いない。激しい気質を爆発させ、まるでわざとやっているかのようにパラノイアや陰謀、憤りを高速で撒き散らすこの男の、驚くほどリツイートされる言葉は、アメリカの、疎外感を感じている人々の怒りが渦巻く世界の共感を得た。

けれども、トランプの言葉の中身に目を向ける（中身は無いに等しい）よりも、彼の言葉がもつ感情的な特性に目を向け——恐れであれ、特定の人種へ偏執的な恐怖症であれ、怒りであれ、あるいは驚きであれ——付与された過剰な感情が、情報の影響力を強めるのにどのように役立っているかを正しく理解するべきだ。トランプ人気が高まっているのは、彼が政治的公正さを欠く言動を平然とやってのけるからではなく、彼が常に驚き、怒り、人々の恐れに共感しているからだ。そしてこの種の感情は非常に感染力が高い。さまざまな研究からわかっているように、人は集合的な感情に敏感で、ＳＮＳはその強制力をさらに強化し——かつてないほどにより速く、より広範囲にその影響力を拡大している。一九三〇年代のヒトラーの演説もそうだった。一九八〇年代の文化戦争のときもそうだった。そして一九九〇年代の薬物戦争の際の、テレビで放映された映像もまたそうだった。

しかし私たちは、何が今の時代を特別にしているかを客観的に理解する必要がある。今や、ソーシャル・コミュニケーションやソーシャル・インタラクションなどのサイバー空間は、最も大きな商品市場の一つとなった。インターネットの普及で私物化された空間は、ごく普通の社交的な集まりを、利益を生む場に変えた。私たちが文化だと考える物の基本的な要素の一つ（社交）が、驚くほど大規模な、グローバル経済の主要な空間となった。文化は武器だ。なぜなら、文化には世界を動かす力があるから。

しかしまた、そうは言っても、マーク・ザッカーバーグやスティーブ・ジョブズのような人々でさえも、コンピューターやＳＮＳの降誕がこれまでに引き起こしてきた社会の変化を予見できてはいなかっただろう。利益を生むものを造り出した人が、それがお金になる理由や、お金を生む以外にそれがどんな働きをするかを理解しているとは限らないからだ。結局のところ、自分でメディアを立ち上げられるようになったことが、人々の自己概念を変容させた。自分を取り巻く権力組織を理解するための物語を、自ら作り上げられるようになったということだ。

## インターネットで広がる革命

インターネット・メディアは二〇一一年のアラブの春をツイッター革命と呼んでいる。あの抵抗運動を中東に一気に広めたのはツイッターだとするのはまったく的はずれな見解だが、SNSが、時の政権の権力の物語《ナラティブ》の崩壊に大きな影響を与えたことは理解しておく必要がある。あらゆる革命がそうであるように、そしてSNSによって広まった革命では特にそうなのだが、実際に起きていたのは、一つの勢力というよりは、まとまりのない群衆による活動だった。そしてその群衆が、エジプトとその他の国々の様相を一変させた。何千人もの若者に年長者も混じった群衆がタハリール広場を占拠し、ホスニー・ムバーラク大統領の政権軍との衝突が勃発した。

シアトルでのWTOに対する抵抗運動と独立系メディアの登場から一二年を経た当時、インターネットに潜在的に備わる革命を起こす力は、個々のコンピューターから、抵抗者の多くが所有する携帯電話へと移動していた。独立系メディアがホストコンピューターとして情報を提示するのとは対照的に、情報は個人の行動によって街中に、国中に、世界中に拡散する。インターネットがいかに迅速に情報を広めるかは、ネコの動画やカニエ・ウェスト〔米国のミュージシャン。ヒップホップＭＣ〕のツイートがすでに証明済みだったが、アラブの春によって、世論が移動可能なさまざまな情報媒介物によって操作されていることが明らかになった。

エジプト革命は、八四六名の死者と六〇〇〇名を超える負傷者を出した。政府軍は容赦なく群衆を弾圧した。それでもまるでアリの群れのように、ますます多くの人々が広場に集まり続けた。その結果、誰もが知っているように、ムバーラク大統領は退陣に追い込まれ、エジプトの歴史の、複雑ではあるが、新たな一章が幕を開けることとなった。

直後に、『タイム』誌はこの革命の立役者を見つける必要に迫られた。そしてエジプトのインターネット活動家で、当時Googleの中東のマーケティング責任者だったワエル・ゴニムに目をつけ、「二〇一一年の世界でもっとも影響力のある一〇〇人」に選んだ。もちろんゴニムはそれなりの役割を果たしてはいたが、その後の「ウォールストリートを占拠せよ」運動やさらに後の「黒人の命も重要」をテーマにした「#BLM」同様、ＳＮＳによる文化の扇動的な操作は、群衆の大きな圧力によって推進されるものだ。ゴニムは二〇一〇年から「僕らはみんなハリード・サイードだ」というフェイスブックページの二人の管理者の一人に名を連ねている。ハリード・サイードは、アレクサンドリアのネットカフェから引きずり出され、警官に殴り殺された若者だ〔警察と麻薬組織の取引の様子の動画をネット配信した〕。ゴニムのフェイスブックのページは人々の注目を集め、その結果彼は一一日間拘束され尋問されることになった。釈放後のインタビューがテレビで放映されると、ゴニムは一躍有名人となった。CNNのインタビューでゴニムはこう言った「いつかマーク・ザッカーバーグに会って心からお礼を言いたいよ。ぜひ電話するように彼に頼んでほしい(151)」

革命はチュニジアで始まり、リビアからイエメン、シリアへと広がった。その後、スペインやギリシャでのヨーロッパの夏へと民主化運動は広がり、二〇一一年の秋にニューヨークのズコッティ公園で始まった「ウォールストリートを占拠せよ」運動は、アメリカ各地へと拡散していった。その年の一〇月には、世界の九〇〇の都市が自分たちの「占拠せよ」サイトを管理するまでになった。

インターネットを介した民主化運動の広まりは、SNSの力の証であるだけでなく、より重要なことに、SNSが、大衆の心の奥でくすぶる欲求をどのように助長し、永続させるかを示すものでもある。憤りがネット上でもっとも影響力のある感情だというのなら、大衆には憤ることがたくさんあるということだ。エジプトやシリアの独裁的な傀儡政権、イギリスやスペインの労働者階級を圧迫する新自由主義的な政策、アメリカの一パーセントの富裕層、そしてアフリカ系アメリカ人への目に余るほど人種差別的で残忍な政策もまた憤りの対象だ。憤りには人々を驚かせて注目を集める力があるだけでなく、真実を次から次へと暴露する効果もある。言い換えれば、警官が子どもたちを殺害する映像は、人々の感情を揺さぶってインターネット上の拡散を促すだけでなく、人々の日常生活にどのように権力が介入しているかを白日のもとに晒すという、より重要な働きもしている。

もちろん、SNSについては、注目を浴びすぎているというだけでなく、組織力に欠けるという批判も多々ある。たとえばアメリカでは、「ウォールストリートを占拠せよ」運動がさまざまに名を変えて広がったが、具体的な要求を提出することは拒否し、「#BLM」運動も二〇一六年の大統領選予備選で、いかなる候補者も支持しないと宣言した。これらの運動には、現実に政治的変革を起こすほどの力はない、と多くの識者が評している。ティーパーティー運動とは違って、「ウォールストリートを占拠せよ」運動も「#BLM」運動も、その政治的姿勢を統治組織に強く訴える段階において失敗している、と批評は続く。しかしこれらの批判は、文化をとりまく状況が大きく変わっていることも、これらの運動が人々の政治的関心のバロメーターであることも正しく理解していない。

SNSは似たもの同士の集まりかもしれないが、いつの日か、政治討論の場となるかもしれない。ツイッターやフェイスブックの急激な台頭のなか、社会主義という言葉はもはや若者の間では抵抗感のある言葉ではなくなった。その一方で、目に余る人種差別的発言やタブロイド新聞風の低俗なふるまいは、トランプの常套手段となっただけでなく、間違いなく効果の狙える戦略的手法となった。SNSは、良くも悪くも、アメリカの大統領選挙における、さまざまな政治的信条についての議論を形成する強力な道具となったように見える。

## 結び

最後に、わかりきったことを言っておきたい。それは、コンピューターはとてつもなく影響力のある装置だということだ、スティーブ・ジョブズは、大衆消費者市場の、非常に感情的で、個人的な欲求に働きかけるツールを作りたいと考えていた。そしてデザイナーのアイブの力を借りてそれを実現した。しかしコンピューターは、人の心の奥底の欲求を増大させる装置ともなった。単なる自己表現の象徴にとどまらず、それを使う一人ひとりの力の及ぶ範囲を大きく拡大した。

インターネットとSNSの到来により、人々はこの広範囲に及ぶ力で社会と個人を融合させて一つの強力な影響力の要とした。それはこの地球上の人々共有概念（つまり世論）に、印刷機にも引けをとらない影響を与えるものとなった。

私たちはすでに、その影響を些細なことがらのなかに見ている。友人と会っていても、そわそわと携帯電話をチェックしてしまう人々。わからないことをそのままにしておけず、すぐにGoogleで調べてしまう癖。自分が今まで何をし、今何をしているかを皆に知られているという不安。姿をくらますなど不可能だ。

人間の行動は日々変化している。そしてコンピューターはこの変化を大いに促進はしたが、企業の重役や、かつてないほど悪質な広告担当者が、人の行動の変化がどこへ向かっているかを知っていると思うのは間違いだ。たとえば、サパティスタ革命の本に興味がある人はインターネットやイラン革命についての本にも関心があるかもしれないとわかるようなすぐれた消費者分析を行っていたとしても、巨大企業を支えるブレーンにわかるのは、コンピューターの短期的な効果だけだ。コンピューター愛好家であれ、夢想家であれ、コンピューター関連技術を、単なる利益追求以外の目的に利用することを夢見るあらゆる人々にとって、その利用範囲は非常に広大で、可能性は途方もなく広い。

もちろん、ＩＫＥＡやアップルストア、スターバックスなどの企業が提供する社会的空間がそうであるように、ハイテク企業もオンラインの社会的空間を私物化することに当然関心をもっている。フェイスブックは中立的でも民主的でもない。その全体主義的文化を、収益をあげるための武器として活用している。Google は「邪悪になるな」を社是に掲げ続けているが、同時に、あらゆるビジネスがそうであるように、たった一つの目標を胸に会社を運営している。それは長期的経済成長だ。そして最後に、アップルは私たちに「発想を変えよう」と呼びかけるが、長年のソフトウェアとハードウェアの独占方針と、他社と代わり映えのしない外国での製品製造法は、アップルの物語を少々興ざめなものにしてしまう。そう、革命的であるはずのシリコンバレーにも資本主義はちゃんと存在しているのだ。

しかしそうは言っても――これは非常に重要なことだが――コンピューターが資本主義のための道具に留まることはない。かつてのラジオ同様、人々を駆り立てるその影響力は、おどろおどろしい大量虐殺から資本主義そのものへの抵抗にいたるまでの、あらゆる行動に人々を引きずり込みかねない。新種のロックンロールを生み出すこともできるし、対立する者同士のお互いへの疑念を、巧みに増大させる手段ともなりうる。簡単に言えば、コンピューターは、私たち一人ひとりの、心の奥底に隠れた感情を結びつけ、思うままに操ろうと目論んでいる、現在進行形の工学的努力が生んだ、最新の、もっとも威力のある道具なのだ。

# 謝辞

最初の著書『Seeing Power』の完成後、「ウォールストリートを占拠せよ」運動後の時代の空気のなかで、私は本書を執筆した。「Living as Form」と題する展覧会を終えたばかりで、本書を、必ずしもこの世界のためになるとは限らないアーティスティックな実践の姉妹編にしたいと強く思っていた。善意のソーシャリー・エンゲージド・アートの裏面だと考えてもらえばいい。そうした意図のもと、私はこのプロジェクトに乗り出し、そしてその旅路は驚きに満ちた、じつに啓蒙的なものだった。本書の執筆期間中に非常に多くのことが変化し、また多くの事柄についての私の考えも進化した。

大切な友人たち、トレヴァー・パグレン、マット・リトルジョン、アーロン・ガック、ダニエル・タッカー、カリン・ベーンケ、コリン・レノ、グレゴリー・ショレットの友情に感謝を捧げたい。まれに見る最高のチームである「クリエイティブ・タイム」の面々（ケイティ、ジーン、サリー、シンシア、アリッサ、マリサ、ナターシャ、アレックス、ティール、アシュリー、エリック、ドリュー）と、共に仕事をし夢を語れる素晴らしい仲間であるその委員会にも感謝したい。メルヴィル・ハウスの担当編集者（マーク・クロトフとライアン・ハリントン）に、またデニスとヴァレリーを始めとするメルヴィル・ハウスのすべてのスタッフにも感謝する。

ジェフ・チャン、トーマス・フランク、スー・ベル・ヤンク、ダーン・ウォン、レベッカ・ソルニット、トム・フィンクルパール、シャノン・ジャクソン、スティーブン・ダンカム、アンドリュー・ロス、そしてまたもやグレゴリー・ショレット諸氏の作品は本書に多大な影響を与えた。彼らにも謝意を伝えたい。共に仕事をし、親しく付き合わせてもらっているアーティストやアート関係者たちにもありがとうと伝えたい。ジョナス・スタール、アフメット・オグット、ソフィア・エルナンデス・チョ・クイ、タニア・ブルゲラ、ポール・ラミレス・ジョナス、パブロ・エルゲラ、ジェレミー・デラー、J・モーガン・ピュエット、ラシダ・バンブレー、エリッサ・ブラント・ムアヘッド、ライリー・アーティグロッソ、ジェニファー・スコット、ロブ・ブラックソン、ルース・ブラックソン、シェイラ・プリー・ブライト、マーク・ディオン、クリティカルアート・アンサンブル、フューチャー・ファーマーズ、ジョン・ルービン、ペドロ・レイエス、デューク・ライリー、シモーヌ・リー、ゼノビア・ベイリー、リロイ・ジョンソン、セオドア・ハリス、テレサ・ローズ、アビゲイル・サティンクシー、アンソニー・ロメロ、そしてカラ・ウォーカーの皆さんだ。私に非常に多くのことを考えさせてくれた、イエーツ・マッキー、ノア・フィッシャー、ベカとジェイソン、ナスターシャ、そしてアミン他「ウォールストリートを占拠せよ」運動に参加した人々、ガルフ・レイバーの皆さん、そしてアメリカの歴史を変える驚くべき活動「#BlackLivesMatter」にも感謝する。また両親にはもちろん大きな敬意を表したい。そして最後に、私にたっぷりの喜びと必要なフィードバックの数々を与えてくれる素晴らしい妻テレサと、私たちの可愛い子ども、エリアスにも感謝する。

# 原註

特に記するものを除き、ウェブサイトはすべて2016年9月19日に確認したものである。


### 序章

1. "Advertisers Will Spend Nearly $600 Billion Worldwide in 2015," *eMarketer*, December 10, 2014, www.emarketer.com /Article/Advertisers-Will-Spend-Nearly-600-Billion-Worldwide-2015/1011691.
2. Jeffrey Van Camp, "91 Percent of Kids Play Video Games, Study Says," *Digital Trends*, October 11, 2011, www.digitaltrends.com/computing/91-percent-of-kids-play-video-games-says-study/.
3. Jordan Shapiro, "Teenagers in the U.S. Spend About Nine Hours a Day in Front of a Screen," *Forbes*, November 3, 2015, www.forbes.com/sites/jordanshapiro/2015/11/03/teenagers-in-the-u-s-spend-about-nine-hours-a-day-in-front-of-a-screen/#3dd542f47c34.

### 第1章

4. Cynthia Koch, "The Contest for American Culture: A Leadership Case Study on The NEA and NEH Funding Crisis," *Public Talk* (1998), www.upenn.edu/pnc/ptkoch.html.
5. Dominick Dunne, "Robert Mapplethorpe's Proud Finale," *Vanity Fair*, September 5, 2013, www.vanityfair.com/culture/1989/02/robert-mapplethorpe-aids-dominick-dunne.
6. www.chicagoreader.com/chicago/messages-to-dread/Content?oid=874937.
7. Richard Bolton, *Culture Wars: Documents from the Recent Controversies in the Arts* (New York: New Press, 1992), 210.
8. Steven C. Dubin, *Arresting Images: Impolitic Art and Uncivil Actions* (New York: Routledge, 1994), 156.
9. 同上。
10. Bolton, 210.
11. 同上。
12. Sara Rimer, "Obscenity or Art? Trial on Rap Lyrics Opens," *The New York Times*, October 17, 1990, www.nytimes.com/1990/10/17/us/obscenity-or-art-trial-on-rap-lyrics-opens.html.
13. "Number of TV Households in America," *Television History— the First 75 Years*, www.tvhistory.tv/Annual_TV_Households_50-78.jpg.

### 第2章

14. lamar.colostate.edu/~pr/ivylee.pdf,p.268.
15. en.wikipedia.org/wiki/Ludlow_Massacre.
16. Brendan Bruce, "On the Origin of Spin (or How Hollywood, the Ad Men and the World Wide Web Became the Fifth Estate and Created Our Images of Power),"

Create Space Independent Publishing Platform, June 2013, p. 19.
17. en.wikipedia.org/wiki/Espionage_Act_of_1917.
18. Oren Stephens, *Facts to a Candid World: America's Overseas Information Program* (Palo Alto: Stanford University Press, 1955), 32.
19. Ronald Steel, *Walter Lippmann and the American Century* (Herndon, VA: Transaction Publishers, 1980), 125.〔『現代史の目撃者——リップマンとアメリカの世紀』、ロナルド・スティール、TBS ブリタニカ、1982〕
20. Stuart Ewan, *PR!: A Social History of Spin* (New York: Basic Books, 1996), 127.〔『PR!——世論操作の社会史』スチュアート・ユーウェン、法政大学出版局、2003〕
21. Jennifer S. Lee, "Big Tobacco's Spin on Women's Liberation," City Room (blog), *The New York Times*, October 10, 2008, cityroom.blogs.nytimes.com/2008/10/10/big-tobaccos-spin-on-womens-liberation/?_r=0.
22. Larry Tye, *The Father of Spin: Edward L. Bernays and the Birth of Public Relations* (New York: Picador, 2002), 30.
23. Edward Bernays, *Crystallizing Public Opinion* (New York: Ig Publishing, 2011), 129.
24. 同上, 25.
25. Edward Bernays, *Propaganda* (New York: Ig Publishing), 73.〔『プロパガンダ〈新版〉』エドワード・バーネイズ、成甲書房、2010〕
26. B. Z. Doktorov, *George Gallup: Biography and Destiny* (Moscow: Polygraph Inform, 1990), romir.ru/GGallup_en.pdf, 74.
27. 同上, 75.
28. 同上。
29. Mansel Blackford and K. Austin Kerr, "The Rise of Marketing and Advertising," in *Business Enterprise in American History* (Boston: Cengage Learning, 1993), faculty.atu.edu/cbrucker/Engl5383/Marketing.htm.
30. Stephen Fox, *The Mirror Makers: A History of American Advertising and Its Creators* (Urbana-Champagn: University of Illinios Press, 1997), 81.〔『ミラーメーカーズ——黄金時代　フォックスの広告世相 100 年史』ステファン・フォックス、講談社、1985〕
31. Susan E. Gallagher, "TIMELINE: History of Radio & Politics," faculty.uml.edu/sgallagher/radiotimeline.htm.
32. Joseph Goebbels, "Der Rundfunk als achte Großmacht," *Signale der neuen Zeit. 25 ausgewählte Reden von Dr. Joseph Goebbels* (Munich: Zentralverlag der NSDAP, 1938), research.calvin.edu/german-propaganda-archive/goeb56.htm.
33. Randall Bytwerk, "First Course for Gau and County," en.wikipedia.org/wiki/Nazi_propaganda (retrieved June 19, 2014).

**第 3 章**

34. Horkheimer, M., and Adorno, T. W. (1972). *Dialectic of Enlightenment.* New York, Herder and Herder, p. 39.
35. Thomson Gale, "The American Film Industry in the Early 1950s," Encyclopedia.com, www.encyclopedia.com/article-1G2-2584300013/american-film-industry-early.html.
36. Christine Harold, *OurSpace: Resisting the Corporate Control of Culture* (Minneapolis:

University of Minnesota Press, 1999), books.google.com/books?id=klhvzgjT2QkC&pg=PA4&lpg=PA4&dq=situationists+and+charlie+chaplin&source=bl&ots=B8SIY hONj5&sig=SkqaFLAVR5R XcVKyWzsJKjSUIE8&hl=en&sa=X&ei=EtoJVI-0I5OjyASbvoCwDQ&ved=0CE4Q6AEwCw#v=onepage&q=situationists%20and%20charlie%20chaplin&f=false.

37. Bernard Bailyn et al., *The Great Republic: A History of the American People* (Lexington, Mass.: D.C. Heath, 1985), 794.
38. pmc.iath.virginia.edu/text-only/issue.104/14.2banash.txt, quoted in Lotringer, 262.
39. pmc.iath.virginia.edu/text-only/issue.104/14.2banash.txt.
40. Mark Tungate, *Adland: A Global History of Marketing* (London:Kogan Page, 2013), 68.
41. Thomas Frank, *The Conquest of Cool: Business Culture, Counterculture, and the Rise of Hip Consumerism* (Chicago: University of Chicago Press, 1997), 6.
42. Timothy Patrick McCarthy and John McMillian, *Protest Nation: Words That Inspired a Century of American Radicalism* (New York: New Press, 2010), 175.

**第4章**

43. Edward Bernays, *Crystallizing Public Opinion* (New York: Ig Publishing, 2011), 164.
44. この引用箇所は、ケース・ウェスタン・リザーブ大学の政治学教授、アレクサンダー・ラミスの取材に基づくものである。1984年にラミス教授の著書『The Two-Party South』に、出典を明示しない形で記載された。8年後、アトウォーターの死去を機に、別の著書でそれが彼の言葉であると明かされた。
45. *The New Jim Crow*: Mass Incarceration in the Age of Colorblindness by Michelle Alexander, New Press, New York, 2013, p. 49.
46. 同上。
47. www.themarshallproject.org/2015/05/01/a-more-or-less-definitive-guide-to-hillary-clinton-s-record-on-law-and-order#.j3mErVvzR.
48. Brigitte L. Nacos, Yaeli Bloch-Elkon, and Robert Y. Shapiro, *Selling Fear: Counterterrorism, the Media and Public Opinion* (Chicago: University of Chicago Press, 2011), 29.
49. 同上, 35.
50. Barry Glassner, *The Culture of Fear: Why Americans are Afraid of the Wrong Things* (Basic Books 2007)(『アメリカは恐怖に踊る』バリー・グラスナー、草思社、2004)
51. Giorgio Agamben, *Homo Sacer: Sovereign Power and Bare Life*, trans. D. Heller-Roazen (Palo Alto: Stanford University Press, 1998), 168.〔『ホモ・サケル――主権権力と剝き出しの生』ジョルジョ・アガンベン、以文社、2007〕
52. Stephen Duncombe, Dream: Re-imagining Progressive Politics in an Age of Fantasy (New York: New Press, 2007), 124.
53. 同上, 174.

**第5章**

54. Richard Florida, *The Rise of the Creative Class*, rev. ed. (New York: Basic Books, 2012), vii.〔『新クリエイティブ資本論――才能が経済と都市の主役となる』リチャード・フロリダ、ダイヤモンド社、2014〕

55. ceosforcities.org/wp-content/uploads/2015/12/Branding-Your-City.pdf.
56. "Holy Cow!: Businessman Peter Hanig Had a Dream to Make Chicago Go Bullish on Bovines," *People*, August 30, 1999, www.people.com/people/archive/article/0,,20129084,00.html.
57. David Ng, "NEA's Rocco Landesman: No More CultureWars," Culture Monster (blog), *Los Angeles Times*, October 21, 2009, latimesblogs.latimes.com/culturemonster/2009/10/neas-rocco-landesman-downplays-partisan-fighting-emphasizes-optimism.html.
58. Vitality Index 2011, Creative Cities International LLC, creativecities.org/wp-content/uploads/2012/04/VI-exec-summary-071811.pdf.
59. Brendan Colgan, "Creative Cities International—The Vitality Index (VI)," *Places: A Critical Geography Blog*, blog.inpolis.com/2011/12/07/creative-cities-international-the-vitality-index-vi.
60. Richard Florida, "Gentrification," Creative Class, www.creativeclass.com/_v3/creative_class/2008/01/08/gentrification/.
61. Richard Lloyd, *Neo-Bohemia: Art and Commerce in the Postindustrial City* (New York: Routledge, 2006), 239.
62. Rosalyn Deutsche, *Evictions: Art and Spatial Politics* (Cambridge: MIT Press, 1996), 151.
63. "The Real Estate Show," 98 Bowery: 1969–89, 98bowery.com/return-to-the-bowery/abcnorio-the-real-estate-show.php.
64. 同上。
65. Jillian Steinhauer, "The Real Story Behind the Gentrification of Brooklyn," *Hyperallergic*, February 1, 2013, hyperallergic.com/64500/the-real-story-behind-the-gentrification-of-brooklyn/.

**第6章**

66. Dexter Filkins, "844 in U.S. Military Killed in Iraq in 2005," *The New York Times*, January 1, 2006, www.nytimes.com/2006/01/01/world/middleeast/844-in-us-military-killed-in-iraq-in-2005.html.
67. U.S. Department of the Army, *Counterinsurgencies*, Field Manual 3-24 (Washington, D.C.: U.S. Department of the Army, December 2006), usacac.army.mil/cac2/Repository/Materials/COIN-FM3-24.pdf.
68. 同上。
69. RochelleDavis,"Culture as Weapon,"*Middle East Research and Information Project 40* (Spring 2010), www.merip.org/mer/mer255/culture-weapon.
70. Gareth Porter, "How Petraeus Created the Myth of His Success," *Truthout*, November 27, 2012, truth-out.org/news/item/12997-how-petraeus-created-the-myth-of-his-success.
71. Michael R. Gordon, "The Struggle for Iraq Reconstruction: 101st Airborne Scores Success in Northern Iraq, *The New York Times*, September 4, 2003.
72. Joe Klein, "Good General, Bad Mission,"*Time*, January 12, 2007, www.time.com/time/nation/article/0,8599,1587186,00.html.
73. Michael R. Gordon, "The Struggle for Iraq: Reconstruction; 101st Airborne Scores Success in Northern Iraq," *The New York Times*, September 4, 2013, www.nytimes.

com/2003/09/04/international/worldspecial/04NORT.html.
74. Fred Kaplan, *The Insurgents: David Petraeus and the Plot to Change the American Way of War* (New York: Simon & Schuster, 2013), 28.
75. Benjamin C. Schwarz, *American Counterinsurgency Doctrine and El Salvador: The Frustrations of Reform and the Illusions of Nation Building* (Santa Monica, CA: RAND Corporation, 1991), www.rand.org/content/dam/rand/pubs/reports/2006/R4042.pdf.
76. U.S. Department of the Army, *Counterinsurgencies*, Field Manual 3-24.
77. Kaplan, 266.
78. アダム・カーティスは自著で、バーネイズだけでなくCOINにも関心があることを示唆している。彼はドキュメンタリー映画やエッセイ、ブログなどを通して、権力者が文化の影響力の大きさを熟知しそれを冷笑的に行使する世界の行く末を、おそらく現代の他のどんな著名人よりも深い関心をもって注視してきた。
79. Adam Curtis, "How to Kill a Rational Peasant," *The Medium and the Message* (blog), BBC.co.uk, June 16, 2012, www.bbc.co.uk/blogs/adamcurtis/entries/93073500-9459-3bbb-a3e5-cde7a1cc2559
80. David Galula, "From Algeria to Iraq: All But Forgotten Lessons from Nearly 50 Years Ago," *RAND Review* 30, no. 2 (Summer 2006), www.rand.org/pubs/periodicals/rand-review/issues/summer2006/algeria.html.
81. Saul Alinsky, *Rules for Radicals: A Pragmatic Primer for Realistic Radicals* (New York: Random House, 2010), 127–30.
82. humanterrainsystem.army.mil/about.html.
83. "American Anthropological Association's Executive Board Statement on the Human Terrain System Project," American Anthropological Association, November 6, 2007, www.foothill.edu/attach/AAA_statement_human_terrain.pdf.
84. Montgomery McFate and Andrea Jackson, "*An Organizational Solution to DOD's Cultural Knowledge Needs*," Military Review (July–August 2005), 18–21, www.au.af.mil/au/awc/awcgate/milreview/mcfate2.pdf.
85. Montgomery McFate, "Anthropology and Counterinsurgency: The Strange Story of Their Curious Relationship," *Military Review* (March–April 2005): 24–38.
86. Matthew B. Stannard, "Montgomery McFate's Mission: Can One Anthropologist Possibly Steer the Course in Iraq?" sfgate.com, April 29, 2007, www.sfgate.com/magazine/article/Montgomery-McFate-s-Mission-Can-one-2562681.php#page-1.
87. Allan Kaprow and Jeff Kelley, *Essays on the Blurring of Art and Life*, ed. Jeff Kelley (Berkeley: University of California Press, 1993), 62.
88. Noah Shachtman, "'Human Terrain' Chief Ousted," *Wired*, June 15, 2010, www.wired.com/dangerroom/2010/06/human-terrain-chief-ousted/.
89. Robert Young Pelton, "Afghanistan: The New War for Hearts and Minds," *Men's Journal* (February 2009), www.mensjournal.com/features/afghanistan-the-new-war-for-hearts-and-minds-20130625/
90. iluvamaninuniform.blogspot.jp/.

**第7章**

91. "Campbell's History Intro," The Digital Deli Online, www.digitaldeliftp.com/LookAround/advertspot_campbells.htm.

92. "Campbell Soup Co.," AdvertisingAge, September 15, 2003, adage.com/article/adage-encyclopedia/campbell-soup/98376/.
93. "Campbell's Soup Can Changes Colors for Breast Cancer Awareness Month," BreastCancer.org, September 19, 2007, www.breastcancer.org/about_us/press_room/press_releases/2007/campbells_soup_changes_colors.
94. Stephanie Thompson, "Breast Cancer Awareness Strategy Increases Sales of Campbell's Soup," AdvertisingAge, October 3, 2006, adage.com/article/news/breast-cancer-awareness-strategy-increases-sales-campbell-s-soup/112198/.
95. 同上。
96. "Soil Kitchen," Futurefarmers,www.futurefarmers.com/soilkitchen/about.html.
97. Marcel Mauss, *The Gift: Forms and Functions of Exchange in Archaic Societies*〔『贈与論』マルセル・モース、ちくま学芸文庫、2009〕, *Visions of Culture: An Introduction to Anthropological Theories and Theorists*, ed. Jerry D. Moore (Lanham, MD: Altamira Press, 2009), 127.
98. Robert H. Bremner, *Giving: Charity and Philanthropy in History* (Herndon, VA: Transaction Publishers, 1996), 39.〔『社会福祉の歴史――文学を通してみた他者援助』ロバート・H・ブレムナー、相川書房、2003〕
99. Peter Buffett, "The Charitable-Industrial Complex," *The New York Times*, July 26, 2013, www.nytimes.com/2013/07/27/opinion/the-charitable-industrial-complex.html?_r=0.
100. 同上。
101. Brice S. McKeever, "The Nonprofit Sector in Brief 2015: Public Charities, Giving, and Volunteering," Urban Institute, Center on Nonprofits and Philanthropy, October 2015, www.urban.org/sites/default/files/alfresco/publication-pdfs/2000497-The-Nonprofit-Sector-in-Brief-2015-Public-Charities-Giving-and-Volunteering.pdf.
102. Hamish Pringle and Marjorie Thompson, *Brand Spirit: How Cause-Related Marketing Builds Brands* (New York: Wiley, 2011), 3.
103. "Cause-Related Marketing," Knowledge Base, Grantspace, grantspace.org/tools/knowledge-base/Funding-Resources/Corporations/cause-related-marketing.
104. Pringle and Thompson, 5.
105. 同上, 46.
106. Ted Purves, What We Want Is Free: Generosity and Exchange in Recent Art (Albany: State University of New York Press, 2005).

### 第 8 章

107. Early Childhood Education and Care Policy in Sweden, OECD Country Note, December 1999, www.oecd.org/edu/school/2534972.pdf.
108. 同上。
109. Ryan Gorman, "IKEA uses a staggering 1% of the world's wood every year," *Daily Mail*, July 5, 2013, www.dailymail.co.uk/news/article-2357216/IKEA-uses-staggering-1-worlds-wood-year.html.
110. inter.ikea.com/en/about-us/milestones/.
111. Adam Morgan, *Eating the Big Fish: How Challenger Brands Can Compete Against Brand Leaders* (New York: Wiley, 2009), 49.

112. Robert W. Wood, "Patriotic? After 40 Years Wandering in Tax Havens, IKEA Comes Home," *Forbes*, July 3, 2013, www.forbes.com/sites/robertwood/2013/07/03/patriotic-after-40-years-wandering-in-tax-havens-ikea-comes-home/.
113. "Ikea, eBayAvoid Paying UK Taxes, Reports Allege,"*Huffington Post*, October 22, 2012, www.huffingtonpost.com/2012/10/22 /ikea-ebay-uk-taxes_n_2002016.html.
114. Michelle Higgins, "A Cheap Date, with Child Care by Ikea," *The New York Times*, June 10, 2009, www.nytimes.com/2009/06/11/garden/11ikea.html.
115. "'The Hell of American Day Care': Expensive and 'Mediocre,'" NPR, www.npr.org/2013/04/17/177597801/the-hell-of-american-day-care-expensive-and-mediocre.
116. James Miller, "The Start of Something Big," *The New York Times*, February 20, 2000, www.nytimes.com/books/00/02/20/reviews/000220.20millert.html.
117. Michael I. Norton, Daniel Mochon, and Dan Ariely, "The IKEA Effect: When Labor Leads to Love," *Journal of Consumer Psychology* 22 (3), 2012: 453–60.
118. "Ron Johnson: How I Built the Apply Store on Experience, Not Commissions," 9to5, November 21, 2011, 9to5mac.com/2011/11/21/ron-johnson-how-i-built-the-apple-store-on- experience-not-commisions/.
119. Sam Biddle, "How to Be a Genius: This Is Apple's Secret Employee Training Manual," *Gizmodo*, August 28, 2012, gizmodo.com/5938323/how-to-be-a-genius-this-is-apples-secret-employee-training-manual.
120. Jerry Useem, "How Apple Became the Best Retailer in the World," *Fortune*, March 8, 2007.
121. "Starbucks Company Statistics," *Statistic Brain*, September 6, 2016, www.statisticbrain.com/starbucks-company-statistics/.
122. "A Brief History of Coffee," *La Vita Dolce*, September 28, 2016, www.lavitadolcecafe.com/a-brief-history-of-coffee/.
123. Allan Kaprow, *Essays on the Blurring of Art and Life*, ed. Jeff Kelley (Berkeley: University of California Press, 1993), 59.
124. B. Joseph Pine II and James H. Gilmore, *The Experience Economy: Work Is Theater and Every Business a Stage* (Cambridge, MA: Harvard Business School Press, 1999), 2.〔『経験経済——エクスペリエンス・エコノミー』B・J・パインII、J・H・ギルモア、流通科学大学出版、2000〕

**第9章**

125. "Internet Users," Internet Live Stats, www.internetlivestats .com/internet-users/.
126. Colin Campbell, "Here's How Many People Are Playing Games in America," *Polygon*, April 14, 2015, www.polygon.com/2015/4/14/8415611/gaming-stats-2015.
127. "Social Networking Reaches Nearly One in Four Around the World," eMarketer, June 18, 2013, www.emarketer.com/Article/Social-Networking-Reaches-Nearly-One-Four-Around-World/1009976.
128. Zach Epstein, "Horrifying Chart Reveals How Much Time We Spend Staring at Screens Each Day," BGR, May 29, 2014, bgr.com/2014/05/29/smartphone-computer-usage-study-chart/.
129. Advanced Research Projects Agency, April 23, 1963, www.chick.net/wizards/memo.html.
130. Barry M. Leiner et al., "Brief History of the Internet," Internet Society, www.

internetsociety.org/internet/history-internet/brief-history-internet.
131. Sherry Turkle, *Alone Together: Why We Expect More from Technology and Less from Each Other* (New York: Basic Books, 2012), 157.
132. "EZLN's Declaration of War," flag.blackened.net/revolt/mexico/ezln/ezlnwa.html.
133. 同上。
134. David Ronfeldt, John Arquilla, Graham Fuller, and Melissa Fuller, *The Zapatista "Social Netwar" in Mexico* (Santa Monica, CA: RAND Corporation, 1998), 117.
135. 同上, 4.
136. www.census.gov/prod/2001pubs/p23-207.pdf.
137. Brian McCullough, "A History of Internet Porn," History of Internet Podcast, January 4, 2015, www.internethistorypodcast.com/2015/01/history-of-internet-porn/.
138. thedinfographics.com/2011/12/23/internet-pornography-statistics/.
139. Brett Stalbaum, "The Zaptista Tactical FloodNet," www.thing.net/~rdom/ecd/ZapTact.html.
140. Max Chafkin, "How to Kill a Great Idea!," Inc.com, June 1, 2007, www.inc.com/magazine/20070601/features-how-to-kill-a-great-idea.html.
141. Stuart Dredge, "MySpace—What Went Wrong: 'The Site Was a Massive Spaghetti-Ball Mess,'" *The Guardian*, March 6, 2015, www.theguardian.com/technology/2015/mar/06/myspace-what-went-wrong-sean-percival-spotify.
142. "'A Place for Friends': A History of MySpace," RandomHistory.com, www.randomhistory.com/2008/08/14_myspace.html.
143. Felix Gillette, "The Rise and Inglorious Fall of Myspace," *Bloomberg*, June 22, 2011, www.bloomberg.com/news/articles/2011-06-22/the-rise-and-inglorious-fall-of-myspace.
144. Marion A. Walker, "MySpace Removes 90,000 Sex Offenders," NBCnews.com, February 3, 2009, www.nbcnews.com/id/28999365/ns/technology_and_science-security/t/myspace-removes-sex-offenders/#.Vy5Q3BGCzww.
145. Dredge, "MySpace—What Went Wrong."
146. Suren Ramasubbu, "Influence of Social Media on Teenagers," *The Huffington Post*, May 26, 2015, www.huffingtonpost.com/suren-ramasubbu/influence-of-social-media-on-teenagers_b_7427740.html.
147. Clay Shirky, *Here Comes Everybody: The Power of Organizing Without Organization* (New York: Penguin Books, 2009), 65.〔『みんな集まれ！——ネットワークが世界を動かす』クレイ・シャーキー、筑摩書房、2010〕
148. Christakas and Fowler, 35.
149. Stefan Stieglitz and Linh Dang-Xuan, "Emotions and Information Diffusion in Social Media—Sentiment of Microblogs and Sharing Behavior," *Journal of Management Information Systems* 29 (4):217–48, April 2013.
150. Matt Clough, "2 Emotions to Exploit (And 2 to Avoid) for Contagious Social Media Marketing," JeffBullas.com, www.jeffbullas.com/2015/11/18/2-emotions-exploit-2-avoid-contagious-social-media-marketing/.
151. Sajid Farooq, "Organizer of 'Revolution 2.0' Wants to Meet Mark Zuckerberg," *Press Here* (blog), NBC Bay Area, May 5, 2011, www.nbcbayarea.com/blogs/press-here/Egypts-Revolution-20-Organizer-Wants-to-Thank-Mark-Zuckerberg-115924344.html.

【著者】

ネイトー・トンプソン

(NATO THOMPSON)

Photo by
Timothy Greenfield-Sanders

ニューヨークでもっとも刺激的かつ著名な芸術家集団「クリエイティブ・タイム」のチーフ・キュレーター。*The Interventionists: Users' Manual for the Creative Disruptions of Everyday Life*, *Experimental Geography: Radical Approaches to Landscape, Cartography, and Urbanism*, *Living as Form: Socially Engaged Art from 1991-2011* および、*Ahistoric Occasion: Artists Making History* の編集に携わる。著書に *Seeing Power: Art and Activism in the Twenty-first Century* がある。

【訳者】

大沢章子

(おおさわ・あきこ)

翻訳家。訳書に、S・レ『食と健康の一億年史』、R・M・サポルスキー『サルなりに思い出す事など』、D・サヴェージ『キッド』『誓います』、R・ジョージ『トイレの話をしよう』、D・コープランド&R・ルイス『モテる技術』(入門編、実践編)、J・ロズモンド『家族力』、C・ジェームス・ジェンセン『潜在意識をとことん使いこなす』他多数。

CULTURE AS WEAPON
The Art of Influence in Everyday Life
By Nato Thompson


**文化戦争——やわらかいプロパガンダがあなたを支配する**

2018年 3月20日　初版第1刷発行

著　者＝ネイトー・トンプソン
訳　者＝大沢章子
発行者＝澤畑吉和
発行所＝株式会社　春秋社
〒101-0021　東京都千代田区外神田2-18-6
電話（03）3255-9611（営業）・（03）3255-9614（編集）
振替　00180-6-24861
http://www.shunjusha.co.jp/
印刷・製本＝萩原印刷　株式会社
装　丁＝野津明子


ISBN 978-4-393-33361-7　C0036
定価はカバー等に表示してあります